污染环境罪的客观归责研究

Research on the Objective Imputation of Environmental Pollution Crime

李冠煜　著

中国社会科学出版社

图书在版编目（CIP）数据

污染环境罪的客观归责研究 / 李冠煜著 . —北京：中国社会科学出版社，2019.11
ISBN 978 - 7 - 5203 - 5737 - 1

Ⅰ.①污… Ⅱ.①李… Ⅲ.①破坏环境资源保护罪—刑事责任—研究—中国 Ⅳ.①D924.364

中国版本图书馆 CIP 数据核字（2019）第 270066 号

出 版 人	赵剑英	
责任编辑	孔继萍	
责任校对	沈丁晨	
责任印制	王　超	

出　　版	中国社会科学出版社	
社　　址	北京鼓楼西大街甲 158 号	
邮　　编	100720	
网　　址	http://www.csspw.cn	
发 行 部	010 - 84083685	
门 市 部	010 - 84029450	
经　　销	新华书店及其他书店	
印　　刷	北京君升印刷有限公司	
装　　订	廊坊市广阳区广增装订厂	
版　　次	2019 年 11 月第 1 版	
印　　次	2019 年 11 月第 1 次印刷	

开　　本	710×1000　1/16	
印　　张	13	
插　　页	2	
字　　数	233 千字	
定　　价	65.00 元	

凡购买中国社会科学出版社图书，如有质量问题请与本社营销中心联系调换
电话：010 - 84083683
版权所有　侵权必究

国家社科基金后期资助项目
出版说明

后期资助项目是国家社科基金设立的一类重要项目，旨在鼓励广大社科研究者潜心治学，支持基础研究多出优秀成果。它是经过严格评审，从接近完成的科研成果中遴选立项的。为扩大后期资助项目的影响，更好地推动学术发展，促进成果转化，全国哲学社会科学工作办公室按照"统一设计、统一标识、统一版式、形成系列"的总体要求，组织出版国家社科基金后期资助项目成果。

全国哲学社会科学工作办公室

目 录

导 论 …………………………………………………………………（1）

第一章 机能主义视野下的环境犯罪刑事政策 ……………………（3）
  第一节 环境犯罪刑事政策与基本刑事政策 …………………（3）
  第二节 环境犯罪刑事政策与环境伦理观 ……………………（6）
  第三节 环境犯罪刑事政策与环境犯罪属性 …………………（10）
    一 关于社会危害性的认定 ………………………………（11）
    二 关于行政从属性的认定 ………………………………（11）
    三 关于违法性意识的认定 ………………………………（12）
    四 关于刑事立法的趋向 …………………………………（13）
  第四节 环境犯罪刑事政策与环境刑事法律 …………………（14）
  第五节 环境犯罪刑事政策与环境刑法的空白罪状 …………（16）
    一 空白罪状应当符合环境犯罪刑事政策 ………………（18）
    二 空白罪状中参照规范的表述应当统一 ………………（18）
    三 空白罪状的参照规范应当明确环境违法行为
       核心要件的含义 …………………………………………（19）
    四 空白罪状与其参照规范应当保持动态一致 …………（20）
  第六节 环境犯罪刑事政策与环境刑法中的危险犯 …………（20）
    一 遵守刑法谦抑原则 ……………………………………（23）
    二 以具体危险犯为主 ……………………………………（24）
    三 以故意危险犯为主 ……………………………………（24）
    四 配置适当的法定刑 ……………………………………（25）
  第七节 环境犯罪刑事政策与环境刑法解释 …………………（26）
    一 恪守罪刑法定原则 ……………………………………（27）
    二 尽量揭示立法者的原意 ………………………………（28）
    三 贯彻刑事政策的价值目标 ……………………………（30）

本章小结 ……………………………………………………………… (32)

第二章　客观归责论的理性反思 ……………………………………… (36)
第一节　客观归责论之规范论批判 ………………………………… (36)
第二节　客观归责论之本体论批判 ………………………………… (38)
　　一　关于对行为创设不被允许的危险规则的批判 ………… (38)
　　二　关于对行为实现不被允许的危险规则的批判 ………… (40)
　　三　关于对构成要件的效力范围规则的批判 ……………… (42)
第三节　客观归责论之体系论批判 ………………………………… (47)
　　一　体系定位不够明确 ………………………………………… (47)
　　二　问题性思考实际优于体系性思考 ……………………… (48)
第四节　客观归责论与相当因果关系说 …………………………… (50)
　　一　相当因果关系说的危机 …………………………………… (51)
　　二　相当因果关系说的修正 …………………………………… (51)
第五节　客观归责方法论的可借鉴性 ……………………………… (55)
　　一　我国关于借鉴客观归责方法论的观点 ………………… (56)
　　二　本书关于借鉴客观归责方法论的构想 ………………… (59)
本章小结 ……………………………………………………………… (61)

第二章　客观归责论再批判与我国刑法过失论的完善 …………… (63)
第一节　我国刑法过失论的发展方向之争 ………………………… (63)
第二节　过失犯视角下的客观归责论之批判 ……………………… (65)
　　一　风险创造关联的判断不具有确定性 …………………… (65)
　　二　没有明确注意规范保护目的的认定方法 ……………… (66)
　　三　未能划定合义务替代行为的适用边界 ………………… (67)
　　四　对自我危险案件进行推理的论据不足 ………………… (68)
　　五　评价同意他人造成危险行为的法理缺位 ……………… (69)
　　六　危险分配理论不应被置于归责体系内 ………………… (70)
第三节　客观归责论与传统过失论的比较 ………………………… (70)
　　一　客观归责论与传统过失论的联系 ……………………… (70)
　　二　客观归责论与传统过失论的区别 ……………………… (73)
　　三　中间结论 ……………………………………………………… (75)
第四节　以新过失论为基础完善我国刑法过失论的
　　　　　构想 ……………………………………………………… (78)

一　制定科学的过失犯刑事政策 …………………………………… (78)
　　二　主要根据新过失论改造现有体系 …………………………… (79)
　　三　对普通过失案件进行妥当解释 ……………………………… (83)
　　四　对业务过失案件予以慎重认定 ……………………………… (85)
本章小结 ………………………………………………………………… (86)

第四章　自然人污染环境罪的客观归责 …………………………… (88)
第一节　污染环境罪客观归责的理论困境 …………………………… (88)
　　一　疫学因果关系论的内容及其缺陷 …………………………… (89)
　　二　间接反证法的内容及缺陷 …………………………………… (90)
　　三　客观归责论的借鉴及其引入 ………………………………… (90)
第二节　自然人污染环境罪客观归责的司法现状 …………………… (91)
　　一　归责端口前移 ………………………………………………… (92)
　　二　归责客体扩张 ………………………………………………… (95)
　　三　归责过程简化 ………………………………………………… (98)
　　四　中间结论 ……………………………………………………… (103)
第三节　自然人污染环境罪客观归责的未来展望 …………………… (106)
　　一　路径选择 ……………………………………………………… (106)
　　二　借鉴方法 ……………………………………………………… (108)
　　三　完善措施 ……………………………………………………… (109)
本章小结 ………………………………………………………………… (113)

第五章　单位污染环境罪的客观归责 ……………………………… (116)
第一节　问题的提出 …………………………………………………… (116)
第二节　单一模式论与复合模式论 …………………………………… (119)
　　一　单一模式论 …………………………………………………… (120)
　　二　复合模式论 …………………………………………………… (124)
第三节　主观推定与客观归责 ………………………………………… (125)
　　一　主观推定 ……………………………………………………… (125)
　　二　客观归责 ……………………………………………………… (130)
第四节　"关联性要件说"之提倡 …………………………………… (136)
　　一　关联性内涵新解 ……………………………………………… (136)
　　二　统合性的解释力 ……………………………………………… (139)
　　三　清晰的论证逻辑 ……………………………………………… (141)

本章小结 ………………………………………………………… (145)

第六章　污染环境罪的客观归责与量刑规范化 ……………… (149)
第一节　问题的提出 ……………………………………………… (149)
 一　研究现状 ……………………………………………… (149)
 二　研究样本 ……………………………………………… (152)
 三　研究方法 ……………………………………………… (155)
第二节　污染环境罪的客观归责与量刑原则的重构 ………… (158)
 一　谦抑量刑原则 ………………………………………… (159)
 二　刑责相适应原则 ……………………………………… (160)
 三　环境修复量刑从宽原则 ……………………………… (162)
第三节　污染环境罪的客观归责与量刑步骤的调整 ………… (169)
 一　量刑基准的基本原理 ………………………………… (169)
 二　"量刑阶段限制论"之提倡 …………………………… (172)
第四节　污染环境罪的客观归责与量刑情节的评价 ………… (176)
 一　行为不法情节 ………………………………………… (177)
 二　结果不法情节 ………………………………………… (182)
第五节　污染环境罪的客观归责与量刑均衡的实现 ………… (185)
 一　污染环境罪的量刑均衡应是相对的、消极的和
  规范的均衡 …………………………………………… (185)
 二　污染环境罪的量刑活动应以罪行轻重的判断
  作为起点和重点 ……………………………………… (186)
 三　污染环境罪的量刑责任应当形成轻重有序的
  梯度 …………………………………………………… (186)
本章小结 ………………………………………………………… (187)

主要参考文献 ………………………………………………… (190)

导　　论

环境破坏与经济发展相伴而生，已经成为一条被西方发达国家反复验证的定理。改革开放以来，尽管我国的社会发展与经济建设取得了举世瞩目的成就，但也面临着日益严重的环境污染和生态危机。松花江水污染事件、云南曲靖铬污染事件、中海油渤海油田漏油事件、湖南浏阳镉污染事件等一系列重大环境污染事件不仅造成巨大的经济损失，而且严重危害了居民的身体健康和当地的生态环境。2015年9月23日，中共中央、国务院印发了《生态文明体制改革总体方案》，明确了生态文明体制改革的指导思想：坚持节约资源和保护环境基本国策，坚持节约优先、保护优先、自然恢复为主方针，立足我国社会主义初级阶段的基本国情和新的阶段性特征，以建设美丽中国为目标，以正确处理人与自然关系为核心，以解决生态环境领域突出问题为导向，保障国家生态安全，改善环境质量，提高资源利用效率，推动形成人与自然和谐发展的现代化建设新格局。为此，要建立健全环境治理体系，尤其应当强化生产者环境保护法律责任，大幅度提高违法成本。健全环境损害赔偿方面的法律制度、评估方法和实施机制，对违反环保法律法规的，依法严惩重罚；对造成生态环境损害的，以损害程度等因素依法确定赔偿额度；对造成严重后果的，依法追究刑事责任。因此，严格刑事规制是治理环境污染的关键，其中，特别应当重视污染环境罪的客观归责研究，为准确认定其客观不法和对其规范裁量刑罚奠定客观根据，从而充分实现环境刑法的机能。

如今，德国刑法学界对以下观点几乎没有争议：归责于客观行为构成，是根据两个相互依靠的原则来实现的：（1）一个由实施行为人造成的结果，只能在行为人的举止行为为行为的客体创设了一个不是通过允许性风险所容忍的危险，并且这种危险也在具体的结果中实现时，才能归责于客观行为构成。（2）当行为构成的范围不包含阻碍这种危险及其作用时，那么归责就能够被取消。① 它很快在大陆法系国家（地区）获得广泛认同，与此有关的各种修正学说和大量解释方案也迅速涌现。近年来，这一理论风靡我国，许多学者主张，对其应予以适当借鉴。可见，客观归责论（objektive Zurechnung theorie）在方法论上对我国环境刑事司法具有很大的启发意义：它包含的实行行为判断规则和结果归属认定规则，可以有效地排除无须刑罚处罚的污染环境行为和结果；它构建的事实判断和规范评价相结合的双层次因果关系认定体系，能够科学地界定污染环境犯罪人刑事责任的客观根据；它以目的政策合理性为指针，论证过程体现出从经验实证主义到抽象理性主义再到目的合理主义的变化，保证了裁判结论符合罪刑法定原则和社会通常观念，可以有力地促进污染环境刑事案件审判结果的法律效果与社会效果的有机统一。

以上方法论在现代环境犯罪刑事政策的指导下，必须贯彻到对污染环境罪客观不法的定性分析和定量分析之中。前者既包括自然人污染环境罪的客观归责，也包括单位污染环境罪的客观归责；后者是在肯定其客观可归责性的基础上，适用科学的量刑原则、步骤和方法，正确地界定责任和预防的关系，清楚地标出量刑情节的范围，合理地评价量刑情节的功能。如此一来，不仅坚守了客观主义的基本立场，而且运用了客观归责的具体方法。

---

① 参见［德］克劳斯·罗克辛《德国刑法学总论》（第1卷），王世洲译，法律出版社2005年版，第245—246页。

第一章 机能主义视野下的环境犯罪刑事政策

由于诸多环境问题的长期积累，我国已进入环境污染的集中爆发期。在最高立法机关通过修改刑法典分则中的相关罪名，[①] 适当提前刑法的干预时间和强化刑法的干预力度后，最高司法机关也及时公布有关司法解释，[②] 继续保持对环境污染犯罪的高压态势。在此背景下，本章的研究课题包括：(1) 环境犯罪刑事政策的主要内容；(2) 环境犯罪刑事政策的伦理基础；(3) 环境犯罪刑事政策对认定环境犯罪属性的影响；(4) 环境犯罪刑事政策与环境刑事法律之间的关系；(5) 环境犯罪刑事政策怎样指导环境刑法空白罪状的制定；(6) 环境犯罪刑事政策如何影响环境刑法危险犯的制定；(7) 环境犯罪刑事政策怎样指导环境刑法解释。只有明确环境犯罪刑事政策的价值目标和应有内涵，才能将客观归责论引入污染环境罪不法认定过程中。

第一节 环境犯罪刑事政策与基本刑事政策

研究环境犯罪的刑事政策，必须首先将其置于刑事政策一般理论的宏大背景下，吸收现代刑事政策学的研究成果，继而关注针对环境犯罪的特

[①] 《刑法修正案（二）》（以下简称《修正案（二）》）、《刑法修正案（四）》（以下简称《修正案（四）》）和《刑法修正案（八）》（以下简称《修正案（八）》）先后对"破坏环境资源保护罪"一节中的某些罪名进行了修订。例如，《修正案（二）》修改了《刑法》第342条，《修正案（四）》修改了《刑法》第339条第2款、第344条、第345条，《修正案（八）》修改了《刑法》第338条、第343条第1款。

[②] 2013年6月8日公布的《最高人民法院、最高人民检察院关于办理环境污染刑事案件适用法律若干问题的解释》（以下简称《2013年解释》）以及2016年12月23日公布的《最高人民法院、最高人民检察院关于办理环境污染刑事案件适用法律若干问题的解释》（以下简称《2016年解释》）。

定政策和具体举措。

关于刑事政策的内涵，各国学者至今仍未形成一致意见。德国学者李斯特认为，社会政策的使命是消除或限制产生犯罪的社会条件；而刑事政策首先是通过对犯罪人个体的影响来与犯罪作斗争的。① 这是从社会防卫的角度期望刑事政策能发挥批判现行立法和指导未来立法的功能，属于狭义的概念。然而，由于社会科学的发展和人道主义的兴起，超越刑法规范的束缚并从战略高度来全面整合对抗犯罪的斗争策略的刑事政策概念逐渐被接受。法国学者米海依尔·戴尔马斯－马蒂就指出："刑事政策就是社会整体据以组织对犯罪现象的反应的方法的总和，因而是不同社会控制形式的理论与实践。"② 那么，刑事政策应当成为反犯罪的综合措施、整体系统和战略艺术。不过，这一广泛涵盖刑事法学及相关部门法学，并可能模糊刑事政策自身功能的范畴也受到了质疑。"不论学术或实践意义的刑事政策，如果浮泛地谈'广义的刑事政策'，就等于不承认有一个对抗犯罪的核心部门与研究领域。……刑事政策的研究者，会成为无所不能，但也无所能的江湖郎中。……我认为，刑事政策的概念必须缩小。在广泛的对抗犯罪的国家措施中，只有涉及刑法体系者，才可称为刑事政策。"③ 其实，刑事政策仅是众多公共政策中的一种，虽然其有效实施需要其他社会政策的大力配合，但其无法完全取代诸如福利、就业、健康、教育等政策的作用。另外，尽管刑事政策具有宏观性、整体性和战略性，但在范围、定位和功能上仍不可避免地存在有限性，因此，在上下观望、左右环顾相关政策时，只能把与控制犯罪有关的制度方略涵括在内。根据刑事政策所要维护的基本价值和意欲构建的反犯罪形式，刑事政策只能包含解决犯罪问题的理想方式。据此，笔者认为，宜采取中义的刑事政策概念，即刑事政策是指国家和社会为有效控制犯罪而采取的刑事法律及非刑事法律的系统方略。

刑事政策，按其层次可以分为总的刑事政策、基本刑事政策和具体刑事政策。总的刑事政策是党和国家制定的适用于一定历史时期内的全局性的刑事政策，如社会治安综合治理的政策。基本刑事政策是国家制定的、

---

① 参见［德］冯·李斯特《德国刑法教科书》，徐久生译，法律出版社2000年版，第13页。
② ［法］米海依尔·戴尔马斯－马蒂：《刑事政策的主要体系》，卢建平译，法律出版社2000年版，第1页。
③ 林东茂：《一个知识论上的刑法学思考》（第二版），五南图书出版股份有限公司2001年版，第418页。

总的刑事政策的内容在某一方面工作中的体现和具体化,如惩办与宽大相结合的政策。具体刑事政策是国家针对某一阶段或某些犯罪现象制定的具体行为规范和行动准则。[①] 环境犯罪刑事政策即为一种具体的刑事政策,是国家和社会为有效控制环境犯罪而采取的刑事法律及非刑事法律的系统方略。"作为环境犯罪反应对策的环境刑事政策,应当既与国家总的刑事政策、环境政策协调一致,又具有能够解决具体环境问题的特质。……环境刑事政策作为国家治理环境、惩治环境犯罪行为、控制环境犯罪的方针、策略,既是环境政策的有机组成部分,也是刑事政策的有机组成部分。"[②] 环境犯罪刑事政策的目标、内容和作用既要服从基本刑事政策的指导,又要体现环境政策的需要。

在刑法现代化的进程中,我国越加重视个人自由和社会秩序价值的实现。"在现有社会环境和条件下,我国刑事政策对于自由与秩序关系的把握,应落实在'及时揭露和制止犯罪与重视基本人权保障的统一'上来。"[③] 学界也倾向认为,刑事政策的目的在于预防犯罪和保障人权。但这不够完整,忽视了对被害人的权利救济。传统刑事法学的研究热情大多倾注在加害人身上,但随着犯罪学研究的深入,被害人的权利保护逐渐成为学界的热门话题,进一步丰富了刑事政策学体系。日本学者加藤久雄即旗帜鲜明地提出,刑事政策的具体目的包括:(1)犯罪的预防、消灭,(2)通过为了犯罪者社会复归的处遇和帮助以实现再犯防止,(3)犯罪被害者的救济。[④] 尽管消灭犯罪的目标不够现实,但是他主张的保持对加害者人道的刑事政策和为了被害者救济的刑事政策之间的平衡并加以调和的思路是值得称道的。换言之,兼顾犯罪人的人道对待和被害人的权利救济的刑事政策才是现代刑事政策追求的目标。因此,刑事政策的目的应当是预防犯罪、保障人权和救济被害人的权利。刑事政策学不能满足于对各种类型犯罪的刑事政策的应然解读,还要为完善被害人的权利救助体系勾画蓝图。在制定和实施环境犯罪刑事政策时,必须以预防环境犯罪、保障环境犯罪人权益和救济环境犯罪被害人的权利为目的。此外,有关环境法律和环保规划也明确了我国的环境政策。《环境保护法》第 4 条规定:

---

① 参见卢建平主编《刑事政策学》,中国人民大学出版社 2007 年版,第 23 页。
② 蒋兰香:《试论我国环境刑事政策》,《中南林业科技大学学报》(社会科学版)2008 年第 3 期,第 21 页。
③ 刘炎:《法治视野下我国刑事政策的回顾与展望》,赵秉志主编《刑法学研究精品集锦》(Ⅱ),法律出版社 2007 年版,第 13 页。
④ 参见[日]加藤久雄《刑事政策学入门》,立花书房 1991 年版,第 10—11 页。

"国家制定的环境保护规划必须纳入国民经济和社会发展计划,国家采取有利于环境保护的经济、技术政策和措施,使环境保护工作同经济建设和社会发展相协调。"这体现了综合治理、协调发展的目标。《国家环境保护"十一五"规划》明确了做好"十一五"期间环保工作的基本原则:协调发展、互惠共赢;强化法治,综合治理;不欠新账,多还旧账;依靠科技,创新机制;分类指导,突出重点。所以,我国环境政策的目的在于防治破坏环境的行为,保护、恢复和改善生态环境,实现经济、社会和环境的协调发展,建设资源节约型、环境友好型社会。环境犯罪的刑事政策当然不能放弃提高环境质量、实现可持续发展的目标。因此,我国环境犯罪刑事政策的目的应当是:以科学发展观为指导,通过运用各种刑事和非刑事方法,预防和控制环境犯罪,保护被害人的环境权和犯罪人的人权,保护、恢复和改善生态环境,实现经济、社会和环境的协调发展。简言之,它属于预防性环保的刑事政策。与之相应,环境刑事政策学就要考虑我国现阶段的环境伦理观,树立强调一般预防的环境刑法目的观,通过贯彻谦抑原则,对环境违法行为适度犯罪化,设置更有利于环境保护的犯罪构成和制裁方式,并在司法实践中做出符合环境刑事政策功能的解释。

宽严相济刑事政策是中共中央在全面建设小康社会的新的时代背景下,为构建社会主义和谐社会,在总结以往刑事政策的经验与教训的基础上,在新时期发展和完善惩办与宽大相结合刑事政策的思想的指导下,所提出的党和国家的基本刑事政策。切实贯彻宽严相济刑事政策,合理地组织对犯罪的理性反应,不仅有助于不断化解社会矛盾,最大限度地减少不和谐因素,而且有助于促进民主法治,践行社会主义法治理念,因而对于社会主义和谐社会的构建具有重要的现实意义。[①] 环境犯罪刑事政策与宽严相济刑事政策在指导思想、内在精神、预期目的和主要作用等方面应当一致,但作为科学应对环境犯罪的系统方略,还必须考虑环境的价值和环境犯罪的性质。

第二节 环境犯罪刑事政策与环境伦理观

法理学研究表明,法律与道德在来源、内容和功能上具有紧密联系。

[①] 参见张军、赵秉志主编《宽严相济刑事政策司法解读》,中国法制出版社 2011 年版,第 1—2 页。

在我国，社会主义法与社会主义道德具有共同的经济基础和社会基础，具有共同的任务和使命，两者都是社会调控的重要形式，既相辅相成，又相互促进。前者直接把后者中最低限度的义务法律化，其实施过程也是对社会价值观进行道德整合的过程。同时，后者对前者的创制具有重大的指导作用，对前者的空缺部分具有重要的补充作用。[1] 更重要的是，法治共同体的产生使法律和道德出现了融合的趋向。环境刑事法理应吸收环境伦理观的时代精神，以彰显环境正义。

公共政策学也揭示了政策与伦理的密切关系。公共政策旨在解决对公共利益的权威性分配，伦理则涉及价值或价值观的应然问题，而公共政策的伦理问题以侧重研究公共利益分配中价值偏离的原因、类型和对策为内容，以提高公共政策的社会效益为目标。在决策过程中，一定的价值观制约着研究者的分析态度、决策者的方案选择和执行者的行为方式。在这一过程中，价值观实现了从观念形态到物质实践的转化，通过对过程的信息收集、反馈和分析，不断调整过程本身；而且价值观又对将来的政策问题认定、政策目标确定、政策方案选择、政策执行方法和政策评估模式产生积极影响。因此，政策与伦理的相关性在于：必须把政策过程置于伦理观（价值观）下进行分析，伦理分析（价值分析）是政策分析的一个基本方面。那么，环境犯罪刑事政策也要探讨如何应对环境利益分配中对环境正义的偏离，并以合适的价值分析工具检讨政策的合理性。

环境伦理包括人与自然之间的伦理关系以及在其影响下的人与人之间的伦理关系。人与自然的关系和人与人的关系是任何哲学都无法回避的终极问题，同样成为环境伦理学关注的焦点。当代环境伦理学的重要特征是探讨从道德上关怀动物、植物、和生态系统的可能性及其伦理基础。因此，根据其所确定的道德关怀的范围为标准，可以将当代环境伦理学理论分为以下四个主要流派：（1）人类中心主义（anthropocentrism），主张人只对当代人自身（包括其后代）负有道德义务，只有人类物种的成员才具有成为道德顾客的资格；人对人之外的其他自然存在物的义务，只是对人的一种间接义务。依据对人类利益的不同理解和对自然的基本态度，又分为强式人类中心主义和弱式人类中心主义。（2）动物解放/权利论（animal liberation/rights theory），主张人不仅对人，还对动物（至少是高等哺乳动物）负有直接的道德义务，不给动物带来不必要的痛苦或不侵犯动物的基本权利。动物解放论主要从后果主义的角度来理解人对动物的

---

[1] 参见张文显主编《法理学》（第三版），法律出版社2007年版，第429—431页。

义务；动物权利论则从道义论出发，为动物的权利进行辩护。（3）生物中心主义（biocentrism），主张人的道德义务的范围并不只限于人和动物，还包括所有的生命。其中，有强调生命天赋价值的观点，也有把生命的成长和繁荣本身视为某种具有内在价值的状态或目的的观点。（4）生态中心主义（ecocentrism），主张人不仅对所有的生命负有直接的道德义务，而且还对作为整体的自然负有道德义务。这种义务主要从大地伦理学（人对生态系统共同体负有直接的道德义务）、深层生态学（生态系统是人的自我的一部分，人在道德上成熟的过程，就是逐渐认同宇宙大我的过程）和自然价值论（自然系统具有客观的内在价值，人有义务维护生态系统的完整和稳定）三个角度来理解。上述理论体系的分歧主要表现在三个层面：理论分歧（确认的道德义务范围、使用的伦理学方法、价值取向和伦理基础）、文化差异（西方近代文化和东方传统文化的不同图景）和社会分歧（发达国家与发展中国家的话语背景）。[①] 以上学派之争至今仍未消弭，反而随着全球环境危机的加剧而衍生出更多各具特色的理论。

不同的环境伦理观会产生不同的环境犯罪刑事政策。一方面，人类中心主义视野下的环境犯罪刑事政策会将人的生命健康权、财产权受损作为制定政策的依据及政策实施的界限。只有环境犯罪侵害或威胁了人的基本环境权，才能运用刑法予以规制。动物、植物并不必然成为刑法的保护对象，除非杀害珍稀动物、破坏珍贵植物的行为可能造成重大的财产损失或危及人类的生存条件。非人类存在物不具有高于人类自身的内在价值，不是环境刑法的直接保护对象。这种政策通过防控危害人类环境利益的犯罪来间接保护环境，是人本主义的刑事政策。其中，我国现行立法明显是以强式（近代）人类中心主义为依据，侧重保护现实利益，刑法介入滞后，保护范围狭窄，难以实现协调发展的目标。但是，弱式（现代）人类中心主义既有限地承认人的优越地位，也主张应对自然界给予适当的道德关怀，在关注人类整体利益和长远利益的同时，将人类利益和自然利益统一起来。它抛弃了人类至上性的片面观点，试图限制人的某些需要，在自然存在物的价值立场上有所松动。因此，人破坏自然环境，就是破坏自己赖以生存的条件；人保护自然，就是在保护自己。若秉承这一价值观，刑法就必须更加果断、广泛地介入到环境保护中去。例如，将保护关卡前移，增设危险犯；完善环境犯罪体系，继续犯罪化；改革刑罚结构，扩充财产

[①] 参见杨通进《环境伦理：全球话语 中国视野》，重庆出版社2007年版，第37—41页。

刑和非刑罚处理方法的配置，等等。相较于近代人类中心视野下的刑事政策，蕴含现代人类中心的刑事政策显然是一种进步。另一方面，在价值论上，与人类中心主义相对的非人类中心主义（non-anthropocentrism）① 基于对工业文明理念和利己主义思维方式的反思，突破了将伦理理解为人与人之间行为规范的传统见解，使道德义务的范围扩展至人与自然的关系之中，确认非人类存在物的主体地位。非人类中心主义视野下的环境犯罪刑事政策必将控制环境犯罪，保护、改善环境作为直接目的，明确承认环境法益或生态法益的独立价值，在刑法中将自然物置于与自然人同等保护甚至是优越保护的地位，进一步扩张破坏自然资源的犯罪圈和提前法益的保护时期。例如，德国、巴西、加拿大、西班牙、奥地利、荷兰都将虐待动物的行为规定为犯罪，处罚使其遭受不必要的痛苦的行为。② 这就通过赋予非人类物的主体性实现了对仅适用于人类内部的正统伦理学的超越，在意图纠正人的感性偏好和构建更高层次的道德准则方面无疑是一场革命。

人类中心主义和非人类中心主义体现了对待文明截然不同的态度：前者基本接受了工业文明的思想范式，认为环境危机是发展过程中出现的局部性的技术问题；后者则质疑工业文明的价值观，主张跳出工业文明的传统思路寻找解决环境问题的新途径，走生态文明发展之路。客观而言，人类中心主义提出的是一种相对现实、不完整的道德体系，在不具有敬畏大自然态度的基础上主要关注人的生存。而非人类中心主义倡导一种高层次的终极理想，在追求人的完美过程中大大拓展了人的存在维度。笔者认为，我国应采取现代人类中心主义视野下环境犯罪刑事政策。其一，这是由我国社会主义初级阶段的国情所决定的。在这一阶段，我国在经济社会各方面存在许多矛盾，突出表现为生产力不够发达，区域发展不平衡，贫富差距较大，现阶段的根本任务仍然是以经济建设为中心，提高人民生活水平。在生产力高度发达之前，国家不可能分配相当多的资源维持人与自然的平等性。所以，只有现代人类中心主义层次的伦理观才与我国的社会发展阶段相适应。其二，可持续发展观是适宜我国的环境伦理意识形态。可持续发展观作为对人类全面持续发展的高度概括，要求经济、社会、资源和环境保护协调发展。近代人类中心主义将人视为凌驾于自然之上的主宰，人的一切需要都是合理的，

---

① 动物解放（权利）论、生物中心主义和生态中心主义都属于非人类中心主义的阵营。
② 参见赵秉志主编《环境犯罪及其立法完善研究》，北京师范大学出版社 2011 年版，第 88 页。

不可能实现人与自然的和谐。而非人类中心主义在发展中国家的利益面前表现的是一种虚伪，因为它没有深入实践地思考人与自然之间不平等的根源和条件，对其全面贯彻的话，只会转嫁发达国家的环境风险，加剧发展中国家的贫困程度，最终会扩大二者之间的不平等。因此，近代人类中心主义和非人类中心主义都在一定程度上背离了可持续发展观。

其三，这一刑事政策符合现代刑法的发展趋势。全球化对当今世界的重要影响之一，是它具有极度的不确定性和风险性；现代性的政治和经济制度创造了风险的新形式，使全球安全变得更加易受威胁。① 风险社会导致传统刑法因调控能力不足而有规范失效的可能，正统刑法理论面临严峻挑战。公共政策作为国家对控制风险的政治需要的积极回应，必将促使刑法自身的转型。在此背景下，风险刑法应运而生。其中，主要的制度技术包括：立法拟制、推定、行为范畴的拓展、犯罪标准的前移、责任范围的扩张与责任形式的多样化、犯罪构成要素的增减、因果关系准则的创新和法定量刑情节的设置。② 我国刑法在完善过程中也采取了拟制、拓展行为类型和丰富责任形式等技术，可以预见的是，增设罪名和配套使用罪质、罪量的立法方式还将继续下去。这使我国的刑法容量和司法资源面临巨大考验。为了缓和预防未来风险和坚守刑法谦抑之间的矛盾，可以根据谦抑的法益保护早期化原则处理分则行为入罪及总则停止犯罪形态的问题。③ 这不仅弥补了传统刑法功能的缺陷，也避免了风险刑法处罚泛化的弊端。现代人类中心主义视野下的刑事政策顺应了公共政策加强风险管理、稳定社会秩序的预期，但并未被非人类中心主义过高的道德期待所蒙蔽，使政策工具有切实的可行性，有利于实现环境正义。

第三节　环境犯罪刑事政策与环境犯罪属性

一般认为，环境犯罪属于行政犯。如今，刑事犯与行政犯出现了从二元分立到一元统一的趋势，行政犯的概念有被解构的可能。

---

① 章国锋：《"全球风险社会"：困境与出路——贝克的"世界主义"构想》，《马克思主义与现实》2008年第2期，第46页。
② 参见劳东燕《公共政策与风险社会的刑法》，《中国社会科学》2007年第3期，第130—133页。
③ 参见马克昌《危险社会与刑法谦抑原则》，《人民检察》2010年第3期，第8—9页。

刑事犯与行政犯的分类由来已久，学界通常是在区分二者的前提下对其进行界定。然而，无论是从针对法益的关系、被害对象性质的差异，还是根据被侵害规范的性质、伦理的标准，[①] 都无法清晰地划清二者的界限，从而对其内涵的理解一直存在争议。主流观点是从其与伦理道德的关系上来区分刑事犯与行政犯的。行政犯理论是在国家行政职能日益增强，行政管理范围持续扩大，适应刑法规范的分散立法模式，合理分流行政程序和刑事程序的条件下发展起来的。伦理是法律产生的土壤，伦理规范决定了法律规范的价值和精神。不过，"刑法规范的内容与社会伦理的规范并非完全一致，而且根据社会状况的变化以及国民的价值观的变化，也会出现自然犯的非犯罪化，或者出现法定犯的自然犯化的现象"。[②] 况且，我国历来实行刑事立法主体一元化，权力分配格局明显不同于大陆法系国家。因此，我国不应过于强调刑事犯与行政犯的区别。

一 关于社会危害性的认定

行政犯的社会危害性与刑事犯的社会危害性完全可能不相上下。我国刑法理论以严重的社会危害性作为划定犯罪圈的标准，犯罪的危害性程度直观地表现在法定刑上。例如，过失致人死亡罪的法定最高刑为七年有期徒刑，而污染环境罪的法定最高刑同样为七年有期徒刑，因为其也会侵害人的生命法益或身体法益。"在构成行政犯、违反标准罪的场合，仅就其违反标准的行为而言，就是迈出了杀人的第一步，那么，认清这种犯罪行为的性质是处理公害犯罪的一个重要原则。"[③] 处罚行政犯的实质理由在于其对生命、健康、自由、秩序等价值的损害程度，在这点上与刑事犯没有任何差别。

二 关于行政从属性的认定

违反行政法义务并非区分行政犯与刑事犯的实质标准。行政犯违反了行政法的规定或行政机关的决定，于是，以行政犯为规制对象的行政刑法就具有了行政从属性，成为行政犯的外在特征和可罚性标准。行政从属性决定了行政刑法的常规立法方式，但从属性的程度也造成了其构成要件内容上的差别。行政犯的显著危害性和处罚必要性使其无须以违反行政法为

---

① 参见［日］福田平《行政刑法》，有斐阁1959年版，第3—16页。
② ［日］野村稔：《刑法总论》，全理其、何力译，法律出版社2001年版，第81页。
③ ［日］藤木英雄：《公害犯罪》，东京大学出版会1975年版，第12页。

前提，从而实现了从相对从属到完全独立的转变。例如，日本环境犯罪的构成要件就包括行政独立型，刑法典规定的泄漏煤气罪、污染净水罪等与饮用水相关的犯罪都可归入此类。① 再如，《刑法》规定的故意伤害、盗窃等许多侵犯人身权利、民主权利的行为都被《治安管理处罚法》作为前段行为而处罚。该法第 43 条规定："殴打他人的，或者故意伤害他人身体的，处 5 日以上 10 日以下拘留，并处 200 元以上 500 元以下罚款；情节较轻的，处 5 日以下拘留或者 500 元以下罚款。有下列情形之一的，处 10 日以上 15 日以下拘留，并处 500 元以上 1000 元以下罚款：（一）结伙殴打、伤害他人的；（二）殴打、伤害残疾人、孕妇、不满 14 周岁的人或者 60 周岁以上的人的；（三）多次殴打、伤害他人或者一次殴打、伤害多人的。"同法第 49 条还规定："盗窃、诈骗、哄抢、抢夺、敲诈勒索或者故意损毁公私财物的，处 5 日以上 10 日以下拘留，可以并处 500 元以下罚款；情节较重的，处 10 日以上 15 日以下拘留，可以并处 1000 元以下罚款。"上述行为同样违反了行政法义务，但显然属于刑事犯。

三 关于违法性意识的认定

行政犯与刑事犯的故意都以违法性的意识为要件。违法性意识是指行为人对自己的行为在法律上不被允许的认识。在此要强调两点：一是所谓"违法"，是指实质的违法性，即违反社会伦理规范的法益侵害；二是对违法性的认识本身不同于对违法性基础事实的认识，即价值判断有别于事实判断。大陆法系刑法理论通说认为，违法性意识不是刑事犯故意的要件，而是行政犯故意的要件。但是，违法性意识作为对行为性质的判断，行为人只有认识到自己的行为不被法律所容忍，才具备责任非难的根据。刑事犯和行政犯都是当今文明社会普遍存在的犯罪现象，"作为刑法理论，提出所有的犯罪都需要违法性意识则是逻辑的必然"。② 我国也有学者主张："行政犯和刑事犯在成立故意上应适用统一的标准，即认识到刑

---

① 参见［日］今井猛嘉《环境犯罪》，李立众译，《河南省政法管理干部学院学报》2010 年第 1 期，第 10 页。行政独立型立法源于对行政从属性立法缺陷的反思：首先，如果刑法的功能被限定在处罚行政性的违法行为，其他类型的污染就可能不会得到处罚，这就限制了刑法保护生态价值的功能；其次，与传统刑法的情形不同，行政官员（而非立法者）变成了决定罪与非罪的主体（参见［美］苏珊·曼迪伯格、［比］迈克·福尔文《环境犯罪的分级惩罚模型构想》，屈文生、宋瑞峰编译，《江西社会科学》2010 年第 10 期，第 247 页）。

② ［日］大塚仁：《犯罪论的基本问题》，冯军译，中国政法大学出版社 1993 年版，第 221 页。

法之所以对这一行为作出违法性评价的基础性事实。"① 但是，很多情况下，事实认识不能代替法律评价。例如，行为人在某一路段超车，其认识到超车的事实但并未认识到是在禁止超车的路段或没有看到禁止超车的标志，这时还不能认定其有违法性意识，还必须补充其他事实进行判断。因此，"必须明确区别犯罪事实的认识和被禁止的情况自身（违法性）的认识。相应地，如何划定行政犯中应当认识的事实范围就成为一个重要且困难的问题"。②

四 关于刑事立法的趋向

行政犯与刑事犯的扩张和限缩同时进行。为构建和谐社会，全面贯彻宽严相济的基本刑事政策，完善民生的刑法保护，我国《刑法》的修订一直坚持适度的犯罪化。例如，《修正案（八）》增订了危险驾驶罪，又通过修改盗窃罪的罪状扩大了处罚范围。行政犯与刑事犯的扩张是并行不悖的，其限缩也是并驾齐驱的。在谦抑原则和人道精神的引领下，《刑法修正案（七）》（以下简称《修正案（七）》）增设了逃税罪的出罪条款，同时通过增加绑架罪情节较轻的法定刑幅度有效降低了本罪的严厉性。宽严相济刑事政策的刑罚扩张机能并非仅体现在行政犯上，其刑罚抑制机能也不是仅对刑事犯而言。这样不仅有利于维护刑事法制的统一和尊严，也完全可以发挥行政犯和刑事犯条款对罪犯的惩罚、威慑和教育功能。

总之，我国刑法理论不宜固守行政犯与刑事犯的分类。"随着国内外人们法律意识的变化，有关环境犯罪的行政犯刑事犯化倾向也被认可，两者之间的界限是高度流动的。"③ 根据环境犯罪刑事政策的目的，应当淡化环境犯罪身上的行政犯色彩，由于污染环境违法犯罪现象已经常态化，需要重点研究如何区分环境行政违法和环境刑事犯罪并合理组织环境行政法和环境刑法以共同应对环境危机上来。而且，行政违法和刑事违法的关系复杂：有些刑事违法不以行政违法为前提；某些行政违法行为不可能上升为刑事违法行为；某些刑事违法以行政违法为前提。④ 尽管现行《刑法》中的环境犯罪均具有行政从属性，但在今后修法时，少数环境犯罪

---

① 曹菲：《刑事犯、行政犯统一化之提倡——兼论涉及行政法规范的犯罪的故意认定》，《云南大学学报》（法学版）2008年第6期，第110页。
② [日]西田典之：《刑法总论》，弘文堂2006年版，第232页。
③ [日]森下忠：《刑事政策各论》（新版），成文堂1996年版，第256页。
④ 参见张明楷《避免将行政违法行为认定为刑事犯罪：理念、方法与路径》，《中国法学》2017年第4期，第50页。

可能不以环境行政违法性作为犯罪成立的必要条件，从而具有行政独立性。随着公众环保意识的提高，环境犯罪的处罚必要性会在社会各界形成广泛共识，防治污染就成为公民一般的法律义务而非特定的行政法义务，从而强化环境犯罪的刑事犯属性。

况且，我国环境刑法采取了混合式立法模式，刑法典和附属刑法都规定有环境犯罪刑事责任条款，其中，刑法典的专节规定为主，附属刑法的分散规定为辅。可是，现行立法架构已不能完全适应刑事立法的集约化、环境犯罪圈的膨胀以及环境保护迫切性的需要。对此，学界几乎一致主张，不赞成特别环境刑事立法的模式，但希望刑法典能够对环境犯罪加以专章设置，使之从刑法典的"幕后"走到"前台"。其积极意义如下：其一，契合生态文明建设的要求。其二，投合环境保护刑事政策的期待。其三，符合精密刑事立法的需要。① 环境犯罪客体的复合性说明其不是单纯侵犯人身权利、财产权利的犯罪，客体的生态保护功能也使其不能为妨害社会管理秩序罪所容纳，客体的精神、物质内容双重性决定了只能以专章规定突出环境保护的重要性。专章立法模式是彰显环境犯罪属性的有效途径，也是提高公民环保意识、发挥环境刑法之生态保护功能的需要。

第四节　环境犯罪刑事政策与环境刑事法律

刑事政策的制定者是国家，在其实施过程中市民社会也越来越多地参与进来，具有国家主导性。在法律体系中，刑法是最严厉的制裁方法，刑事立法权、司法权和执行权也专属于国家所有。所以，刑事政策与刑法具有相同的主体，以公权力为共同基础。而且，刑事政策的目的是预防犯罪、保障人权和救济被害人的权利，而刑法的目的在于惩罚犯罪，保护人民。"只有惩罚犯罪，才能更好地保护人民；只有保护人民，才能更有效地惩罚犯罪。"② 犯罪是侵犯政治、社会共同体合法权益的行为，为了维护统治阶级的利益并从根本上遏制犯罪，国家、社会必须科学、有效地组织应对犯罪的对策。所以，刑事政策与刑法在目的和内容上也相互融合。更重要的是，刑事政策以民主法治、公正与效率、自由与秩序为价值目

---

① 参见高铭暄、徐宏《环境犯罪应当走上刑法"前台"——我国环境刑事立法体例之思考》，《中国检察官》2010年第2期，第4—5页。
② 高铭暄、马克昌主编：《刑法学》（上编），中国法制出版社1999年版，第12页。

标,[①] 而这些普适性的价值也无不包含在刑法中,二者的内在精神具有一致性。尽管刑事政策和刑法在客观上存在重大差别,[②] 但二者以国家权力为中介相互联系,在反犯罪的整体战役中协同配合也是不争的事实。为了防控最极端的社会反动行为,国家的本能是制定和实施刑事法律,而这又需要刑事政策的先在指导和动态补充。同时,将刑事政策转化为立法,作为对抗犯罪的政策工具,已成为法治国家解决社会基本矛盾的普遍做法。刑事法律离不开刑事政策,刑事政策必须尊重刑事法律;刑事法律是刑事政策的载体,刑事政策存在于刑事法律的框架内;刑事法律是刑事政策的界限,刑事政策是刑事法律的灵魂。如今,刑事政策的刑事法律化和刑事法律的刑事政策化已成为概括刑事政策与刑事法律之间关系的基本公式,前者关乎刑事立法,后者则贯穿刑事立法、司法和执行始终。

刑事政策的刑事法律化是国家立法机关将应对犯罪行为的系统方略通过法定程序注入刑事实体法、刑事程序法和刑事执行法中。这使刑事政策的价值目标和基本措施转化为刑事法律,从而获得了合法性、明确性、稳定性。"刑事政策法律化是刑事政策过程的终结,是刑事政策合法化的一种重要而又特殊的形式。"[③] 刑事政策转化为法律后,就失去了"政策"的外衣,必须遵守罪刑法定原则,而不能以"政策"的名义破坏法律的权威性。可是,并非所有的刑事政策都需要法律化,刑事政策的法定化技术很重要。罪刑法定原则主张限制司法权,要求刑罚法规的内容明确。环境刑法采取了空白罪状的立法方式,是否符合环境犯罪构成明确性的要求,值得深入研究。

刑事法律的刑事政策化同样无法避免。规范主义的刑法观和犯罪原因的复杂性制约了刑法在惩治犯罪浪潮中的效能,为此,形式、实证的刑法

[①] 参见王宏玉主编《刑事政策学》,中国人民公安大学出版社2011年版,第120—125页。
[②] 刑事政策与刑法的差别主要表现在以下几个方面:(1)在基本性质上,刑事政策毕竟只是社会政策的一种,属于政策的范畴,在这一点上它与作为法律规范的刑法有着质的差别。(2)在基本功能上,刑事政策不具有法律的规范性特征,而是用来指导(提示或引导)社会运用法律规范对一定行为做出评价(法律评价)。(3)在基本内容上,刑事政策用以指导和影响刑事立法和刑事司法活动,通过对各种刑罚方法适用的目的性、合理性、必要性的研究,着重于从整体上对刑罚制度的体系和具体刑罚的效果进行评价。(4)在内容范围上,刑法功能的实现要以现实生活中已经发生的犯罪行为为前提,而刑事政策除以既存的犯罪行为为对象外,还要着重研究对其他危害行为如何采用社会治安综合治理的方法来预防犯罪。(5)在特征上,刑事政策还具有灵活性,从整体上说,相当程度的稳定性应当是法律规范的基本特征(参见马克昌主编《中国刑事政策学》,武汉大学出版社1992年版,第82—84页)。
[③] 曲新久:《刑事政策的权力分析》,中国政法大学出版社2002年版,第230页。

体系退居其次，实质、机能主义的刑法体系被推上前台。"所谓刑法的机能，就是刑法（而不是刑罚）本身作为规制社会的手段之一，应当具有什么样的作用，它是属于刑事政策学的研究范畴。"① 刑事政策首先应当为制定刑法设定评价目标及引导标准，刑法目的与刑事政策目的应当保持一致，不法类型处罚的必要性和适当性不能逾越刑事政策的边界。"一个现代的刑法体系应当是有目的地组织的，也就是说，必须是建立在评价性目标设定的基础之上的。……建立这个刑法体系的主导性目的设定，只能是刑事政策性的。刑事可罚性的条件自然必须以刑法的目的为导向。"② 为了消除刑事政策和刑法之间的紧张关系，刑事立法要接受刑事政策的指导，即通过刑事立法的刑事政策化选择有必要处罚和值得处罚的行为，禁止处罚不当罚的行为。在行政权主导环境保护的现状下，刑法介入环境保护的时点非常关键，环境犯罪的危险犯化必须慎重。其次，刑事政策还应当指导司法实践，为其导入价值理念和规范标准，填补法律漏洞或明确规范意义。"刑事政策给予我们评价现行法律的标准，它向我们阐明应当适用的法律；它也教导我们从它的目的出发来理解现行法律，并按照它的目的具体适用法律。"③ 在刑事政策指导下，刑法解释理念、原则和方法的选择至关重要，直接影响着解释结论的妥当性。在适用环境刑法对环境犯罪进行客观归责时，除了遵守传统刑法的基本原则外，还要贯彻预防性环保的刑事政策，切实发挥环境刑法的功能。

综上所述，环境犯罪刑事政策与环境刑事法律密不可分。环境犯罪刑事政策的刑法化要求环境刑法制定明确的空白罪状，环境刑法的刑事政策化则要求环境刑法处罚一定范围内的环境危险犯，并运用特定的解释规则最终获得正义的结论。

第五节　环境犯罪刑事政策与环境刑法的空白罪状

空白罪状兼顾了刑法的通识性和环境法的专业性，保证了刑法的简洁性和稳定性，较好地衔接了环境刑法和环境行政法。环境犯罪在犯罪分类

---

① 黎宏：《论"刑法的刑事政策化"思想及其实现》，《清华大学学报》（哲学社会科学版）2004年第5期，第43页。
② ［德］克劳斯·罗克辛：《德国刑法学总论》（第1卷），王世洲译，法律出版社2005年版，第133页。
③ ［德］冯·李斯特：《德国刑法教科书》，徐久生译，法律出版社2000年版，第2页。

意义上的去行政犯化并未否定其行政从属性，空白罪状必须保证环境犯罪构成的明确性。这是我国环境犯罪刑事政策刑法化的重要原则。

环境犯罪的去行政犯化表明我国不存在大陆法系刑法理论所指的狭义的行政刑法，原因在于，只有刑法典和单行刑法有权规定独立的罪名和法定刑，而有关行政法律无权设立独立的罪名和法定刑。因此，若想维持行政刑法的概念，必须切换到我国刑法语境下拓展行政刑法的外延，使之涵括我国附属刑法中的刑事责任条款。这种广义的行政刑法就不是原来大陆法系刑法理论中狭义的行政刑法了。[1] 在法制环境大相径庭的情况下，同犯罪分类一样，没有必要固守刑法分类意义上的行政刑法概念。

当然，在犯罪成立的意义上，环境犯罪仍然具有行政从属性。这种危害环境罪的成立对于行政法规及行政命令的依附即是危害环境罪的行政从属性。关于行政从属的种类，德国一般认为分三种：一为概念上的从属，二为法规指示（verweisung），三为空白构成要件（das Verwaltungsrecht）。[2] 这种从属性表现为环境刑法对环境行政法的依赖。但是，我国的情况稍有不同。由于刑法的抽象性和环境法的技术性，环境刑法中的犯罪构成不得不依靠环境行政法来补充、阐释。同时，由于立法权的限制，涉及行为人的刑事责任时，环境行政法必须援引环境刑法的条文，否则无法确定罪名和法定刑。所以，我国环境犯罪具有双向从属性：一是犯罪构成上的从属性（环境刑法→环境行政法）；二是法律后果上的从属性（环境行政法→环境刑法）。二者同时具备，才能正确追究环境犯罪的刑事责任。

犯罪构成上的从属性的法律表现即为空白刑法，或曰空白罪状。"空白刑法是指完全或者部分地将对行为构成的描述'空白地'留下来，而通过引述其他法律规定，其中主要是非立法机构制定的行政法规，加以补充和完善的刑法规定。这种立法技术看起来就像立法者开出了一张空白支

---

[1] 有学者主张："我国的行政刑法，可以分为广义的行政刑法与狭义的行政刑法。广义的行政刑法，包括刑法典、单行刑法与行政法律中规定行政犯罪及其刑事责任的法律规范的总称。狭义的行政刑法，仅指行政法律中的刑事责任条款。我认为，我国应当研究广义的行政刑法。"（张明楷《刑法的基础观念》，中国检察出版社1995年版，第305页。）大陆法系刑法理论一般研究狭义的行政刑法，即专指行政法中规定刑罚方法的法规。由于行政法可以规定单独的罪刑规范，重点研究行政法中的犯罪能够更准确地阐明行政犯的本质和特点。然而，囿于我国的立法现状，如不将刑法典、单行刑法与行政法中的刑事责任条款联系起来，就无法追究行政犯的刑事责任。刑事立法权的分配格局以及行政法和刑法以特定犯罪的刑事责任为链接的关系模式决定了我国只能研究广义的行政刑法。

[2] 参见杨春洗、向泽选、刘生荣《危害环境罪的理论与实务》，高等教育出版社1999年版，第116页。

票，而有关管理部门则有权加以填写。"① 我国刑法理论通说也认为，空白罪状是指分则条文指明了必须参照其他法律、法令来确定某一犯罪的构成特征的罪状，故又被称作参见罪状。② 空白罪状既是行政权的高度扩张所带来的立法技术上的变化，也满足了一元刑事立法简约化及环境刑法与环境行政法协调统一的需要。环境犯罪刑事政策既要维护刑法的稳定性和环境法的开放性，又要求环境刑法和环境行政法配合适用，所以，空白罪状的存在依然具有合理性。空白罪状横跨刑法和行政法，具有很大的包容性，而犯罪构成是类型化的行为模式，应当满足明确性的要求。因此，环境犯罪的空白构成也要具有一定的明确性，通过克服相对静态的刑法和比较活跃的行政法之间的矛盾，以其最大合力化解环境风险。

一 空白罪状应当符合环境犯罪刑事政策

环境刑法应着力体现环境犯罪刑事政策防控环境犯罪，保护生态环境的目的。可是，我国《刑法》固守近代人类中心主义的伦理观，过于关注物质利益，事后惩治重于事前预防，一定程度上偏离了刑事政策的方向。例如，根据《刑法》第339条第2款之规定，未经国务院有关主管部门许可，擅自进口固体废物用作原料，造成重大环境污染事故，致使公私财产遭受重大损失或者严重危害人体健康的，才构成擅自进口固体废物罪。本罪是结果犯，《2013年解释》第2条和《2016年解释》第2条明确了定罪量刑标准。这表明，没有达到该标准的行为仅构成犯罪未遂或不作为犯罪处罚，忽视了环境破坏的难以恢复性和环境的生态价值。因此，刑法应当重视环境法的风险预防原则，有关司法解释应在借鉴环境污染物或环境安全标准的基础上制定环境犯罪的入罪标准，以体现重在预防的价值取向。

二 空白罪状中参照规范的表述应当统一

破坏环境资源保护罪一节中的空白罪状对参照规范的表述有"违反国家规定""未经国务院有关主管部门许可""违反……法规""非法……""违反……法的规定"共五种，部分条文甚至没有指明参照规范。根据《刑法》第96条和全国人大常委会《关于〈中华人民共和国刑法〉第二百二十八条、第三百四十二条、第四百一十条的解释》的规定，

---

① 王世洲：《德国环境刑法中污染概念的研究》，《比较法研究》2001年第2期，第62页。
② 参见齐文远主编《刑法学》，法律出版社1999年版，第378页。

"违反国家规定"和"违反……法规"均包括有关行政法律、法规,外延过于宽泛;而"未经国务院有关主管部门许可"的表述没有明确主管部门,易造成参照依据的冲突;"非法……"的表述则可能导致以低位次的规范文件作为依据。由于我国存在法律、法规、规章、条例等多种法的渊源,为保证犯罪构成的明确性和便于司法操作,应适当提高参照规范的效力层级,将其确定在有关法律或行政法规的范围内,并在空白罪状中具体指出参照规范的名称,如"违反矿产资源法的规定""违反陆生野生动物保护实施条例的规定"。

三 空白罪状的参照规范应当明确环境违法行为核心要件的含义

空白犯罪构成由刑法规范和行政法规范结合而成,部分参照规范缺少对客观要素的明确规定,影响了对环境犯罪的定罪量刑。例如,根据《刑法》第341条第2款的规定,违反狩猎法规,在禁猎区、禁猎期或者使用禁用的工具、方法进行狩猎,破坏野生动物资源,情节严重的,构成非法狩猎罪。"禁猎区""禁猎期"是本罪的客观要素,也是认定行为违法性的关键。作为参照规范的《野生动物保护法》第20条并未明确"禁猎区""禁猎期"的含义,将决定权留给县级以上政府或其野生动物行政主管部门。各地方性法规也大多只是简单地重申这一规定。例如,《浙江省陆生野生动物保护条例》第21条规定:"在禁猎区和禁猎期内,禁止猎捕和从事其他妨碍陆生野生动物生息繁衍的活动。禁猎区和禁猎期,由县级以上人民政府或者其陆生野生动物行政主管部门规定。"《黑龙江省野生动物保护条例》第16条也规定:"县以上人民政府依据野生动物资源状况划定禁猎区,规定禁猎期并公告。"寻法至此,还无法弄清何为"禁猎区""禁猎期"。这种模糊的参照规范根本不具有可操作性。笔者认为,可借鉴《德国刑法典》第330条d的规定,[①] 在将来专章规定环境犯罪时,应在该章最后一条阐明核心概念的含义。

---

① 《德国刑法典》第330条d(概念规定)的全文为:"本章所谓的1. 水:指地表水、地下水和海水;2. 核技术设备:指用于生产、加工、处理或分裂核燃料的设备,或清理具有辐射力的核燃料的设备;3. 危险的物品:指危险品运输法及其他法律规定意义上的物,以及危险品的国际运输的法律规定意义上的物。4. 行政法义务:指基于a. 法规、b. 法院判决、c. 可执行的行政行为、d. 可执行的义务、e. 公法上之合同,如果此等义务也可通过行政行为来赋予,所产生的义务,用于防止危险或对环境、尤其是人、动物或植物、水、空气或土地的有害影响的物品。5. 未经批准的行为、未经计划确定的行为或其他未经许可的行为:指基于威胁、贿赂或共谋而获取、或通过不正确的或不完全的说明而骗取批准、计划确定或其他的许可。"

四 空白罪状与其参照规范应当保持动态一致

一方面，参照规范规定追究 A 行为的刑事责任，空白罪状不能缺少对 A 罪的描述。例如，《草原法》第 66 条规定，非法开垦草原，构成犯罪的，依法追究刑事责任。而《刑法》没有规定非法开垦草原罪，对其只能作为行政违法行为处理。所以，有学者主张，应当增设该罪。非法开垦草原罪，是指非法开垦草原，造成草原植被破坏的行为。[①] 类似的问题在《土地管理法》《森林法》与《刑法》之间也存在。另一方面，参照规范的更新速度不能落后于刑法修订的步伐，否则难以补全空白罪状。例如，2011 年 2 月 25 日颁布的《修正案（八）》第 46 条将《刑法》第 338 条的罪状修改为："违反国家规定，排放、倾倒或者处置有放射性的废物、含传染病病原体的废物、有毒物质或者其他有害物质，严重污染环境的，处……"，而 1989 年 12 月 26 日颁布的《环境保护法》第 43 条规定："违反本法规定，造成重大环境污染事故，导致公私财产重大损失或者人身伤亡的严重后果的，对直接责任人依法追究刑事责任。"二者在污染环境罪的入罪标准上产生了重大分歧。另外，参照规范引用的条文序数与空白罪状不相对应的情况比比皆是，导致环境行政法与环境刑法严重脱节。因此，必须紧跟社会发展完善空白罪状和参照规范的相关规定，使其保持同步变化、相互衔接。

现代人类中心主义视野下的环境犯罪刑事政策必定也是深受现代法治国思想渗透的刑事政策。空白犯罪构成本是不完整的犯罪构成，只有通过参照规范的补充才能成为完整而明确的犯罪构成。"只要我们明白法治国哲学思潮的变迁导致的罪刑法定主义的变化，明白罪刑法定主义的变化对构成要件的影响，我们就会明白空白刑法规范与罪刑法定主义之间具有怎样的内在一致性。"[②]

第六节 环境犯罪刑事政策与环境刑法中的危险犯

危险犯立法是现代社会为控制风险而惯用的制度技术，表现为法益

[①] 参见郭建安、张桂荣《环境犯罪与环境刑法》，群众出版社 2006 年版，第 394—395 页。
[②] 刘艳红、周佑勇：《行政刑法的一般理论》，北京大学出版社 2008 年版，第 53 页。

保护的前置化和刑法保护的早期化，通过扩大刑法的干预范围来全面消减危险源。许多国家在环境刑法中设置了危险犯，但是，危险犯立法必须确保对环境犯罪的处罚适当性。这是我国环境刑法刑事政策化的重要内容。

大陆法系刑法理论认为，从刑法与保护客体的关系上看，不是只有法益受到实际侵害时才能处罚犯罪。所以，"作为构成要件要素的结果，不仅指保护法益的现实侵害，也包括保护法益的侵害的危险。前者称为侵害犯，是将法益侵害作为结果的犯罪；后者称为危险犯，是将法益侵害的危险作为结果的犯罪"。[①] 危险犯立法是刑事政策导向和刑法介入社会双重作用的结果。它不仅决定了危险犯的处罚范围，也是划分具体危险犯和抽象危险犯的依据。德国学者指出，具体的危险性犯罪要求，在具体的案件中，对于一种通过有关的行为构成加以保护的对象（Objekt），出现了一种真正的危险。这种具体的危险性犯罪是结果犯罪，是通过在一种侵害性结果的位置上出现了各种行为构成性的危险结果来加以区别的。抽象的危险性犯罪，是指一种典型的危险的举止行为被作为犯罪而处于刑罚之下，不需要在具体案件中出现一种危险的结果。这就是说，防止具体的危险和侵害，仅仅是立法的动机，而不是使这种具体的危险和侵害的存在成为行为构成的条件。[②] 危险犯的分类体现了类型思维，是一种立法创设。国家对两种危险犯的容忍程度影响了各自在刑法中出现的频率。没有法益侵害就没有犯罪；同理，在不存在法益侵害危险的场合，没有必要处罚危险犯。就此而言，具体危险犯和抽象危险犯中的危险都是具有法益侵害发生可能性的客观危险状态，前者是高度、紧急的危险，后者是一般、缓和的危险。将危险划分为作为行为属性的危险和作为结果的危险并不科学，因为没有行为危险就没有结果危险，对其在实践中根本无法准确区分。具体危险犯和抽象危险犯的根本区别在于距离危害结果的远近，这决定了其在法律效果上的差异。我国刑法理论通说认为，危险犯是指以行为人实施的危害行为造成法律规定的发生危害结果的危险状态作为既遂标志的犯罪。举动犯，亦称即时犯，是指按照法律规定，行为人一着手犯罪实行行为即告犯罪完成和完全符合构成要件，从而构成既遂的犯罪。从犯罪构成性质上分析，举动犯大致包括两种构成情况：一是原本为预备性质的犯罪构

---

① [日] 山口厚：《刑法总论》（第3版），有斐阁2016年版，第47页。
② 参见 [德] 克劳斯·罗克辛《德国刑法学总论》（第1卷），王世洲译，法律出版社2005年版，第275、278页。

成。二是教唆煽动性质的犯罪构成。① 从立法目的、法律规定和构成特征方面分析，我国刑法中的危险犯相当于大陆法系刑法中的具体危险犯，举动犯则类似于抽象危险犯。

各国环境刑法规定的危险犯各具特色。美国对于严重环境犯罪的预防贯彻了事先预防的刑事政策，对没有造成实害结果的故意或过失危害环境的行为予以犯罪化。其具体体现是规定违反环境法的行为、违反环保强制性标准、规定及环保机关行政命令的行为、明知可能造成的他人的生命或身体健康处于危险的行为可以构成犯罪。② 例如，《固体废弃物处置法》第3008节（d）条（4）款规定，故意产生、储放、处理、运输、处置或采用其他方式保存任何有毒废弃物者，将据其犯罪事实，科以刑事制裁。俄罗斯联邦议会1996年通过的《俄罗斯联邦刑法典》，被认为是进入20世纪90年代以来较为完备的环境刑事立法。其特点除了修订刑法典增设环境犯罪外，在具体罪名和刑种上也较多，扩大了刑法在环境保护中的作用，体现了环境保护刑事立法的生态化、国际化趋势。③ 该法典第26章的名称为"生态犯罪"，以生态法益为主要客体，体现环保优先和协调发展的原则。生态犯罪的危险犯立法即为例证之一。例如，该法典第252条（污染海洋环境）第1款规定："从陆地上的污染源污染海洋环境或者由于违反埋藏规则而污染海洋环境，或从运输工具或建在海上的人造构筑物向海洋投放危害人的健康和海洋动物资源或妨碍合法利用海洋环境的物质和材料而污染海洋环境的，处……"凡此种种，不一而足。其中，将单纯违反环保标准或行政命令的行为和污染环境的行为设置为抽象危险犯的立法例尤其值得我国借鉴。

在《修正案（八）》出台之前，我国环境刑法没有规定危险犯，但有增设的必要，理由如下：一是环境犯罪刑事政策的要求。该刑事政策重在预防环境犯罪，引导刑法适度降低入罪标准，适当扩大调整范围，在危害环境或人身损害的后果发生之前干预危害环境行为，从而弥补结果犯立法应对环境危机消极、滞后的不足，取得更理想的环保效果。二是环境犯罪的作用机制使然。环境犯罪特殊的发生机理决定了其危害的长期性、隐蔽

---

① 参见高铭暄主编《刑法学原理》（第二卷），中国人民大学出版社2005年版，第297—298页。
② 张福德：《美国环境犯罪的刑事政策及其借鉴》，《社会科学家》2008年第1期，第82页。
③ 邵艳艳：《中俄环境刑事立法比较研究》，硕士学位论文，新疆大学，2008年，第17页。

性和复杂性。例如，排放污染物超过一定标准后，各种物质经过物理、化学及生物学的作用形成多层次的次生物质，当累积到一定程度时，才会在环境中显现出来。为减少环境污染的源头，缓解环境保护的压力，增设危险犯势在必行。三是由环境犯罪的经济性和高科技性决定的。环境破坏行为与社会发展是相生相伴的现象，环境犯罪具有利弊同体性。环境犯罪同时还是科学技术发展的产物，科学技术的发展是一把"双刃剑"，虽然能够为人类的发展提供技术支持，但同时也为人类破坏环境提供了最有效的工具。① 为了不显著降低经济增速和过分抑制科技发展，只有在环境被破坏前及时制止违法行为，才能从根本上降低环保成本及不过分抑制企业创新。这反而能促进经济发展和提高科技竞争力。四是由环境的难以恢复性所决定的。环境的生态性使环境犯罪的危害结果区别于其他犯罪结果。各环境要素之间通过物质循环、能量流动和信息传递而联系成为不可分割的整体，维持着一种动态的平衡。如果这种平衡遭受破坏，将带来不可挽回的后果。② 例如，严重污染、资源枯竭、生态失衡等。所以，为了防止出现难以逆转的结果，必须提升事前预防的重要性，使行为人承担更为严格的刑事责任。五是切实保护环境权的需要。在借鉴环境法学研究成果的基础上，刑法中的环境权应当是指自然人所享有的在和谐、舒适的生态环境中生存和发展的权利。环境权是环境犯罪侵犯的客体，是一种有限的实体权利，包括环境享受权、生命权、健康权和财产权。环境刑法增设危险犯，意味着更新刑法理念、严密刑事法网和调整刑罚结构，有利于实现风险刑法预防性控制的机能。

我国环境刑法在增设危险犯时，要注意以下几点。

一 遵守刑法谦抑原则

通过遵守刑法谦抑原则，以防止过度危险犯化。在近代社会，由于刑罚是剥夺人的自由、有时也是剥夺生命的具有强烈副作用的猛药，在刑罚以外的其他控制手段够用的场合就不应当行使。这被称为刑法的补充性或谦抑性。③ 作为社会防卫的最后一道防线，只有在其他社会控制手段无法有效发挥作用时，刑法才应当被适用；在其他社会统治手段能够发挥自身功能的场合，刑法就不应当越位行使。刑法谦抑原则是当代刑法理论的基

---

① 参见蒋涤非《科学发展观视野下的环境犯罪控制》，《贵州警官职业学院学报》2010年第4期，第25页。
② 参见吕忠梅主编《环境法导论》（第二版），北京大学出版社2010年版，第3页。
③ 参见［日］板仓宏《刑法总论》（补订版），劲草书房2007年版，第4页。

石,"它应是罪刑法定主义原则、法益侵害原则、责任原则的一个指导的原则"①。我国环境刑法增设危险犯,同样应当遵守刑法谦抑原则;遵守了刑法谦抑原则,也就遵守了罪刑法定原则。刑法必须收敛起在奴隶社会、封建社会的高傲态度,适度发挥其社会秩序维持机能,真正将值得处罚的行为纳入自己的势力范围。因此,我国环境刑法不必对所有的环境犯罪设置危险犯,在科学论证处罚的必要性后,只需在部分既存的污染环境罪和破坏环境罪条款中设订具体危险犯或抽象危险犯,并增设独立的违反特定行政法义务的抽象危险犯。这样,环境犯罪刑事政策就引领了环境刑法的功能转变——从消极惩治到积极预防。

二 以具体危险犯为主

以具体危险犯为主,以抽象危险犯为辅。为充分发挥刑法控制社会风险的机能,大陆法系各国纷纷出现了抽象危险犯扩张适用的趋势,但是,我国环境刑法改革是否要顺应这一潮流,在根本上仍取决于环境伦理观和环境犯罪刑事政策。我国的环境伦理观与可持续发展观具有内在一致性,旨在缓和经济发展和环境保护之间的矛盾,促进经济、政治、文化、环境各方面全面协调持续发展。我国的环境犯罪刑事政策根据该价值观,也体现了经济发展和环境保护的相互依存性。所以,环境刑法的风险控制机制不能过于激进,抽象危险犯的设置应当恪守行政从属性,将其限制在违反环保标准或无视行政机关决定而有可能严重破坏环境的行为中。例如,应整合我国刑法分则第二章"危害公共安全罪"中第125、127条的规定,在环境犯罪中设立违反危险物质使用处理规则的犯罪。② 同时,环境刑法的风险控制机制也不能太过迟钝,若待危险环境的结果发生后再来补救,往往为时已晚。因此,在维持现行的结果犯和行为犯并存的立法模式前提下,可以考虑在污染环境罪、擅自进口固体废物罪、非法采矿罪、破坏性采矿罪的条文中有选择地规定具体危险犯或抽象危险犯。

三 以故意危险犯为主

以故意危险犯为主,以过失危险犯为辅。物质文明的发展和科技进步催生了大量新型危险,这些危险虽然在一定程度上危害了社会,但同时也

---

① 参见徐卫东、李洁等《刑法谦抑在中国——四校刑法学高层论坛实录》,《当代法学》2007年第1期,第5页。
② 参见侯艳芳《关于我国污染环境犯罪中设置危险犯的思考》,《政治与法律》2009年第10期,第101页。

孕育着科技进步的动力和社会变革的契机。行为人本想实施对社会有益的行为，却产生了有害结果，不能认为其主观上有故意。为了不使社会发展停滞，必须在一定范围内允许危险的存在。除非危险已被现实化，否则不能处罚过失犯。但是，过失结果犯的论调显然不能满足治理环境的需求，必须科以行为人更高的注意义务，力求阻断过失行为向危害结果发展的因果链条。因此，"在我国部分环境犯罪中设置过失危险犯……是对传统过失犯罪理论的扬弃，其根源于环境犯罪的特殊性"。[1] 污染环境罪既是故意犯，也是过失犯。[2] 处罚该罪的危险犯形态将缩短污染的处理周期，降低污染的累积效应和治理难度，减轻公诉方对因果关系的证明责任，建立更为周全的环保机制。非法处置进口的固体废物罪属于行为犯，考虑到行为危险与结果危险直接相关，没有必要设立危险犯。擅自进口固体废物罪和污染环境罪都以发生严重污染环境的后果为要件，既然可以对作为过失犯的后者设立危险犯，对作为故意犯的前者更应设立危险犯。而破坏森林、土地、动植物等资源的犯罪，由于大部分资源具有可再生性和财产性，宜维持原有的结果犯模式。但是，非法采矿罪和破坏性采矿罪既破坏了矿产资源，又可能严重污染环境，应对其增设危险犯。

四　配置适当的法定刑

依照各种危险犯类型的危害性程度，配置适当的法定刑。在拟增设的各环境犯罪的危险犯中，擅自进口固体废物罪、非法采矿罪、破坏性采矿罪为故意的具体危险犯；有关违反环保标准或行政决定、命令的犯罪为故意的抽象危险犯，过失的抽象危险犯没有必要处罚；污染环境罪不仅应当增设故意的危险犯（含具体危险犯和抽象危险犯），还有必要增设过失的具体危险犯。根据利益位阶和保护的必要性，从宏观上看，故意的具体危险犯的法定刑应当较重，故意的抽象危险犯和过失的具体危险犯的法定刑较为轻缓，以保证刑罚配置的纵向协调与横向协调。

在现代国家，刑法大举进军风险领域似乎理所当然；但在法治社会，人们必须警惕危险刑法的非理性扩张。刑事政策和刑法的目的同为预防犯罪和保护法益，环境刑法的刑事政策化要求必须合理选择危险犯类型。

---

[1] 李希慧、冀华锋：《关于在我国环境犯罪中设立过失危险犯的探讨》，《环境保护》2008年第6期，第35页。
[2] 虽然我国刑法理论通说主张该罪系过失犯，但部分学者和司法实践一般将其作为故意犯，所以，承认污染环境罪属于复合罪过的犯罪，有利于拉近理论和实务之间的距离。

第七节　环境犯罪刑事政策与环境刑法解释

毋庸置疑，法律需要解释。法律具有抽象性和概括性，为使一般规则能够适用于千姿百态的社会生活，需要进行法律解释以保证法律实施。法律具有稳定性和权威性，为了使已经制定的行为规范能够适应日新月异的社会发展，需要通过法律解释延续法律的生命力。法律的种种缺憾源自立法者有限的认识能力，为了降低频繁修法的成本和提高司法机关的效率，只能在解释法律的过程中完善法律本身。"因此，法律是发展于解释中和存在于解释中的，凡法律适用的过程必是法律解释的过程。"[①] 另外，法律也可以被解释。法律解释是有目的的活动和理性选择的过程，要树立正确的信仰和理念以保证解释工作朝着既定方向进行下去。法律解释以法律规范为对象，是在提炼案件事实的基础上，运用价值思维、逻辑思维等思维方式，选取某个解释角度并应用一定的解释方法进行的。法律解释不是对法律文本的简单复述，而是根据特定的法律思维在反复修正先前理解的基础上对案件作出终局判断。"法学解释是理论和实践、认识性和创造性、创作和再创作、科学性和超科学性、客观和主观各种因素不可分割的混合。"[②] 因此，法律解释是必要且可行的，也是规范而复杂的。

刑法更加需要解释。刑法语词的不周延性、多义性、模糊性、矛盾性会损害人们的预测可能性，力求简短的刑法规范与生动的具体个案之间总是存在一定距离，刑法的严厉性导致其被不当行使时会严重侵犯人权。"刑法解释的必要性说明了刑法解释的重要意义：刑法解释有助于人们正确理解刑法规定的含义与精神；有利于刑法的正确实施；有利于克服刑法表述的某些缺陷；有利于刑法的发展和完善。"[③] 刑法解释也是完全可行的。刑法解释是在法治的框架下根据一定规则阐明刑法规范意义的创造性活动。而刑法解释的刑事政策化正好为解决刑法的适用困境提供了解释立场、目标、方法上的选择。刑法功能的有效发挥以刑法解释学的勃兴为先导，刑事政策学的发展为刑法解释学注入了生机。

[①] 钱大军、张成元：《法律解释的必为性和可行性》，《当代法学》2002年第7期，第28页。

[②] ［德］G. 拉德布鲁赫：《法哲学》，王朴译，法律出版社2005年版，第115页。

[③] 张明楷：《刑法学（上）》（第五版），法律出版社2016年版，第29页。

环境刑法的适用离不开环境刑法解释，也无法摆脱环境犯罪刑事政策的影响。环境犯罪刑事政策和环境刑法解释以环境刑法为媒介联系起来。

一 恪守罪刑法定原则

环境刑法解释应当在恪守罪刑法定原则的前提下，选择值得刑罚处罚的环境犯罪，剔除无须刑罚处罚的环境违法行为。在西方，随着学派之争的兴起和构成要件理论的成熟，在解释构成要件时产生了形式解释论和实质解释论的对立。这一对立主要源自构成要件的理论架构和判断构成要件的逻辑位阶。例如，"从逻辑上说，由于行为构成要件说将构成要件视为价值中立的现象，符合构成要件的行为均等地包含了违法行为与非违法行为，故对构成要件只能进行形式的解释。而违法类型说必然要求构成要件说明行为对法益的侵害与威胁，因而应对构成要件进行实质的解释"①。但是，我国通行的犯罪构成理论明显不同于西方国家的构成要件论：耦合式的犯罪构成结构将形式判断和实质判断、事实判断和价值判断融为一体，而阶层式的构成要件结构由于各自法律文化、思维形式的差异产生了多种体系，并在其内部就形式判断与实质判断何者优先，价值判断应在哪一阶段介入等问题展开争论。"形式解释论与实质解释论的根本区分仅仅在于：在对刑法进行解释的时候，是否先进行形式判断，然后再进行实质判断。"② 这就涉及对罪刑法定原则的根本理解。

从我国刑事法治现状来看，罪刑法定原则的法定化不足 20 年，在实

---

① 张明楷：《刑法的基本立场》，中国法制出版社 2002 年版，第 107 页。
② 陈兴良：《形式解释论的再宣示》，《中国法学》2010 年第 4 期，第 28 页。该论者还归纳了形式解释论和实质解释论的争议焦点："引起我关注的是，论者提出的实质解释论的两种情形：第一，对于实质上值得科处刑罚但又缺乏形式规定的行为，通过实质解释可以入罪。第二，对于刑法条文可能包含的不值得科处刑罚的行为，通过实质解释可以出罪。对于第二点，形式解释论也并不会反对，因为有利于被告人的出罪解释并不违反罪刑法定原则，也不违反形式解释论的宗旨。……因此，形式解释论与实质解释论之间的分歧的焦点在于上述第一点，即能否通过实质判断将实质上值得科处刑罚但又缺乏形式规定的行为入罪？对此，形式解释论是持坚决否定态度的，但实质解释论对此却持肯定的态度。"其实，两种解释论之间的矛盾并非如此尖锐。无论是形式解释论抑或实质解释论，都是建立在折中的思维范式之上，形式解释论并非只讲"形式"，实质解释论也不是一味追求"实质"。两派观点都承认形式判断和实质判断的必要性，问题是何者为先；也都提倡人权保障的重要性，问题是其在认定出罪时的分量有多重。若切换到我国刑法理论语境，本源意义上的形式解释论和实质解释论可能会失去自成一派的"显赫地位"，真正沦为判断犯罪成立的二段式分析工具。这或许是一种无奈，但更可能是一种现实。

践中还存在不少无视刑法基本原则、严重侵犯人权的例子。罪刑法定主义是在民主主义和尊重人权主义的思想基础上产生的,旨在限制国家刑罚权和充分保障人权。因此,"人权保障是罪刑法定主义所追求的终极价值"①。罪刑法定原则是刑法解释的边界,形式理性应当优于实质理性。那么,对于确有处罚必要而又缺乏明文规定的行为,不得处罚;对于明文规定而又确无处罚必要的行为,无须处罚。可见,以罪刑法定的形式理性和人权保障功能优先,必然主张形式解释论,否定通过立法补缺以解决处罚的必要性;若以罪刑法定的形式理性和实质理性并重,兼顾秩序维持机能和人权保障机能,则会倒向实质解释论,会作出不利于被告的扩大解释。

在现阶段,我国宜借鉴形式解释论的分析框架,畅通刑法的出罪机制。在解释环境刑法时,要先根据犯罪构成的形式特征排除无明文规定行为的刑事违法性。例如,《草原法》第65条规定,未经批准或者采取欺骗手段骗取批准,非法使用草原,构成犯罪的,依法追究刑事责任。我国《刑法》没有规定非法使用草原罪,对于破坏草原资源犯罪的立法缺憾,只能在将来修法时增加相应的罪名,而不能牵强地将其解释为诈骗罪。而对于环境刑法已经规定的行为,再综合考察其危害性程度,将情节轻微的不认定为犯罪。例如,未经国务院主管部门许可,擅自进口固体废物,造成不足30万元的经济损失且没有其他恶劣情节的,只能根据《固体废物污染环境防治法》的有关规定予以行政处罚。

二 尽量揭示立法者的原意

环境刑法解释应当尽量揭示立法者的原意,但在立法意图明显落后于社会发展或可能得出非正义的结论时,必须超越立法意图转而探寻现实法律的意义。关于刑法解释的原理或目标,主要有主观解释论和客观解释论之争。主观解释论认为,对法律的解释应强调探询立法者的原意。亦唯有对立法者的原意进行探询,才能找到法律的真实意蕴,才能不至于使刑法的安全价值受损。客观解释理论认为,法律一经制定,即与立法者相分离而成为一种客观的存在,具有一种独立的意义。法律解释的目标不在于探求立法者的原意或者初衷,而在于探究和阐明内在于法律的意义和目的。随着社会的变迁,法律内部的合理意义和目的也会发生变化,这样就赋予了法律解释新的任务——在法律条文语义可能的若干种解释中,选择现在

---

① 陈兴良:《罪刑法定主义》,中国法制出版社2010年版,第39页。

最为合目的之解释。① 主观解释论和客观解释论产生于不同的时代背景，体现了不同的价值诉求。主观解释论是古典学派的主张，出于对罪刑擅断的忧虑和刑罚权的不信任，为保障人权而限制司法权，在个人本位的立场上追求刑法安定。客观解释论为实证学派所提倡，基于对成文法僵化的反思和裁量权的信任，为维持秩序而激发刑法活力，在社会本位的立场上力求整体安全。

然而，两种解释论各有所短，于是，出现了调和二者的折中说。其中，主观的客观说认为："在任何时候，刑法解释都要首先考虑到揭示立法原意，只有在绝对必要的情况下，才可以超越立法原意，将刑法规定的含义解释为条文文字客观上体现出的意思。换言之，我国刑法解释的基本思想应该是：以主观说为主，以客观说为辅。"② 客观的主观说则主张："刑法解释刑事政策化采取的是客观说基础上的主观说，其目标是'探求法律在今日法秩序的标准意义'，即探求刑事政策与罪刑法定原则的最大公约数，而这需要同时考虑法律的意志和立法者的意志。"③ 表面上，客观的主观说更为合理，实则不然，因为在否定立法意志优先的前提下，解释者可以自行理解刑法的目的或意义，其创造才能的发挥将使客观解释更为主观化。客观解释的优先性会导致可罚性认识、论证思路和结论的多样性，缺少对个人独断的防范机制；而主观解释的先在性在最初就限制了解释者的想象空间，使解释理由必须尊重立法权威。立法原意是客观存在的，而且是能被获得的。"通过揭示该法案背后的动力即政治目的、社会目的或经济目的，这些背景资料还能为确定一般性立法意图提供重大帮助。"④ 立法意图反映了当时的社会形势，并通过法律草案及其说明、立法委员会报告、最终文本、修正案等形式固定下来。因此，笔者赞同主观的客观说，它既强调刑法的权威和公正，又关注刑法的保障机能和保护机能。

根据主观的客观说解释环境刑法时，首先应当通过历史解释的方法探询立法意图；当立法意图不明确或不合理时，再运用目的解释的方法阐释法律的意义。例如，原《刑法》第338条规定的重大环境污染事故

---

① 参见舒洪水、贾宇《刑法解释论纲》，《法律科学》2009年第5期，第24—26页。
② 李希慧：《刑法解释论》，中国人民公安大学出版社1995年版，第81—82页。
③ 欧阳本祺：《论刑法解释的刑事政策化》，载陈兴良主编《刑事法评论》（第26卷），北京大学出版社2010年版，第123页。
④ [美] E. 博登海默：《法理学：法律哲学与法律方法》，邓正来译，中国政法大学出版社2004年版，第558页。

罪以造成重大环境污染事故，致使公私财产遭受重大损失或者人身伤亡的严重后果为追究刑事责任的条件。这表明，我国在经历了一段时期的改革开放后，逐渐认识到环境污染的严重性和环境保护的必要性，希望通过刑法应对日益严峻的环保态势。由于经济发展、环保理念、立法经验和技术等各方面的局限，环境刑法主要采取了结果本位立法。所以，当时的立法意图是，在不影响经济发展的前提下，只处罚造成重大事故和严重后果的环境污染行为，保护人民的生命、健康和财产。但是，经济发展和环境保护之间的摩擦并没有随着《刑法》的实施而消除，环境状况并未根本好转，反而呈继续恶化之势。为适应环保工作的新形势，更有力地发挥刑法的功能，《修正案（八）》第 46 条将原重大环境污染事故罪修改为污染环境罪。《关于〈中华人民共和国刑法修正案（八）（草案）〉的说明》指出，为加强刑法对广大人民群众生命健康的保护，建议修改该条，调整犯罪的构成要件，降低入罪门槛，增强可操作性。[①] 这时的立法意图就转变为：加大对环境污染的惩治力度，进一步贯彻宽严相济的刑事政策，实现自然环境和社会发展的和谐。环境刑事政策的适时调整促使了立法意图的改变，也造成了环境刑法目的和功能的变化。从此，环境刑事政策的目的性扩张更为张扬，环境刑法对一般预防目的的追求更加积极。因此，对于污染环境的行为，不能在重大事故发生后才处罚。根据预防性环保的刑事政策，在严重后果发生之前即应认定其存在刑事违法性，以体现刑事政策严厉打击环境犯罪的鲜明态度，切实预防重大污染事故的发生。

三 贯彻刑事政策的价值目标

环境刑法解释应当贯彻刑事政策的价值目标，选取适当的价值判断标准，实现环境犯罪刑事政策对环境刑法的价值引导和目的导向作用。刑法解释是一项规范性活动，必须遵循某些基本准则。关于刑事政策和刑法解释基本原则之间的关系，我国学界素有争议。肯定说认为，以政策为指导原则是刑法解释的基本原则之一，"是指在阐明刑法规定的含义时，必须充分考虑党和国家的政策，而不能背离党和国家的政策。这既是由党和国家政策在我们国家政治、经济、法律生活中的地位以及我国刑法立法的特点所决定的，也是保持法律的稳定性

---

① 参见《刑法修正案（草案）条文及草案说明》，载中国人大网（http://www.npc.gov.cn），访问时间：2015 年 7 月 4 日。

和生命力所必需的"。① 否定说则主张："直接将政策指导作为刑法解释原则并不妥当。将党和国家的政策作为刑法解释的原则，是中国司法机关在特定历史条件下不得已的做法，不能成为刑事司法活动的普遍规律。"②否定说的主要论据在于，在刑法规范不明确时，不应武断地将刑事政策作为定罪量刑的具体依据，不能教条主义、狭隘地把握刑事政策的精神，否则就混淆了政策和法律的界限。其实，肯定说也不一定会违反罪刑法定和造成司法擅断。因为，模糊的刑法规定是经常存在的，在通过其他的解释途径不能明确条文意义时，只能根据刑事政策提供的价值标准来划定法条的覆盖范围。只要刑事政策和罪刑法定原则的精神一致，刑事政策就蕴含了刑法解释所依据的危害性判断标准，决定了解释方法的效力维度和运用顺序，并通过左右刑事规范性文件的出台时机，以显示国家对某类犯罪的情绪反应。因此，刑事政策对刑法解释的指导宜限于宏观层面。

刑事政策对刑法解释的宏观指导作用主要体现在两方面：一是刑事政策为刑法解释提供价值目标；二是刑事政策为刑法解释提供价值判断标准。以不同的价值目标为指导，会得出不同的解释答案。以公正、自由为目标的刑法解释注重人权保障，往往通过对入罪条款的限制解释或出罪条款的扩大解释而使被告人出罪；以效率、秩序为目标的刑法解释关注社会防卫，可能通过对入罪条款的扩大解释或出罪条款的限制解释而使被告人入罪。同样，运用不同的价值判断标准也会得出相反的解释结论。在某种犯罪猖獗并严重危害社会的情况下，刑事政策对该种犯罪会给予严厉的评价，刑法解释时出罪或从宽处罚的概率就会相应减小；若某种犯罪只是偶尔发生或存在特别情状，刑事政策对其会给予较为缓和的评价，相应地，刑法解释时入罪或从严处罚的可能性就不大。

环境犯罪刑事政策尽管仍以某些普适性价值为目标，但必须重视环境的精神价值。相对于物质价值，环境的精神价值主要指环境的安全感和舒适感，即工业生产要尽量避免对日常生活和人体健康的有害影响，追求幸福、安逸的生活是人高层次的精神需求。环境犯罪不仅破坏了环境的物质

---

① 李希慧：《刑法解释论》，中国人民公安大学出版社 1995 年版，第 85—88 页。该论者进一步指出，政策对刑法解释的指导作用具体表现在以下几个方面：第一，有的刑法规定要根据党和国家的基本政策阐明其含义，随着党和国家基本政策的变化而赋予其不同的意义。第二，有的刑法规定需要根据党和国家的刑事政策进行限制或者扩张解释。第三，有的由党和国家确定的某一时期内适用的具体的刑事政策，对解释刑法的有关规定有着很大的影响作用。
② 赵秉志：《宽严相济的刑事政策与刑法解释关系论》，《河南省政法管理干部学院学报》2008 年第 2 期，第 4 页。

价值，而且损害了环境的精神价值。环境刑法应当以环境享受权、生命权、健康权、财产权为保护客体。在解释环境刑法时，就要以是否严重侵害环境享受权、损害环境精神价值作为判断罪与非罪的标准。例如，根据环境污染的概念以及犯罪的概念，环境污染罪是指人类在生产和生活活动中，违反环境法律、法规的规定，向环境中排入了超过环境自净能力的物质和能量，导致环境质量下降，破坏或足以破坏生态平衡或者危害人类正常生存和发展条件的行为。[①] 环境污染通常指大气污染、水体污染和土壤污染。但是，噪声污染同样会导致环境质量下降，破坏人类安宁的生活条件，理应被纳入环境污染的范畴。噪声污染罪，是指违反法律规定，在设备运转过程中产生噪声，导致产生超标准噪音，严重危害环境的行为。[②] 根据预防性环保的刑事政策，为全面保护人的环境享受权，应当对"污染"概念作扩大解释，使之包括噪声污染。由于噪声污染有轻重之别，只有显著地超过噪声排放标准、可能或已经危害人体健康（如损害听觉、导致神经系统、心血管系统、视觉系统功能紊乱和障碍等）的行为，才需作为犯罪处罚。在此，环境犯罪刑事政策对环境刑法解释的指导体现在如何判断何种环境异变属于环境污染，而非具体说明什么是环境污染（其来源、范围和表现等）。

"只有允许刑事政策的价值选择进入刑法体系中去，才是正确之道。"[③] 因此，保护环境的价值并有效发挥环境刑法功能就是环境犯罪刑事政策的目标，严重侵害环境权就成为环境犯罪危害性的判断标准。

本章小结

环境犯罪刑事政策是一种具体的刑事政策，是国家和社会为有效控制

[①] 郭建安、张桂荣：《环境犯罪与环境刑法》，群众出版社2006年版，第320页。

[②] 赵秉志、王秀梅、杜澎：《环境犯罪比较研究》，法律出版社2004年版，第139页。国外环境刑法已有关于噪声污染罪的立法例。例如，《德国刑法典》第325条a（制造噪音、震动和非离子辐射）规定："（1）违背行政法义务，在设备，尤其是工场或机器的运转过程中，制造噪音，足以危害设备以外的人健康的，处3年以下自由刑或罚金刑。（2）违背行政法关于防止噪音、震动和非离子辐射的义务，在设备，尤其是工场或机器的运转过程中，危害他人健康、他人之动物或贵重物品的，处5年以下自由刑或罚金刑。（3）过失为上述行为的：1. 在第1款情形下处2年以下自由刑或罚金刑，2. 在第2款情形下处3年以下自由刑或罚金刑。（4）第1款至第3款的规定不适用于机动车、有轨交通工具、飞机或船舶。"

[③] ［德］克劳斯·罗克辛：《刑事政策与刑法体系》（第二版），蔡桂生译，中国人民大学出版社2011年版，第15页。

环境犯罪而采取的刑事法律及非刑事法律的系统方略。它的目标、内容和作用既要服从基本刑事政策的指导，又要体现环境政策的需要。传统刑事法学的研究热情大多倾注在加害人身上，但随着犯罪学研究的深入，被害人的权利保护逐渐成为学界的热门话题，进一步丰富了刑事政策学体系。因此，刑事政策的目的应当是预防犯罪、保障人权和救济被害人的权利。考虑到我国目前的环境政策，我国环境犯罪刑事政策的目的应当是：以科学发展观为指导，通过运用各种刑事和非刑事方法，预防和控制环境犯罪，保护被害人的环境权和犯罪人的人权，保护、恢复和改善生态环境，实现经济、社会和环境的协调发展。易言之，它属于预防性环保的刑事政策。与之相应，环境刑事政策学就要考虑我国现阶段的环境伦理观，树立强调一般预防的环境刑法目的观，贯彻谦抑原则对环境违法行为适度犯罪化，设置更有利于环境保护的犯罪构成和制裁方式，并在司法实践中作出符合环境刑事政策功能的解释。

环境伦理包括人与自然之间的伦理关系以及在其影响下的人与人之间的伦理关系。当代环境伦理学的重要特征是探讨从道德上关怀动物、植物、和生态系统的可能性及其伦理基础。人类中心主义、动物解放/权利论、生物中心主义和生态中心主义分歧主要表现在三个层面：理论分歧（确认的道德义务范围、使用的伦理学方法、价值取向和伦理基础）、文化差异（西方近代文化和东方传统文化的不同图景）和社会分歧（发达国家与发展中国家的话语背景）。不同的环境伦理观会产生不同的环境犯罪刑事政策。一方面，人类中心主义视野下的环境犯罪刑事政策会将人的生命健康权、财产权受损作为制定政策的依据及政策实施的界限；另一方面，非人类中心主义基于对工业文明理念和利己主义思维方式的反思，突破了将伦理理解为人与人之间行为规范的传统见解，使道德义务的范围扩展至人与自然的关系之中，确认非人类存在物的主体地位。客观而言，人类中心主义提出的是一种相对现实、不完整的道德体系，在不具有敬畏大自然态度的基础上主要关注人的生存。而非人类中心主义倡导一种高层次的终极理想，在追求人的完美形象过程中大大拓展了人的存在维度。通过考察我国社会主义初级阶段的国情、可持续发展观的要求以及现代刑法的发展趋势，我国应采取现代人类中心主义视野下环境犯罪刑事政策。

根据环境犯罪刑事政策的目的，应当淡化环境犯罪身上的行政犯色彩，由于污染环境违法犯罪现象已经常态化，需要重点研究如何区分环境行政违法和环境刑事犯罪并合理组织环境行政法和环境刑法以共同应对环境危机上来。详言之，因为：（1）行政犯的社会危害性与刑事犯的社会危害性完全可能不相上下；（2）违反行政法义务并非区分行政犯与刑事犯的实质标准；（3）行政犯与刑事犯的故意都以违法性的意识为要件；（4）行政犯与刑事犯的扩张和限缩同时进行。另外，专章立法模式是彰显环境犯罪属性的有效途径，也是提高公民环保意识、发挥环境刑法之生态保护功能的需要。总之，环境犯罪不仅仅是行政犯，随着刑事政策、公民观念的变化，在立法体例和实质特征上完全可与普通刑事犯罪同等看待。

刑事法律离不开刑事政策，刑事政策必须尊重刑事法律；刑事法律是刑事政策的载体，刑事政策存在于刑事法律的框架内；刑事法律是刑事政策的界限，刑事政策是刑事法律的灵魂。如今，刑事政策的刑事法律化和刑事法律的刑事政策化已成为概括刑事政策与刑事法律之间关系的基本公式，前者关乎刑事立法，后者则贯穿刑事立法、司法和执行始终。一方面，刑事政策的刑事法律化促使刑事政策的价值目标和基本措施转化为刑事法律，从而获得了合法性、明确性、稳定性。例如，环境刑法采取了空白罪状的立法方式，是否符合环境犯罪构成明确性的要求，值得深入研究。另一方面，刑事法律的刑事政策化要求立法者选择有必要处罚和值得处罚的行为，禁止处罚不当罚的行为，以及要求司法者导入价值理念和规范标准，填补法律漏洞或明确规范意义。那么，在适用环境刑法对环境犯罪进行客观归责时，应当贯彻预防性环保的刑事政策，切实发挥环境刑法的功能。

环境犯罪不属于犯罪分类意义上的行政犯，但仍具有犯罪成立意义上的行政从属性。环境犯罪刑事政策既要维护刑法的稳定性和环境法的开放性，又要求环境刑法和环境行政法配合适用，所以，空白罪状的存在依然具有合理性。空白罪状横跨刑法和行政法，具有很大的包容性，而犯罪构成是类型化的行为模式，应当满足明确性的要求。所以，空白罪状应当符合环境犯罪刑事政策，参照规范的表述应当统一，参照规范应当明确环境违法行为核心要件的含义，并与其参照规范应当保持动态一致。

我国环境刑法一度没有规定危险犯，但有增设的必要：一是环境犯罪刑事政策的要求；二是环境犯罪的作用机制使然；三是由环境犯罪的经济性和高科技性决定的；四是由环境的难以恢复性所决定的；五是切实保护环境权的需要。在增设危险犯时，要注意以下几点：（1）遵守刑法谦抑原则，防止过度危险犯化；（2）以具体危险犯为主，以抽象危险犯为辅；（3）以故意危险犯为主，以过失危险犯为辅；（4）依照各种危险犯类型的危害性程度，配置适当的法定刑。

环境刑法的适用离不开环境刑法解释，也无法摆脱环境犯罪刑事政策的影响。首先，环境刑法解释应当在恪守罪刑法定原则的前提下，选择值得刑罚处罚的环境犯罪，剔除无须刑罚处罚的环境违法行为。其次，环境刑法解释应当尽量揭示立法者的原意，但在立法意图明显落后于社会发展或可能得出非正义的结论时，必须超越立法意图转而探寻现实法律的意义。最后，环境刑法解释应当贯彻刑事政策的价值目标，选取适当的价值判断标准，实现环境犯罪刑事政策对环境刑法的价值引导和目的导向作用。综上所述，保护环境的价值并有效发挥环境刑法功能就是环境犯罪刑事政策的目标，严重侵害环境权就成为环境犯罪危害性的判断标准。

第二章 客观归责论的理性反思

德国刑法学中的客观归责论（objektive Zurechnung theorie）发展至今已趋于成熟，风靡全球，各国学者均以罗克辛（Claus Roxin）教授倡导的体系为主要研究对象，可见其理论早已深入人心。但是，这并不意味着该理论无懈可击，相反，它存在许多不足。无需整体移植罗氏的客观归责体系，只应适当运用客观归责方法论。这既是理性反思的当然结论，也是完善我国理论的应然选择。本章拟通过全面批判其在规范论、本体论和体系论方面的缺陷，重新定位客观归责论与相当因果关系说之间的关系，深刻揭示其在方法论上值得我国刑法理论借鉴之处，为从第三章和第四章分别从作为过失犯的污染环境罪和作为故意犯的污染环境罪的角度探讨其可行性奠定基础。

第一节 客观归责论之规范论批判

客观归责论难以统合各种规范，导致其内部结构出现混乱。

根据客观归责论，规范理论构成归责判断的基础，在某种意义上，规范判断和风险判断同时进行。之所以要强调规范论的根本意义，是因为它鲜明地体现了刑法教义学的特点。详言之，法学的"规范科学"特点有多重含义：对有约束力的调整之建议、说明或确定。这样，法学的任务既是规范描述性的（在具体规范的有效性和内容无争议时），也是规范建议的（当它表达了教义学的命题时）。法学遂被理解成法律教义学。[1] 所以，不说明规范的性质和作用，就不能深刻理解作为德国刑法教义学重要组成部分的客观归责论的规范论构造。

---

[1] 参见［德］阿图尔·考夫曼、温弗里德·哈斯默尔主编《当代法哲学和法律理论导论》，郑永流译，法律出版社2013年版，第458—459页。

与刑罚法规的结构相对应,刑法规范通常被分为行为规范和裁判规范,在此,行为规范可进一步分为评价规范和决定规范。研究规范论,可以揭示刑法的机能。① 在此基础上,客观归责论者纷纷展开了自己的规范论。其中,代表性的观点有两种:(1)二元的行为无价值论中的规范论。该说认为,行为构成的满足应以行为无价值和结果无价值为条件,不法总是存在于两者的一种联系之中。为其提供根据的,包括确定性规范和命令性规范。只有能够表现为行为人成果的损害具体法益的结果,才是会被归责的。刑法的不法在没有一种外在结果的情况下,就不能具有其表现形式。未遂也是如此,否则最多只能成立预备。② (2)结果无价值论中的规范论。该说主张,行为规范和制裁规范本系不同的范畴。在结果犯中,评价规范起到防止结果发生的作用,一旦结果发生,则违反评价规范(出现结果无价值)。但是,评价规范只对人的行为产生间接作用,对行动控制产生直接作用的,是暗藏在评价规范背后的行为规范。即使违反行为规范,也不过是推定结果无价值的存在。③

以上两种观点都有值得商榷之处。根据第一说,行为无价值和结果无价值的统合是规范论的逻辑延伸。问题在于,一方面,所谓人的不法二元论可能只具有形式意义。按照德国学者韦尔策尔(Hans Welzel)的构想,"人的不法"概念由人的行为不法与人的违法行为的部分要素组成。其中,结果无价值只在行为无价值的内部有意义,行为无价值才是刑法上所有犯罪的一般无价值。④ 那么,二者就不是并列关系,而是包容关系,结果无价值并不总是独立的不法要素。另一方面,所谓的规范一体说更加值得质疑。它强调评价规范和决定规范是同一规范机能的两个侧面,那么,两种规范的对象范围应当相同。但是,假如结果是在行为人的计划或预见可能的范围内,就没有违反决定规范,只是评价规范的对象。所以,应当采取人的不法一元论。⑤ 以是否把结果归责于行为为标准,根据相应的规范认定不法性,就成为该说的特色。将其称为规范二分说,或许更加贴切。相反,根据第二说,行为规范和评价规范是相互分离的,仅从结果无

---

① 参见[日]立石二六《刑法总论》(补正版),成文堂2004年版,第7—8页。
② 参见[德]克劳斯·罗克辛《德国刑法学总论》(第1卷),王世洲译,法律出版社2005年版,第213—214页。
③ 参见[日]山中敬一《刑法中客观归属的理论》,成文堂1997年版,第426—429页。
④ 参见[日]内藤谦《刑法讲义总论》(中),有斐阁1986年版,第318页。
⑤ 参见[日]曾根威彦《客观归属论的规范论考察》,《早稻田法学》1999年第74卷4号,第177—178页。

价值论的立场展开客观归责论。但这会带来如下批判：（1）违反行为规范引起行为无价值、违反评价规范引起结果无价值的思路，使二者失去了作为不法构成要素的关联性。（2）在违反行为规范创造出行为不法之后，行为无价值会延续到危险实现阶段，所以，客观归责论不可能完全脱离行为无价值论的立场。（3）将评价规范置于行为规范之前，容易使人产生客观归责论的重心在于危险实现关联的误解，这既不符合其理论构造，也与论者设定的规范双重机能（犯罪的事前抑制机能和犯罪的事后处理机能）① 相矛盾。

因此，无论是采取规范一体说，还是采取规范二分说，均难以说明客观归责论的不法根据。这既取决于对规范性质、功能的理解，也取决于对不法概念、本质的选择。

第二节　客观归责论之本体论批判

客观归责论中各个层次的判断基准都有待进一步明晰，其适用结论也并非完全妥当。

一　关于对行为创设不被允许的危险规则的批判

"行为创设不被允许的危险"作为第一个归责基准，没有阐明危险的性质、统一危险判断的方法和展示风险降低规则的实效。

第一，对于被允许性风险判断的复杂性，客观归责论者自己也承认，它在多种多样的关系中使用着，还不完全清楚其意义和体系性地位。在此，一个举止行为创设了一种在法律上有重要意义的风险，但是，这种风险一般（不依赖于具体案件）是可以允许的，据此，应与正当化根据不同而排除归责。② 可是，这不仅会混淆生活中的风险和法律上的风险，而且会造成判断标准的不统一。当 A 送给有钱的叔叔 O 去远方旅行的机票，希望其在空难中死亡，结果由于技术故障而坠机，O 果真死亡时（案例1），为了否定归责，既可以主张 A 的行为只是一般生活上危险的现实化，也可以主张 O 是自我答责的自己危险化，本系不可罚，所以在与 A 的关

---

① 参见［日］山中敬一《刑法总论》（第 2 版），成文堂 2008 年版，第 280—281 页。
② 参见［德］克劳斯·罗克辛《德国刑法学总论》（第 1 卷），王世洲译，法律出版社 2005 年版，第 251—252 页。

系中欠缺必要的正犯行为。① 这时，客观归责论只能援用其他理论说明危险是否被允许。

第二，与第一点相似，客观归责论也是通过引入相当性的判断模式来进行危险的判断。简言之，法官进行的是所谓"客观—事后预测"（sog. objektiv-nachtraegliche Prognose），判断时点是行为后，判断基础是行为时一个理智的人已经认识或能够认识的事实以及行为人认识或可能认识的事实。② 但这一看似理想的方案实则难以得到真正实施：由于考虑了行为人的认识能力，适用结果容易为个人标准所左右，从而违反了客观归责论的自身定位。对此，有学者提出，危险判断的资料应当是事后查明的行为当时存在的全部客观事实，与任何人的认识能力无关。③ 若行为人将被害人刺伤后，被害人在住院期间因遭遇火灾而死亡的（案例 2），通说否定客观归责，而上述见解肯定客观归责，最终只能借助主观归责的过滤以排除其刑事责任。这虽然避免了通说的缺陷，却走向了一般人标准化的极端；这不仅弱化了客观归责的机能，而且回到了条件说的老路。

第三，鉴于风险评估的不确定性，风险降低规则的作用更加需要警惕。从案例 1 和案例 2 可以看出，风险降低规则究竟能在多大程度上阻却客观归责，并不清楚。为此，有的学者特地区分了风险降低（Risikoverringerung）和风险替代（Risikoersetzung）：前者指行为人缓和了危险的条件组合，以至于把风险减弱到极其有限的地步；后者指行为人并非降低现存的风险，而是制造一种全新的较小的风险替代原先的较大的风险。那么，需要思考的是，在两种风险并存的情况下，为什么认为前者没有创设出新的风险，而强调后者设定了新的风险？④ 应当回答的是，前者的行为是否都不符合构成要件，⑤ 后者的行为是否一概阻却不法？可以肯定的

---

① 参见[日]山本高子《客观归属论否认论——Zieschang〈刑法总论（第 2 版）〉的研究》，《比较法杂志》2012 年第 46 卷 1 号，第 168—169 页。
② 参见[德]汉斯·海因里希·耶赛克、托马斯·魏根特《德国刑法教科书》（总论），徐久生译，中国法制出版社 2001 年版，第 349—350 页；许玉秀《主观与客观之间——主观理论与客观归责》，法律出版社 2008 年版，第 6—8 页。
③ 参见陈璇《论客观归责中危险的判断方法——"以行为时全体客观事实为基础的一般人预测"之提倡》，《中国法学》2011 年第 3 期，第 159—162 页。
④ 参见[德]沃尔夫冈·弗里希《客观之结果归责——结果归责理论的发展、基本路线与未决之问题》，蔡圣伟译，载陈兴良主编《刑事法评论》（第 30 卷），北京大学出版社 2012 年版，第 231—233 页。
⑤ 参见张明楷《也谈客观归责理论——兼与周光权、刘艳红教授商榷》，《中外法学》2013 年第 2 期，第 316 页。

是，风险降低应当运用因果关系原理（也能承认客观上引入一个新的危险关联），风险替代基本属于不法阻却事由体系（但不排除因果关系中断的情形）。①

二 关于对行为实现不被允许的危险规则的批判

"行为实现不被允许的危险"作为第二个归责基准，未能明确注意规范保护目的的认定方法、划定合义务替代行为的适用边界以及证明风险升高规则的合理存在。

第一，客观归责论者本想通过注意规范的保护目的理论，避免传统观点根据行为人的预见可能性决定归责范围的弊端，但是，它自始就未说明刑法之外的特别规范作为认定注意义务的理由，进而与其在解释保护目的的过程中出现分歧。对于两人在晚上骑着没有灯的车前后相随，在前面的人由于缺乏照明而撞上了迎面而来的另一骑车人的情形（案例3），传统观点会以实际发生的因果流程偏离了本罪典型的行为构成为由，不将其归入保护目的的范围之内。② 而客观归责论要么强调规范具有的防止某种因果流程发生的一般能力，要么重视在法治国原则的指引下对注意义务合理功能范围的界定。③ 尽管同样将其排除在保护目的的范围之外，但"一般能力""合理能力"的内涵不借助文义解释、体系解释、比较解释等方法就无法确定。而且这进一步导致客观目的性认定上的模糊。根本原因在于：其一，客观归责论把注意义务违反性作为过失犯的核心要件，通过创设规范目的的概念认定风险实现关联，却带来方法论上的诸多局限。④ 其二，明确规范目的的内容又要进行目的解释，可"目的解释也未必是一种具体的解释方法"，⑤ 若通过目的解释明确保护规范的内容，必然引发解释论上的另类循环。其三，规范目的的概念很可能借用了结果回避义务

---

① 参见［德］乌尔斯·金德霍伊泽尔《风险升高与风险降低》，陈璇译，《法律科学》2013年第4期，第197—200页。
② 参见［德］冈特·施特拉腾韦特、洛塔尔·库伦《刑法总论Ⅰ——犯罪论》，杨萌译，法律出版社2006年版，第103、404—405页。
③ 参见陈璇《论过失犯中注意义务的规范保护目的》，《清华法学》2014年第1期，第42—47页。
④ 参见黄荣坚《基础刑法学（上）》（第三版），中国人民大学出版社2009年版，第231页注231。
⑤ 张明楷：《刑法分则的解释原理（上）》（第二版），中国人民大学出版社2011年版，第83页。

的内核，有时还包括对因果过程相当性的判断。① 所以，这一理论的适用效果值得怀疑。

第二，合义务替代行为与假定因果关系之间的区别仍未得到澄清，导致理论上一些不必要的争论。假定因果关系不影响客观归责，已无疑问；而当行为人实施一个合法替代行为可能避免结果发生时，能否承认风险实现，无论在论证过程还是在最终结论方面，都有值得探讨之处。在众所周知的卡车司机违反规定距离超车导致醉酒的骑车人被压身亡一案中，即使事后查明司机超车时保持合法距离，鉴于当时骑车人的醉酒状态，事故也仍然极有可能发生（案例4）。在反思假定因果关系与合义务替代行为之间关系的基础上，学界提出了两种解决路径。通说主张，应当尽量区别二者。按照罪疑唯轻原则，只要证明即便行为人的举止符合了义务，也仍然不可避免地导致了结果时，就应排除客观归责。② 那么，上例中的司机在客观上不能被归责。有力说则主张，区分二者的努力并不成功。即使不能确认如果行为人采取合法的举止，就一定不会发生结果，但只要违反注意义务的行为与被容许的危险相比升高了结果发生的可能性，就能肯定二者之间的关联。③ 这样，上例中的司机在客观上可以被归责。通说批判有力说对罪疑唯轻原则和实害犯作出了不适当的处理，后者则以该原则不适用于被禁止的风险确定出现的场合以及不允许的风险就表现在实害犯中作出回应，但这都并未触及问题的本质。首先，罪疑唯轻原则仅适用于实际发生的事实（如上例中卡车与自行车之间的距离），而不适用于与假设性事件流程结合的部分（如上例中有关司机保持适当车距，事故是否仍会发生的假设）。④ 可见，通说的批判并不成立。其次，有力说虽强调不法行为与风险升高之间的联系，但并未在风险升高与侵害结果之间建立起有效关联。换言之，行为必须在多大概率上提高了结果发生的危险，使之难以避免，论者始终没有明确。这不仅会使风险实现关联的判断流于恣意，而

---

① 参见周光权《结果回避义务研究——兼论过失犯的客观归责问题》，《中外法学》2010年第6期，第878页；李波《刑法中注意规范保护目的理论研究》，陈兴良主编《刑事法评论》（第33卷），北京大学出版社2013年版，第56—57页。
② 参见［德］约翰内斯·韦塞尔斯《德国刑法总论》，李昌珂译，法律出版社2008年版，第107—108页；车浩《假定因果关系、结果避免可能性与客观归责》，《法学研究》2009年第5期，第148—160页。
③ 参见［德］冈特·施特拉腾韦特、洛塔尔·库伦《刑法总论Ⅰ——犯罪论》，杨萌译，法律出版社2006年版，第101—102页；陈璇《论过失犯的注意义务违反与结果之间的规范关联》，《中外法学》2012年第4期，第688—702页。
④ 参见林钰雄《新刑法总则》，中国人民大学出版社2009年版，第133—134页。

且会扩大客观归责的范围。对此，通说的担忧不无道理。最后，应当指出的是，两种解决路径的根本差异在于归责标准的高低。通说以罪疑唯轻原则为工具，设置了相对严格的标准——只要处罚仍以存有一个实害结果为要件，那么一旦发生的结果不可能被定性成不法时，处罚的可能性便被排除。① 相反，有力说以风险升高规则为工具，设置了相对宽松的标准——如果行为人通过不被允许的行为，增加了某一构成要件的风险，就承认归属。② 因此，应当摒弃假定因果关系的思考，转而采取以下方案：规范保护目的的积极查明以及合法替代行为的类型化考察，③ 否则，风险是否升高的归责判断难以得出确定结论。

第三，基于前面两点的分析，风险升高规则本身的不足被进一步地放大。在客观归责论者看来，注意规范的保护目的理论补充了风险升高规则。④ 但与其说是"补充"，倒不如说是"充实"或"限制"。而教义学上明确规范目的内容的困境，加剧了其适用的不稳定。同样，风险升高规则对假定性案件的处理也得出了不太令人信服的结论。之所以如此有争议，是因为从虚拟观察者的角度对规范接收者进行客观的风险预测本来就不可靠，⑤ 而且不当地将其定位为客观归责的核心要件，意图用风险升高的量差判断取代客观归责的规范评价。⑥

三 关于对构成要件的效力范围规则的批判

"构成要件的效力范围"作为第三个归责基准，无法充分阐释自我危险、同意他人造成危险和危险分配的理论根据。

首先，当被害人认识并实施了危险行为，且在他人的参与之下发生了

---

① ［德］沃尔夫冈·弗里希：《客观之结果归责——结果归责理论的发展、基本路线与未决之问题》，蔡圣伟译，载陈兴良主编《刑事法评论》（第30卷），北京大学出版社2012年版，第248页。
② ［德］克劳斯·罗克辛：《德国最高法院判例·刑法总论》，何庆仁、蔡桂生译，中国人民大学出版社2012年版，第13页。
③ 参见庄劲《客观归责理论的危机与突围——风险变形、合法替代行为与假设的因果关系》，《清华法学》2015年第3期，第87—90页。
④ 参见［德］克劳斯·罗克辛《德国刑法学总论》（第1卷），王世洲译，法律出版社2005年版，第262页。
⑤ 参见［德］乌尔斯·金德霍伊泽尔《犯罪构造中的主观构成要件——及对客观归属学说的批判》，蔡桂生译，载陈兴良主编《刑事法评论》（第30卷），北京大学出版社2012年版，第202—204页。
⑥ 参见黄荣坚《基础刑法学（上）》（第三版），中国人民大学出版社2009年版，第232—234页。

实害结果时,一种观点倾向于通过被告人参与自杀、自伤的不可罚性,将这种情形当然地解释为无罪,即被告人参与自杀、自伤是比参与被害人自我危险更为严重的行为,既然重行为无罪,轻行为理应不受惩罚,构成要件的效力范围并不包含这些结果。① 可是,这一推论过于绝对。因为被告人参与自杀、自伤属于被害人承诺的问题,被害人此时不仅同意行为的危险,而且承诺结果的发生。相反,被害人自我危险适用被害人危险接受的法理,被害人此时仅仅接受行为的危险,没有承诺结果的发生。② 考虑到被害人的自我决定权及其对归责的影响,前者的法益侵害性并不一定重于后者。而且,根据《德国刑法典》第216条、③第228条④以及《奥地利刑法典》第77条、⑤第90条⑥之规定,受嘱托杀人是一种情节较轻的故意杀人罪,被害人同意的伤害行为只有不违背良俗或未造成严重后果时,才不违法。这表明,在处理有关生命、身体法益的犯罪时,基于利益衡量的考察,被害人承诺的有效性受到了极大限制:受嘱托杀人者原则上会被追究刑事责任,被害人同意的伤害行为只是在某些例外的场合不违法。论者推理的前提就不可靠,结论自然难以成立。

为此,另一种观点致力于运用共犯从属性原理,通过否认构成要件符合性,得出自己危险化的参与不构成犯罪的结论。所以,被害人是正犯,被告人只是教唆犯或帮助犯;正犯自冒风险时,其行为既不符合构成要件,也不具有违法性;那么,无论采取何种共犯从属性学说,被告人都不可能成立犯罪。⑦ 于是,正犯与共犯的区分就成为问题的关键。论者主张根据犯罪支配(Tatherrschaft)理论予以区分:谁能够支配实害结果的发

---

① 参见[德]克劳斯·罗克辛《德国刑法学总论》(第1卷),王世洲译,法律出版社2005年版,第263页。
② 参见[日]曾根威彦《刑法的重要问题(总论)》(第2版),成文堂2005年版,第143页。
③ 《德国刑法典》第216条(受嘱托杀人)规定:"(1)应受被害人明示且真诚之要求而将其杀死的,处6个月以上5年以下自由刑。(2)犯本罪未遂的,亦应处罚。"
④ 《德国刑法典》第228条(同意)规定:"在被害人同意的情况下所为之伤害行为,仅在该行为尽管被害人同意也违背良好风俗时,才是违法行为。"
⑤ 《奥地利刑法典》第77条(受嘱托杀人)规定:"受他人真诚且迫切的嘱托而将其杀死的,处6个月以上5年以下自由刑。"
⑥ 《奥地利刑法典》第90条(被害人同意)规定:"(1)被害人同意,且侵害或危害不违反良俗的,身体伤害或对身体安全的危害,不违法。(2)如果被害人已年满25岁,或基于其他原因而实施的手术不违反良俗的,医生经本人同意而实施的绝育,不违法。(3)对生殖器加以改变或作其他侵害,导致对性感受造成持久的影响的,不能被同意。"
⑦ 参见张明楷《刑法学中危险接受的法理》,《法学研究》2012年第5期,第179页。

生，谁就是正犯，即正犯是共同犯罪过程中的核心人物。难点在于，核心人物的标准不是一种能够从法律规定中推演出具体区分界限的概念，它与价值评价有关，只能依据个案情况详细说明。例如，直接实行人通过采取复合行为构成的行为来获得控制；共同实行人通过分工来实现行为构成，其行为控制产生于贡献的重大性。① 但是，在狂风暴雨降临时，两位乘客不顾船夫的警告，要求其载运过河，结果翻船死亡的情形中（案例5），虽然法院以船夫没有特别的保护义务为由而否定归责，但也有学者以乘客对船夫存在安全渡河的信赖，应由船夫采取危险回避行动为由而表示反对，② 即既可以认为乘客支配了死亡结果，也可以认为船夫支配了死亡结果。根据该说，完全可能得出相反的结论。所以，不对当事人的行为进行具体的分析，就不能确定各种行为的危险性程度，包括对结果的贡献度大小。不过，这又陷入了客观归责论的窠臼。

其次，比起前述被害人自我危险的案件，被害人同意他人造成危险行为的处理意见更加令人困惑。构成要件的效力范围理论和共犯从属性说面临的挑战进一步增大，因为此时需要对被告人的实行行为作出相当精细的刑法评价，要么提出确定构成要件效力范围的具体方法，要么提出判断正犯行为的适当标准。可是，它们均未总结出可操作的判断标准，始终给人以根据预设结论进行反推的感觉，整个过程就是一个循环论证。所以，有学者倡导第三条可供选择的道路，即在区分上述两种危险接受类型案件的基础上，根据自我答责（Eigenverantwortliche）理论划定被告人的责任界限。详言之，所谓自我答责，是指被害人以一个自己负责的方式，自己危及了自己。若要排除被告人的责任，必须具备两个条件：其一，他们在风险创设中决定性地共同发挥作用（加功）；其二，被害人在此过程中自我答责地行为（自我答责性）。除非被告人的参加方式是不受禁止的，否则不能阻却归责。于是，在第一种类型的案件中，被害人是自我地、决定性地创设了风险，而被告人仅仅是一种参加；在第二种类型的案件中，被告人具有犯罪行为支配，被害人只是教唆者或帮助者。③

这一学说看似精致，实则存在两大缺陷：一方面，加功要件和自我答责性要件的判定不能直接从其体系内部找到答案，必须寻求客观归责论和

---

① 参见［德］克劳斯·罗克辛《德国刑法学总论》（第2卷），王世洲主译，法律出版社2013年版，第11、18—20、59—68页。
② 参见［日］深町晋也《关于危险接受论》，《本乡法政纪要》2000年第9号，第143页。
③ 参见［德］乌尔斯·金德霍伊泽尔《刑法总论教科书》（第六版），蔡桂生译，北京大学出版社2015年版，第102—107、131页。

共犯论的援助。这与论者所宣称的"该结论只要根据共犯的一般原理就可以直接得出……没有必要发展出一个特殊的客观归责理论"① 明显矛盾,因为既然涉及归责,就无法脱离客观归责体系。② 另一方面,由于理论定位的不清和归责基准的缺位,不同学者对同样的案件可能得出相反的结论。例如,被害人自愿站在木墙前让被告人练习飞刀,使投到墙上的刀在自己身边形成一个圈,假如被告人投出的一把飞刀不慎插入被害人的心脏,致其死亡的(案例6),有的学者或许认为,这属于自我危险的情况,被害人自己创设并接受了这一风险,被告人不能因为参加其中而担保风险不会实现;有的学者或许主张,这属于同意他人造成危险的情况,被害人此时失去了掌控风险的能力,被告人支配了风险实现的全过程。因此,按照对案例5和案例6的分析,自我答责理论十分混乱,危险接受行为类型的区别也仅具有相对的意义。不能满足于通过对危险接受类型的抽象划分来确定罪犯,而应综合具体案情就危险归属进行具体的判断。相关案例群的研究表明,危险接受法理的焦点应是注意义务的认定。③

鉴于自我答责理论的局限,最后的希望被寄托在被害人信条学(Viktimodogmatik)身上。该理论的出发点是被害人共同责任的原理和交互关系理论(Interaktionistischen Theorien),即何种犯罪事件可以追溯被害人的共同责任或被害人是犯罪事件发生的共同原因。它是被害人学原理与刑法信条学的融合,强调从被害人的角度切入来建立不法评价的观点,主张在不法成立的判断上不应只考虑行为人的作用,被害人的作用更是不法判断的关键。于是,整个界定犯罪的视角发生了变化,所考量的因素由基于行为人角度的行为应罚性和需罚性,转变成被害人在刑法上的应保护性(Schutzwürdigkeit)和需保护性(Schutzbedürftigkeit)。它基于刑法辅助性原则,通过对犯罪构成要件进行目的论的限缩解释,把不具有值得保护性和应保护性的被害人,排除于可罚性的范围之外。④ 典型的例子是诈骗罪,当被害人认识到行为人的主张可能不真实甚至是错误时,尽管仅仅是

---

① [德]乌尔斯·金德霍伊泽尔:《论所谓"不被容许的"风险》,陈璇译,陈兴良主编《刑事法评论》(第34卷),北京大学出版社2014年版,第235页。
② 参见[德]Harro Otto《自我答责的自损和自己危险化以及基于合意的他害和他人危险化》(二),加藤摩耶、甲斐克则译,《冈山商科大学法学论丛》2006年第14号,第128—130页。
③ 参见[日]恩田祐将《刑法中的危险接受与过失认定》,《创价法学》2012年第42卷1、2号,第59—65页。
④ 参见申柳华《德国刑法被害人信条学研究初论》,陈兴良主编《刑事法评论》(第28卷),北京大学出版社2011年版,第215—216页。

怀疑，他的利益便不应受到刑法的保护（案例 7）。即如果被害人忽略自身利益，那么对其行为的阻止通过刑法拒绝对其保护的方法最容易达到。①

但是，从结果归属的角度，并联系前述自我答责理论，至少可以对其展开以下几点批判：（1）该理论宜被作为一种刑法解释思路或原则，而非刑法解释方法或标准。（2）不明确刑法规范的保护目的或构成要件的效力范围，就无法进行正确的刑法解释并决定被害人的可归责性，如果将其用于客观归责，不免再次陷入循环论证的旋涡。（3）自我答责理论主要适用于过失犯，但没有具体行为类型的限制；而被害人信条学仅就少数特定罪名展开讨论，以至于有学者主张它不适用于暴力犯罪。那么，该理论对归属原理的贡献就只体现在观念上。②（4）因为理论依据、主要内容、解释方法等不足，该说的适用过程过于灵活。例如，对于前述案例 7，持此说者既可以主张有罪，也可以主张无罪；即使都得出无罪的结论，但有人会认为被害人破坏了自我保护的义务，有人会认为被害人不在刑法规范的保护领域之内，有人会认为被告人不具备不法性。

最后，同样，危险分配理论的运用也会带来很多疑问。一般认为，该理论与被允许的危险的法理、信赖原则之间存在紧密的联系。危险分配是指，为了回避危险，在加害人和被害人之间分配负担危险的注意义务，从而认定加害人的过失。③所以，在思想上，被允许的危险的法理在信赖其他人的适当行动而实施危险被允许这点上，与信赖原则是一脉相通的；在内容上，危险分配理论在信赖其他人的前提下行动而被减轻负担这点上，与信赖原则又是一致的。④所以，危险分配理论并不天生就产自客观归责体系。它仅为信赖原则提供了思维基础，而未提供适用条件。客观归责论将其置于自身体系之中，就承受着方法论上的"风险"。论者指出："行为构成的保护目的，也不再包括那种处于他人责任范围之内加以防止的结果。"⑤换言之，明确罪刑规范保护目的的内容是危险分配的当然前提。

---

① 参见［德］伯恩特·许乃曼《刑事制度中之被害人角色研究》，王秀梅、杜澎译，《中国刑事法杂志》2001 年第 2 期，第 121—122 页。
② 参见何庆仁《犯罪人、被害人与守法者——兼论刑法归属原理中的人类形象》，《当代法学》2010 年第 6 期，第 49—53 页。
③ ［日］大谷实：《刑法讲义总论》（新版第 4 版），成文堂 2012 年版，第 192 页。
④ 参见马克昌《比较刑法原理——外国刑法学总论》，武汉大学出版社 2002 年版，第 262 页。
⑤ ［德］克劳斯·罗克辛：《德国刑法学总论》（第 1 卷），王世洲译，法律出版社 2005 年版，第 271 页。

然而，危险分配等理论本来就是为了解决物质文明高速发展时代中现代型犯罪的可罚性评价问题。这些现代型犯罪都是行政犯，它们就是危险分配等理论的主要研究对象。那么，不明确行政法中注意规范的保护目的，就不可能明确行政犯构成要件的保护目的；但认定注意规范的保护目的，本身又存在方法论上的诸多局限。因此，以构成要件的保护范围为标准无法科学确定各自的责任领域。当行为人仅对被害人造成伤害，被害人由于医生的失误而死亡时（案例8），加害人的刑事可罚性并不一定被排除在伤害罪的保护范围之外，而是取决于对因果经过相当性的判断。在其他情况下，也许还涉及对作为义务、自我答责、包括职务行为、被害人承诺在内的某些正当化事由的认定。正如"哪些事项属于被允许的危险，并没有确定的范围"① 一样，处理危险分配问题时，也不得不借助其他理论。

第三节　客观归责论之体系论批判

客观归责论在体系论方面的弊端主要表现在两方面。

一　体系定位不够明确

根据客观归责论，风险判断对结果的客观归责至关重要，但是，这是以牺牲传统体系的严密性为代价的。

（一）混淆构成要件符合性与不法的界限

根据犯罪论的现状可以认为，必须将反映犯罪行为实体的不法内容所有特征纳入构成要件。② 尽管构成要件是不法行为的类型，但二者毕竟属于不同性质的判断，所以，不法阻却事由才有独立存在的价值。但是，诸如——A举起木棍想打B，R为了救B而使木棍只打中其肩膀轻伤（案例9），或者A手持木棍伺机教训散步时的B，R趁B走到A的隐藏处前，打了B下颚一拳，并拿走其一只鞋，使得B只好回家（案例10）——等类似案件，分别属于构成要件层面和不法层面的问题，客观归责论对其一律通过风险降低规则排除可归责性。③ 于是，紧急避险、被害人推定承诺

---

① 张明楷：《论被允许的危险的法理》，《中国社会科学》2012年第11期，第128—131页。
② ［德］汉斯·海因里希·耶赛克、托马斯·魏根特：《德国刑法教科书》（总论），徐久生译，中国法制出版社2001年版，第302页。
③ 参见［德］约翰内斯·韦塞尔斯《德国刑法总论》，李昌珂译，法律出版社2008年版，第113—114页。

等不法阻却事由就没有任何适用余地，构成要件符合性与不法的区分也失去了意义。

（二）模糊不法与责任的界限

犯罪论的支柱是不法和责任，所以必须对其进行区分：前者是确定处罚对象（明确为何对其进行处罚），后者是非难实施该违法行为的行为人的意思决定（动机的抑制）；前者为处罚提供根据，后者对处罚进行限定；前者可以决定犯罪论的本质，后者不能决定犯罪论的本质。① 但是，由于引入了"风险"的概念，客观归责论者在进行风险关联判断时必然要兼顾不法要素和责任要素。因为风险概念也处于行为的目的结构之中：若人们认为在给定条件下采取某一举止具有确定的可能导致结果的发生，那该举止就需加以避免。简言之，风险的术语和结果预测没什么区别。这样，故意的认识因素中便也包含了一个预测，故意危险乃是个依行为人认识而（可能）存在的事实情状的一风险征兆。例如，单纯是希望他人在火车事故中丧生，显然不足以借此认定一故意危险（案例 11）。② 因此，风险概念就兼具处罚根据评价和非难谴责评价的功能。

可见，不宜简单地将客观归责论视为一种因果关系理论，或认为其只能决定客观构成要件的成立。实际上，它所建立的复杂体系已经远远超出了构成要件的范围，这或许可以解释，为何批判者称其为"超级范畴""吞噬和淹没整体构成要件的漩涡"或"诸主题的集合"。必须警惕，客观归责论成为一门单独的刑法解释学。

二 问题性思考实际优于体系性思考

德国学者历来重视法学体系的构建，因为整个法秩序（或其大部分）都受特定指导性法律思想、原则或一般价值标准的支配。诸多规范之各种价值决定得借此法律思想得以正当化、一体化，并因此避免其彼此间的矛盾。以体系的形式将之表现出来，乃是法学最重要的任务之一。③ 可是，由于体系学方法存在罔顾个案正义和强调抽象概念等问题，无法完全满足法律适用的要求，所以论点学方法（topische Mechode）应运而生，即提

---

① 参见［日］井田良《刑法总论的理论构造》，成文堂 2005 年版，第 1—2 页。
② 参见［德］乌尔斯·金德霍伊泽尔《犯罪构造中的主观构成要件——及对客观归属学说的批判》，蔡桂生译，陈兴良主编《刑事法评论》（第 30 卷），北京大学出版社 2012 年版，第 200—202 页。
③ 参见［德］卡尔·拉伦茨《法学方法论》，陈爱娥译，商务印书馆 2003 年版，第 316 页。

倡用问题思维（Problemdenken）对抗体系思维，从体系性思考转向问题性思考。在法律解释过程中，这种方法表现为发现不同的解释论据并将其纳入整个考量范围（来——审查）的做法。① 详言之，法律适用者首先确定需要解决的问题，然后在此目录之下收集各种意见、观点和论据，最后通过分析、评价和选择达成一致决定。

体系学方法和论点学方法并非完全对立：（1）它们的目的都是为了适当地解决问题；（2）二者都要用到演绎推理方法；（3）两种思维都不可脱离传统的诠释学。② 不过，体系性思考和问题性思考的区别也很明显：（1）前者追求法律的形式公平和思考的经济性，后者追求法律的实质公平和思考的精密性。（2）前者讲究从一个包罗万象、逻辑严密的特定体系中推出唯一正确的答案，后者可以包容来自不同体系的各种异议。（3）前者必须按照标准程序一步步地进行推理，所冒的风险就是对同类案件的形式化处理；后者放宽了对思维步骤的要求，所冒的风险则是对相同案件的个性化处理。

客观归责论者致力于以刑事政策为价值导向来构建刑法体系，显然受到了上述思潮的影响。"但是在刑法中，这种主题并不能代替体系性的思考。……在体系性思考和问题性思考之间进行综合是富有成果的，并且在一定程度上是可能的。"③ 这一建议非常具有吸引力，但在实际操作中会遇到巨大障碍。

1. 问题性思考由于注重刑法应当发挥的功能，可能突破刑法体系的束缚。"机能主义刑法学提倡的'机能的考察方法''问题的思考'没有考虑到能否将这种解决纳入现行的刑罚法体系中，因为首先探究希望如何解决，而放松了法律对于解释者的拘束力，存在依据'应该存在的刑罚法规进行解决'排斥'依据现存的刑罚法规进行适当的解释'的危险性。"④ 例如，客观归责论对注意规范保护目的的认定、危险分配理论的阐述等就明显体现了这点。

2. 问题性思考由于强调思考的经济性，可以打乱传统体系的审查步

---

① 参见［德］齐佩利乌斯《法学方法论》，金振豹译，法律出版社2009年版，第128页。
② 参见［德］卡尔·恩吉施《法律思维导论》，郑永流译，法律出版社2004年版，第241—244页。
③ ［德］克劳斯·罗克辛：《德国刑法学总论》（第1卷），王世洲译，法律出版社2005年版，第132页。
④ ［日］関哲夫：《论机能主义刑法学——机能主义刑法学的检讨》，王充译，赵秉志主编《刑法论丛》（第17卷），法律出版社2009年版，第297页。

骤。以客观归责论对被害人自我危险和同意他人造成危险行为的论证为例，按照体系学方法，应该在明确构成要件效力范围的认定方法、两种行为的区分标准之后，再将以上规则运用到具体案件的处理中；而按照论点学方法，只需回答在前述案例 5 或案例 6 的情形中被害人是否具有自我答责性，并未从问题的原点出发去证立判断方法的科学性以及区分标准的可行性。总之，它放弃了把这个问题置入一个较高度的体系关联中，并且放弃去为解决方案找出一般规则。论者不去追问普遍的适用条件，取而代之，他直接走向了个别的问题，并且只在某种特定的意义下去证立其解决方案。如此一来，他会在第一步之前先跨出第二步。①

3. 问题性思考确实出于对体系性思考的反思而提出，② 但机能化的考察容易倒向社会防卫，进而招致方便主义，弱化人权保障。③ 其中的风险升高规则及其对合义务替代行为的解读，已经具有了这种倾向。

4. 问题性思考所带来的应当是一个开放的体系，这是单纯的体系性思考做不到的。然而，客观归责论目前只能被用来处理侵害个人法益的罕见案例，假如真像其所预计的一直保持对司法实践的高度开放性，那么将来极有可能会有新的下位规则被补充进来用来处理新型案件，这一体系就始终处于动态化之中，体系的稳定性将荡然无存。实际上，问题性思考从一开始就获得了优先权，这从众多版本的客观归责论及其内部眼花缭乱的下位规则就可看出。

第四节　客观归责论与相当因果关系说

鉴于我国刑法因果关系论存在过度重视哲学思维、因果关系分类不当、规范化程度较低、没有形成清晰的判断步骤等不足，我国学者提出了两套完善方案：一是借鉴客观归责方法论，因为相当因果关系说不能取代客观归责论；④ 二是借鉴相当因果关系说，因为客观归责论有诸多值得质

---

① 参见［德］英格博格·普珀《法学思维小学堂——法律人的 6 堂思维训练课》，蔡圣伟译，北京大学出版社 2011 年版，第 183—184 页。
② 参见［日］平野龙一《刑法的基础》，东京大学出版会 1966 年版，第 247—251 页。
③ 参见［日］团藤重光《刑法纲要总论》（第三版），创文社 1990 年版，第 96 页（二）。
④ 参见周光权《客观归责理论的方法论意义——兼与刘艳红教授商榷》，《中外法学》2012 年第 2 期，第 233—249 页；陈子平《刑法总论》（增修版），中国人民大学出版社 2009 年版，第 124—126 页。

疑之处。① 本节将通过对比这两种思路，进一步明确客观归责论与相当因果关系说之间的关系。

一 相当因果关系说的危机

站在客观归责论的立场上分析，相当因果关系说存在以下缺点：（1）执着于空洞的、经验性的感性标准，缺乏具体的、规范性的价值标准。（2）只适合从反面排除极为典型的情形，不能够从正面检验一般相当的情况；只能进行一次判断，不能进行反复审查。（3）相当性的判断过于随意，整个论证过程就是一个循环论证，即要么根据条件关系的成立预设相当性的存在，要么根据预见可能性的欠缺预设相当性的失位。②（4）对存在介入因素案件的处理，会得出截然相反的结论。这既凸显了其解释力的薄弱，也引发了其适用中的危机。

相当因果关系说危机产生的原因主要有二：一方面，自日本进入20世纪80年代后半叶以来，学理上受到了客观归责论的较大影响，相当因果关系说面临着被解构的危险；另一方面，相当因果关系说无法在实践中圆满提供"即使因果进程异常，也不能否定因果关系"的根据。尤其是以"大阪南港事件"为契机，理论界和实务界对传统的相当性标准给予了猛烈的抨击。该案的主要案情是：1981年1月15日晚上8时许，被告人在第一现场对被害人施加暴行，致其内因性高血压性颅内出血而丧失意识之后，又将其运到第二现场（大阪南港的某材料仓库）放置而自行离去。次日凌晨，被害人因颅内出血而死亡，但在其还活着时，被第三者用方木料数次殴打头部，引起颅内出血扩大，稍微提前了死亡时间。对此，最高裁判所认为，在犯人的暴行形成作为被害人死因的伤害的场合，即使因为此后第三者施加的暴行提前了死亡时间，仍然可以肯定犯人的暴行与被害人死亡之间的因果关系（案例12）。③ 这不仅促使相当因果关系说开始转变，而且推动因果关系研究进入了一个新阶段。

二 相当因果关系说的修正

为化解这场危机，日本学者探索对传统的相当因果关系说进行修正，

---

① 参见刘艳红《客观归责理论：质疑与反思》，《中外法学》2011年第6期，第1216—1236页；黎宏《刑法学》，法律出版社2012年版，第98—108页。
② 参见黄荣坚《基础刑法学（上）》（第三版），中国人民大学出版社2009年版，第182—183页。
③ 参见最决平成2年11月20日刑事判例集第44卷8号，第837页。

代表性的见解有三种。

（一）危险的现实化说

该说从重视实行行为实质的价值判断的观点出发，认为因果关系的内容包括事实的侧面和规范的限定两个方面，因果关系应当理解为实行行为的客观危险性现实化为构成要件结果的过程（危险的现实化）。在通说中，行为危险性的判断基础及其与因果经过的经验通常性之间的关系都存在问题。根据判例，以"行为的危险性能否现实化为结果"（危险的现实化）为基准，进行因果关系的判断。实行行为的危险性现实化结果的判断当然包括行为与结果之间事实联系的判断，没有必要将因果关系分为事实联系和规范限定两个阶段，直接讨论危险性现实化的有无就够了。[1]

（二）结果的抽象化说

该说认为，相当因果关系说基本上是妥当的，但存在几个问题，需要修正和补充。其一，必须通过明确结果归属的实质根据和基准对通说进行补充。刑法规范通过禁止某种行为回避结果现实化，被禁止行为的实质危险性现实地发生结果被确证时，就能肯定法的因果关系。其二，从因果经过自身来看，虽然偶然地发生异常情况，若行为的危险性直接实现于结果中，在将结果归于行为正当化的程度内，行为的危险就被确证。对因果经过及结果发生样态抽象化到一定程度，在此限度内无视具体的介入情况，就此判断经验的通常性。其三，以行为时作为标准时点，根据一定范围的基础情况进行预测判断（所谓客观的事后预测）时，考察能否将探寻具体的因果经过及直至具体样态结果的过程作为行为危险的现实化或确证的过程评价。[2]

（三）综合判断说

该说肯定脱离以行为时的相当性判断为中心的相当因果关系的框架之后，客观归责论的说理更加易懂。因果关系论的课题应当限于将现实发生的结果归责于谁的什么行为，以及存在复数条件（原因）时的归责分配。现在要求进行因果关系判断的主要部分，是在行为时和行为后异常事态介入的场合，以所有客观情况为基础，判定能否把结果归责于行为的作业。因此，在行为时存在特殊情况的场合，以产生的结果在行为具有的危险性"射程内"为限决定结果归责；在第三者和被害人行为介入的场合，是否将结果归责于实行行为，应当综合①实行行为具有的危险性（结果发生

---

[1] 参见 [日] 山口厚《刑法总论》（第3版），有斐阁2016年版，第51—61页。
[2] 参见 [日] 井田良《讲义刑法学·总论》，有斐阁2008年版，第124—133页。

力）的大小（广义的相当性）、②介入情况的异常性（以及与实行行为的关系）的大小、③介入情况对结果的贡献大小这三点来判断；在行为人行为介入的场合，要对前行为和后行为进行具体分析。[①]

以上各说修正的要点可归结为：第一，力求提高因果关系认定过程的规范化和精细化程度，设计清晰的判断步骤，确定科学的归责基准。第二，承认客观归责方法论的相对合理性，从中剪裁出部分规则，嫁接到所对应的案件类型的处理方案中。第三，尽管相当性概念在过去就有广义的相当性（行为的相当性）和狭义的相当性（因果经过的相当性）之分，并且由于对相当性侧面重视程度的差异，造成因果关系判断模式的不同，[②] 但是，修正意见明显更加注重实行行为对结果的实际影响，介入因素的分析仅在与实行行为相关联的情况下有意义。"柔道康复师事件"即为适例：患有感冒的被害人遵照身为柔道康复师的被告人反复作出的错误指示，导致病情恶化，最终因并发肺炎而死亡。对此，最高裁判所判定，被告人的行为本身具有使被害人病情恶化进而致其死亡的危险性，即使不能否定被害人不接受医生诊疗而依赖被告人的过错，但被告人的行为和被害人的死亡之间的因果关系仍应存在（案例13）。[③] 正因为被告人的实行行为存在诱发被害人自身行为的可能性，所以其行为才被认定为具有侵害生命的危险性。

之所以能够进行如此改造，主要取决于传统的相当因果关系说和客观归责论之间的联系。（1）二者均源于合理限定客观不法处罚范围的动机，后者经前者演化而来。[④]（2）二者都强调对因果关系进行事实判断和规范判断，并构建了基本相同的双层规范评价体系：广义的相当性就是危险创造关联的问题，狭义的相当性对应危险实现关联的问题。[⑤]（3）二者都想成为归责理论，对因果经过进行实证的、规范的判断。只是前者混淆了经

[①] 参见［日］前田雅英《刑法总论讲义》（第4版），东京大学出版会2006年版，第177—194页。
[②] 参见［日］振津隆行《刑法中因果关系的意义——条件说与相当因果关系说》，阿部纯二、板仓宏、内田文昭、香川达夫、川端博、曾根威彦等编《刑法基本讲座》（第2卷），法学书院1994年版，第118—120页。
[③] 参见最决昭和六十三年5月11日刑事判例集第42卷5号，第807页。
[④] 参见［德］K. H. 舒曼《论刑法中所谓的"客观归属"》，蔡桂生译，《清华法律评论》编委会编《清华法律评论》（第六卷 第一辑），清华大学出版社2012年版，第222—227页。
[⑤] 参见［日］川端博、前田雅英、伊东研祐、山口厚《彻底讨论·刑法理论的展望》，成文堂2000年版，第9页以下。

验标准和规范标准，后者则对其予以了区分。（4）二者之间存在不少交集，相当性思维基本被贯彻到客观归责体系中。例如，若行为人被认为创设了一个不被允许的风险的，其行为就具有相当性，即风险容许性的判断要用到相当性公式；当行为人没有实现禁止的风险时，其行为往往就是不相当的，即注意规范的保护目的并不限于规范本身的考量，首先应当符合社会通常经验；在行为人参与他人危险行为的场合，假如侵害后果的发生偏离常轨，则不能将风险之实现归咎于行为人，即构成要件的效力范围不得触及生活事实的罕见地带。简言之，只要不否认"刑法所要求的并不仅是限于因果关系的存在必要性，而且以因果关系的存在，是否具备认定结果责任的客观相当性，为其实质内容"，① 就不会否定二者的内在关联。

毫无疑问，客观归责论与修正的相当因果关系说之间也存在较大区别。（1）思维顺序不同。前者首先区分（事实的）因果关系和（规范的）结果归责，接着用三个下位规则组建归责体系，即"因果关系→创设不被允许的危险→实现不被允许的危险→构成要件的效力范围"。② 后者在前者二阶段分析框架的基础上，更为重视对判例的回应。以危险的现实化说为例，它采取了"作为起点的构成要件行为（实行行为）→作为事实关系的因果关系→作为危险现实化的因果关系"的判断主线，并在第三阶段从"条件说与相当因果关系说""相当因果关系说的诸相""危险的现实化"和"事案类型的研究"四个方面，阐明了学说之间、学说和实务之间的联系。（2）归责基准不同。前者以行为创设并实现法不允许的危险作为统一的基准，后者分别以危险的现实化、结果的抽象化、介入情况的贡献度等作为各自的基准。（3）类型化程度不同。前者一般重在解决具体问题，所以没有对基准类型和案件类型予以细致梳理。只有个别学者在这一理论原型之下，结合本国判例进行了类型化的试验。日本有学者把归责体系分为三个层次，并在其中研讨相关判例。仅以危险创造关联（第一层次）为例，在此之下又分出直接的危险创造关联和危险状况创造关联（第二层次），前者被复分为创造升高危险、创造允许危险、创造认识可能的客观危险，后者被复分为创造狭义的危险状况、创造促进的

---

① 苏俊雄：《从刑法因果关系学说到新客观归责理论之巡历》，《法学家》1997 年第 3 期，第 69 页。
② 参见［德］乌尔斯·金德霍伊泽尔《刑法总论教科书》（第六版），蔡桂生译，北京大学出版社 2015 年版，第 76—115 页；周维明《雅各布斯的客观归责理论研究》，《环球法律评论》2015 年第 1 期，第 75—84 页。

危险状况、设定危险状态扩大源（第三层次）。① 然而，上述类型论以二元的行为无价值论为基础，不仅类型化标准不清，而且削弱了体系的明确性。② 这应当归因于客观归责论在规范论和体系论方面的弊端，使之具有了"理论黑洞"的特点。后者极为突出介入因素对结果归责的影响这一问题意识，在分别讨论存在行为时的特殊情况和行为后的介入情况两类判例之后，又在后者内部进一步研究第三人行为的介入、被害人行为的介入、行为人行为的介入三类判例。这里划分的标准就是介入因素的时间（第一层次）及其内容、危害（第二层次），相比前者更加科学、明了。（4）适用范围不同。前者并未被德国、瑞士法院所采纳，仅在奥地利的司法实践中得到广泛贯彻，③ 在我国台湾地区的部分判决中有所体现，④ 主流观点仍是条件说或相当因果关系说。而在日本，由于客观归责论逐渐变得有力，以后者的形式部分吸收客观归责论占据支配地位，⑤ 目前已通说化。

总而言之，作为克服相当因果关系说危机的尝试，展开了引入客观归责论的修正的相当因果关系说，⑥ 日本刑法因果关系论开始书写从传统的相当因果关系说转变为修正的相当因果关系说的新篇章。因此，在方法论上，不能武断地得出结论：相当因果关系说与客观归责论是对立的。相比之下，传统的相当因果关系说与客观归责论之间的联系多表现在理论基础方面，而修正的相当因果关系说与客观归责论之间的区别则体现在适用过程中，它们在方法论上都没有实质上的差异。

第五节　客观归责方法论的可借鉴性

前文的分析表明，客观归责论自身存在诸多缺陷，由于社会文化、刑

---

① 参见［日］山中敬一《刑法中客观归属的理论》，成文堂1997年版，第426页以下。
② 参见［日］青木孝之《客观归属论的批判性考察》，《琉大法学》2005年第74号，第89—91页。
③ 参见［德］克劳斯·罗克辛《德国刑法学总论》（第1卷），王世洲译，法律出版社2005年版，第246—247页。
④ 参见张丽卿《客观归责理论对台湾地区实务判断因果关系的影响——以台湾地区"最高法院"96年台上字第5992号判决为例》，《北方法学》2009年第5期，第22—30页。
⑤ ［日］吉田敏雄：《因果关系与客观的归属》（下），《北海学园大学学园论集》2010年第146号，第196页。
⑥ 参见［日］井田良《犯罪论的现在与目的行为论》，成文堂1995年版，第79页以下。

事立法、犯罪论体系等方面的差异，我国不大可能全盘照搬客观归责体系。然而，必须强调的是，它之所以受到许多国家、地区刑法学者的青睐，主要是由于方法论上的优势。正因为如此，我国才有可能在对犯罪论体系不予重构的情况下，适当吸收客观归责论的思维逻辑和论证方式，更加科学地判断各种类型的犯罪。

一 我国关于借鉴客观归责方法论的观点

关于如何借鉴客观归责方法论，我国学者在思考客观归责体系与我国犯罪论体系是否兼容的基础上，提出了两种方案，大体上可分为消极说和积极说之争。

消极说的基本主张是，客观归责体系同我国犯罪论体系不相容，若想借鉴客观归责方法论，必须重构我国犯罪论体系。如果在我国目前四要件的犯罪构成体系不作任何改动的情况下，引入客观归责论，存在以下三个障碍：一是客观归责论与社会危害性论的矛盾难以克服。如果把社会危害性判断替代为客观归责论中制造风险的判断，以此作为对行为的实质审查，则势必去社会危害性，这就导致四要件的犯罪构成体系的根基性动摇。因此，客观归责论在我国四要件的犯罪构成体系中缺乏逻辑根据。二是客观归责论与因果关系论的矛盾难以克服。我国关于因果关系的主流观点缺乏定型性与一般性，更缺乏归责的内容。而客观归责论是以条件说所确立的因果关系为前提的，明确地将归因与归责加以区分。在我国的因果关系论不作根本改变的情况下，客观归责论在我国四要件的犯罪构成体系中缺乏逻辑基础。三是客观归责论与四要件犯罪构成体系结构之间的矛盾难以克服。客观归责论是以三阶层的犯罪论体系为其理论生存空间的，它为主观归责提供客观基础。而我国四要件的犯罪构成体系不是阶层理论而是耦合结构，四个要件之间不存在逻辑上的位阶关系。因此，客观归责在我国四要件的犯罪构成体系中缺乏逻辑语境。总之，只有废弃四要件的犯罪构成体系，引入三阶层的犯罪论体系，客观归责论在我国刑法学中才有立足之地。[①] 在此基础上，客观归责理论的方法论意义就表现在：首先，它提供了一种对构成要件进行实质解释的终极根据；其次，它将构成要件的判断重心与判断起点从主观部分转移到客观部分，对于我国当下的犯罪论体系变革具有重要的启发意义和推进功能；最后，它努力摆脱自然科学的压抑，提供刑法学特有的规范性判断的概念工具，廓清刑法学与自然科

[①] 参见陈兴良《客观归责的体系性地位》，《法学研究》2009年第6期，第50—51页。

学以及其他社会科学的界限。① 显然,该说是把引入客观归责论和改造我国犯罪构成理论当作同一个层面的问题。

与之相反,积极说的主要看法是,客观归责体系同我国犯罪论体系基本相容,即便维持目前的犯罪论体系,也不妨碍合理借鉴客观归责方法论。其中,一种观点详细阐述了我国犯罪构成理论可以部分吸收客观归责论,而另一种观点则从因果关系理论的角度切入,系统论证了采用客观归责论的必要性和可行性。在前者中,论者提出,第一,我国刑法理论应当强调构成要件符合性的概念。因为强调构成要件符合性的概念,对于贯彻罪刑法定原则具有重要意义。如果完全由客观归责理论取代构成要件理论,必然贬低构成要件符合性概念的价值,它毕竟只能顾及构成要件的部分要素,因而只能顾及部分犯罪。第二,我国刑法理论应当保留构成要件行为或实行行为的概念,且不宜在客观归责理论中讨论实行行为。第三,如果维持现行的构成要件或者在客观构成要件中维持实行行为、对象、结果、因果关系的基本构架,那么,将客观归责理论整体搬到因果关系中,必然导致判断的反复性(在判断实行行为之后,于因果关系中再次判断实行行为),因而有损判断的经济性。第四,即使在构成要件部分维持实行行为、行为对象、结果、因果关系的基本构架下,也完全可以而且应当借鉴客观归责理论的规范判断方法与其中的部分具体内容。(1)"实行行为"部分,应当借鉴客观归责理论中的制造不允许的危险的具体内容,以及危险实现与构成要件的效力范围中属于判断实行行为的内容。(2)"结果"部分,应当借鉴客观归责理论的规范判断的立场。一方面,只有侵害法益的结果,才可能成为构成要件结果;另一方面,即使是侵害法益的结果,还必须进一步判断该结果是否属于具体的刑法规范所禁止的结果。(3)"因果关系"部分,应当借鉴客观归责理论中不允许的危险的实现的基本内容。质言之,我国刑法理论中的(广义的)因果关系部分,应当分为两步讨论:第一步讨论事实的因果关系,第二步讨论结果归属。② 在后者中,论者倡导,中国刑法学应该借鉴德国的客观构成要件判断方法:在结果原因的判断上采用条件说,再按照客观归责论解决具体的结果归属问题。一方面,在很多时候,客观归责论在案件处理结论上与相当因果关系说相同,但在方法论上,前者仍然有超越后者的地方;另一方

---

① 参见车浩《假定因果关系、结果避免可能性与客观归责》,《法学研究》2009 年第 5 期,第 160—163 页。
② 参见张明楷《也谈客观归责理论——兼与周光权、刘艳红教授商榷》,《中外法学》2013 年第 2 期,第 318—324 页。

面，客观归责论是对行为是否有刑法意义、行为的危险是否现实化为结果的判断，其实仅涉及对客观构成要件的规范化判断问题，即在事实的因果关系之外肯定法律的因果关系问题。换言之，客观归责论是刑法"规范判断方法"的运用，只涉及客观要件判断的"技术问题"。同时，考虑到结果归属应该成为评价结果犯的客观构成要件的必要要素，客观归责就是判断特定结果犯的既遂要件、归属基准的判断方法，与采取何种犯罪论体系的关系不大。综上所述，在事实判断（经验判断）之外，按照结果归属的逻辑进行规范判断（价值判断），保持不同判断方法的位阶性，是未来中国刑法学必须面对的课题。问题的关键在于，并非一定要使用"客观归责论"这样的术语，而是要根据案件的具体情况采用不同的归属规则，从而使每一个归属规则都变得相对精密、可靠、不出错。① 可见，该说是将借鉴客观归责论和完善我国犯罪构成理论视为不同层面的课题。

　　两相比较，笔者赞同积极说，而且消极说的论据存在值得商榷之处。(1) 客观归责论同我国社会危害性理论之间并不存在难以克服的矛盾：前者并非以形式的构成要件行为为前提，后者也不是只关注对危害行为的实质审查，实际上，二者都是形式判断与实质评价的统一。但就实质评价而言，客观归责论的规范化程度更高，社会危害性理论的政治化色彩更浓，所以有必要引进其规范判断的立场。(2) 客观归责论同我国因果关系论之间也没有难以克服的矛盾，二者实为归责和归因的关系，即前者将因果关系的认定分为事实判断和规范判断两大步骤，而后者仅局限于事实判断的阶段；前者以后者为必要条件，后者是前者的必经程序；客观归责的判断不可能离开因果关系的判断，但在因果关系的判断后还要加强归责类型的判断。(3) 客观归责论同我国犯罪构成理论体系之间更不存在难以克服的矛盾：前者虽然优先考虑客观归责，但后者也把客观要件排列在主观要件之前，那么在方法论上，二者是一致的。不过，它们的位阶性存在差异：前者表现为递进式，操作过程可被形容为"漏斗状"，具有反向筛选的过滤功能；后者则表现为并列式，运用过程可被描述为"搭建法"，具有正面提纯的净化功能。② (4) 客观归责论的功能本来就有别于因果关系论的功能，从认定客观不法乃至限定构成要件类型的意义上讲，前者的作用已经远远大于后者，后者的作用仅仅为前者所包容。(5) 客

---

① 参见周光权《客观归责方法论的中国实践》，《法学家》2013 年第 6 期，第 123—126 页。
② 因此，客观归责体系和我国犯罪构成理论体系都是立体的，均有位阶性，只是表现形态不同。不能认为，前者是立体的，后者是平面的，这是对我国犯罪构成理论的误解。

观归责论的定位不应等同于犯罪构成理论的定位，更不能凌驾于犯罪构成理论之上，否则，必将导致体系混乱和机能失调。纵然客观归责论的可借鉴性与阶层式犯罪论体系的优势有关，但仅此并不足以反证重构我国犯罪论体系的紧迫性、必要性和可行性。[1] 强行将二者"捆绑"在一起，其实就是先入为主地认为，客观归责论只能在德、日等国的犯罪论体系中生存，但这反而无法说明其在各国刑法学界大受欢迎的根本原因。不拘泥于体系上的束缚，而专注于机能化的思考，并借此提供富有弹性的、针对性的、实效性的解决办法，正是客观归责方法论的长处。而把推进我国当下的犯罪论体系变革，作为借鉴客观归责论的逻辑起点，实为曲解了其深邃的哲学理念，低估了其强大的解释能力。（6）客观归责论的目标应该严格限制在提供判定客观不法的理论工具上，大可不必上升到为了廓清刑法学与自然科学、其他社会科学的界限的高度，这属于法哲学的任务，不能成为该理论的宏伟目标。所以，在某种意义上，它并不是一个制度的创新，而是一种思维方式的精细化。[2] 这才是对客观归责论地位和功能的理性评价。

二　本书关于借鉴客观归责方法论的构想

基于以上分析，客观归责方法论的可借鉴性主要归结为四点。

其一，客观归责论旨在将不重要的因果关系从构成要件的范围内剔除出去，使犯罪成立的判断起点和评价重心被确立在客观方面。在此过程中，"更为决定性的一点应该是，是否是任意一个人在行为人的处境下出于避免结果的缘故应该放弃相关的行为，并因此能够对发生的结果负责。如果情况不是这样，那么就不再追问结果主观归责于具体行为人的问题"。[3] 于是，客观归责的判断先于主观归责的判断，故意犯和过失犯都是如此。

其二，客观归责论重视规范判断的运用，充分发挥了自身限制客观不法成立范围的机能。大陆法系刑法学者一般在狭义上界定"因果关系"和"客观归责"的概念，二者属于不同层面的范畴：前者主要在自然科

---

[1] 参见高铭暄《对主张以三阶层犯罪成立体系取代我国通行犯罪构成理论者的回应》，赵秉志主编《刑法论丛》（第19卷），法律出版社2009年版，第11—12页。

[2] 孙运梁：《客观归责理论的引入与因果关系的功能回归》，《现代法学》2013年第1期，第150页。

[3] ［德］沃斯·金德霍伊泽尔：《故意犯的客观和主观归责》，樊文译，陈兴良主编《刑事法评论》（第23卷），北京大学出版社2008年版，第221页。

学的意义上被使用,而后者仅在法律科学的视域中被构想。所以,结果的归责以因果关系的存在为前提。只有采取规范的立场,危险创造(Risikoschaffung)和危险实现(Risikoverwirklichung)的区别才具有重要意义。这就实现了规范理论与危险理论的融合,为客观归责论创造了理论基础。同时,事实危险与规范危险的类型化,为客观归责论提供了体系标准。①

其三,客观归责论归纳出较为清晰的判断标准,显示归责评价上的层次性。"如果行为人创设了一个法律上不认可的危险,而该危险又实现于符合构成要件的结果之中,那么,该结果是可以客观地进行归属的。"②这不仅阐释了客观归责的简洁公式,而且揭示了客观归责论的思想渊源,即刑法的任务是保护法益,且这一机能的行使存在明显的界限。③为此,创设不被容许的风险和实现不被容许的风险就成为进行结果归属的两个必经步骤。然而,客观归责论并未停留在上述关键词式的表述之上,而是通过风险减小、可容许的风险、禁止规范的保护目标等准则,发展成为正面判断和反向排除相结合的评价体系。④它就像漏斗一样,把结果不法和行为不法连接起来,这种过滤效应的设置,同以不法和责任为核心的犯罪论体系完全一致。

其四,客观归责论符合目的理性的犯罪论体系,加强了刑事政策学与刑法学的衔接。新康德主义为目的理性的犯罪论体系奠定了哲学基础,使价值判断渗透到刑法体系的构建之中。这一学派主张,先于人类认知的作为认知对象的外界存在,都是既无名也无形的无序之混沌存在,人类通过悟性对其进行认知之后,其才开始被整理归纳,才算是拥有了存在的意义。所以,人们在认识观念像之后,才能够继续加以价值判断。⑤ 在此基础上,德国学者罗克辛以现代刑事政策上所倡导的刑罚目的理论取代新康德主义模糊的文化价值观,将其作为犯罪阶层体系的基础建构价值。客观归责论就是这个方案的核心部分之一。例如,对风险的禁止范围采相对性

---

① 参见[日]山中敬一《刑法总论》(第2版),成文堂2008年版,第250页。
② [德]K. H. 舒曼:《论刑法中所谓的"客观归属"》,蔡桂生译,《清华法律评论》编委会编《清华法律评论》(第六卷 第一辑),清华大学出版社2012年版,第213页。
③ 参见[日]松原芳博《Claus Roxin:作为刑法任务的法益保护》,《早稻田法学》2007年第82卷3号,第256—260页。
④ 参见[德]克劳斯·罗克辛《刑事政策与刑法体系》(第二版),蔡桂生译,中国人民大学出版社2011年版,第70—73页。
⑤ 参见[日]西原春夫《日本刑法学说史论纲》,刘建利译,《法学》2015年第2期,第136页。

观点,是刑事政策预防思想的体现,因此也呈现新康德思想的基本观点。① 总之,客观归责论是把积极的特别、一般预防的法益保护这种刑事政策思想在犯罪论中被构成要件所反映的法形象。②

这些方法应当贯彻到对各种犯罪的客观归责中,既包括刑事犯,也包括行政犯;既包括故意犯,也包括过失犯;既包括自然人犯罪,也包括单位犯罪。作为刑事犯与行政犯立法体例一元化产物的污染环境罪,也能运用上述方法来进行客观归责的判断。

本章小结

德国刑法学中的客观归责论并非完美的理论,在规范论、本体论和体系论方面存在严重缺陷。

首先,在规范论中,客观归责论难以统合各种规范,导致其内部结构出现混乱。因此,无论是采取规范一体说,还是采取规范二分说,均难以说明客观归责论的不法根据。

其次,在本体论中,"行为创设不被允许的危险"作为第一个归责基准,没有阐明危险的性质、统一危险判断的方法和展示风险降低规则的实效;"行为实现不被允许的危险"作为第二个归责基准,未能明确注意规范保护目的的认定方法、划定合义务替代行为的适用边界以及证明风险升高规则的合理存在;"构成要件的效力范围"作为第三个归责基准,无法充分阐释自我危险、同意他人造成危险和危险分配的理论根据。

最后,在体系论中,客观归责论不仅会混淆构成要件符合性与不法的界限,而且会模糊不法与责任的界限。而且,它容易优先进行问题性思考,可能突破刑法体系的束缚,可以打乱传统体系的审查步骤,弱化人权保障,使体系的稳定性荡然无存。

由于相当因果关系说危机的产生,日本刑法学界着手探索对传统的相当因果关系说进行修正,危险的现实化说、结果的抽象化说和综合判断说相继出现,其修正要点可归结为:第一,力求提高因果关系认定过程的规范化和精细化程度,设计清晰的判断步骤,确定科学的归责基准。第二,

---

① 参见许玉秀《当代刑法思潮》,中国民主法制出版社 2005 年版,第 143 页。
② [日]吉田敏雄:《因果关系与客观的归属》(下),《北海学园大学学园论集》2010 年第 146 号,第 196 页。

承认客观归责方法论的相对合理性，从中剪裁出部分规则，嫁接到所对应的案件类型的处理方案中。第三，明显更加注重实行行为对结果的实际影响，介入因素的分析仅在与实行行为相关联的情况下有意义。之所以能够进行如此改造，取决于传统的相当因果关系说和客观归责论之间的联系。但是，也要看到客观归责论与修正的相当因果关系说之间也存在较大区别。总之，日本刑法因果关系论开始书写从传统的相当因果关系说转变为修正的相当因果关系说的新篇章。相比之下，传统的相当因果关系说与客观归责论之间的联系多表现在理论基础方面，而修正的相当因果关系说与客观归责论之间的区别则体现在适用过程中，它们在方法论上都没有实质上的差异。

关于如何借鉴客观归责方法论，我国学者在思考客观归责体系与我国犯罪论体系是否兼容的基础上，提出了两种方案，大体上可分为消极说和积极说之争。其中，积极说是可取的，因为客观归责论同我国社会危害性理论、因果关系论和犯罪构成理论体系之间并不存在难以克服的矛盾，它的功能本来就有别于因果关系论的功能，其定位不应等同于犯罪构成理论的定位，更不能凌驾于犯罪构成理论之上，其目标应该严格限制在提供判定客观不法的理论工具上，大可不必上升到为了廓清刑法学与自然科学、其他社会科学的界限的高度。

因此，客观归责方法论的可借鉴性主要归结为四点。其一，客观归责论旨在将不重要的因果关系从构成要件的范围内剔除出去，使犯罪成立的判断起点和评价重心被确立在客观方面。其二，客观归责论重视规范判断的运用，充分发挥了自身限制客观不法成立范围的机能。其三，客观归责论归纳出较为清晰的判断标准，显示出归责评价上的层次性。其四，客观归责论符合目的理性的犯罪论体系，加强了刑事政策学与刑法学的衔接。这些方法应当贯彻到对各种犯罪的客观归责中，既包括刑事犯，也包括行政犯；既包括故意犯，也包括过失犯；既包括自然人犯罪，也包括单位犯罪。作为刑事犯与行政犯立法体例一元化产物的污染环境罪，也能运用上述方法来进行客观归责的判断。

第三章　客观归责论再批判与我国刑法过失论的完善

污染环境罪的客观归责必须在环境犯罪刑事政策的指导下进行，而且，客观归责方法论值得借鉴，它应当被运用到包括污染环境罪在内的过失犯归责过程中。只有这样，才符合客观归责论的哲学基础和污染环境罪的本质属性。那么，在研究污染环境罪的客观归责之前，应当先解决我国刑法理论语境下过失犯的客观归责问题，为后面的分析提供具体方法论上的支持。因此，本章首先从过失犯的角度指出客观归责论的内在缺陷，然后阐明其与传统过失论的外在关联，最后选择一种最优的理论，提出完善我国刑法过失论的构想。

第一节　我国刑法过失论的发展方向之争

迄今为止，作为德国刑法教义学重大理论成果之一的客观归责论已经获得大陆法系国家（地区）许多学者的支持，即归责于客观行为构成是以实现一种在行为构成范围内部的、由行为人创设的而不是由允许性风险所容忍的危险为条件的。尽管也涉及故意犯罪，但是，它的实际意义，主要存在于过失犯罪之中。[1] 经历了从主观的过失到客观的过失的演变之后，过失被理解为实现构成要件的可认识到和可避免的危险。在构成要件阶层，针对过失要素，需要考察的是：在相应的生活领域中，认真且有洞察力的相关人员，在该行为情况下，本来是否能够和必须认识到该风险，即判断是否成立客观的过失。[2] 于是，在应否以及如何引入客观归责论以

---

[1] 参见［德］克劳斯·罗克辛《德国刑法学总论》（第1卷），王世洲译，法律出版社2005年版，第246页。

[2] 参见［德］乌尔斯·金德霍伊泽尔《刑法总论教科书》（第六版），蔡桂生译，北京大学出版社2015年版，第327—328页。

完善过失论的问题上,我国刑法学界产生了激烈争论,形成了三种代表性观点。

否定说认为,客观归责论自身有诸多值得质疑之处。对于过失犯,它其实一直进行着主观归责。虽然客观归责论者主张过失犯的行为必须具有规范保护目的的关联性,但对规范保护目的的广泛运用,事实上是与行为人的主观预见能力和结果回避可能性紧密联系的。当其根据行为人主观意思甚至个人人格进行归责判断时,实际就是主观归责论。[①] 所以,犯罪过失是与犯罪故意并列的主观罪过形式之一,是过失犯罪的主观心理态度,而过失犯处罚的是对犯罪事实应当有认识或者预见而没有认识或者预见的情形。[②] 这不仅和现行《刑法》的规定一致,而且和通说的立场一致。

与之相对,肯定说主张,客观归属论在我国的确立有着德日刑法学无可比拟的优势:与德国相比,我国缺少成形的因果关系论,可以直接运用拿来主义;与日本相比,我国关于实行行为论的研究不够深入,也不会经历其是否割舍相当因果关系说的两难境地。所以,该说从构成要件符合性的角度看待过失犯,可以更容易地得出结论。[③] 例如,甲开车路过河边撞倒乙并致其昏迷,乙醒来后因意识不清而掉入河中死亡的(案例1),根据客观归责论,甲开车撞乙并逃逸的行为已经制造了不被允许的风险,但乙自己失足坠河而亡不能评价为系甲所实现的风险。所以,甲不构成逃逸致人死亡。[④] 再如,毕节供销社仓库存放的170多吨农药因失火而对当地环境造成严重污染,致使49人严重中毒、2000人中度中毒和21000多人轻度中毒的(案例2),人民法院应当区分因果和归责,在确认农药散发和居民中毒之间存在疫学因果关系之后,再判断失火行为是否提升了污染发生的危险。[⑤] 这既是对判例的重新解读,也是对通说的根本颠覆。

而折中说正视客观归责论内部存在的巨大争议,强调在方法论上进行整体评价,即它的出现,将构成要件的判断重心与判断起点,从主观部分

---

① 参见刘艳红《客观归责理论:质疑与反思》,《中外法学》2011年第6期,第1229—1230页。
② 参见黎宏《刑法学》,法律出版社2012年版,第198—199页。
③ 参见张小宁《相当因果关系说的兴盛与危机——兼谈客观归属论的提倡》,《东岳论丛》2014年第8期,第163—164页。
④ 参见薛思雅《客观归责理论的适用——以交通肇事逃逸为例》,《内蒙古电大学刊》2012年第5期,第16—19页。
⑤ 参见郭莉《环境犯罪中的因果关系与客观归责》,《广西大学学报》(哲学社会科学版)2010年第3期,第56—57页。

转移到客观部分,对于我国当下的犯罪论体系变革具有重要的启发意义和推进功能。① 对于过失犯,在不法层次的审查重点是客观注意义务,以及该违反义务行为与构成要件结果之间的因果与归责问题。在方法论上,要考虑思维顺序的递进性、评价上的位阶性。② 所以,通过明确过失犯的构造可以发现,我国刑法理论不能全盘照搬客观归责论,应当借鉴其规范判断方法与其中的部分具体内容。例如,我国司法实践对交通肇事罪的认定混乱,有的行为人仅因为事后逃逸而承担刑事责任。可是,事后逃逸不可能成为该罪的实行行为,更不可能成为先前已经发生的结果的原因。引入注意规范的保护目的理论,显然有利于过失犯罪的妥当认定。③ 这就在客观评价该说的同时,找到了未来完善我国刑法过失论的路径。

笔者基本赞同折中说的观点,但在客观归责论的评判、该说与传统过失论④的关系以及我国刑法过失论的完善措施等具体问题上持有不同意见。

第二节 过失犯视角下的客观归责论之批判

尽管客观归责论对过失论的发展做出了重要贡献,但其自身在方法论上也存在许多不足,需要进一步探讨。

一 风险创造关联的判断不具有确定性

对于被允许性风险判断的复杂性,论者自己也承认,它在多种多样的关系中使用着,还不完全清楚其意义和体系性地位。在此,一个举止行为创设了一种在法律上有重要意义的风险,但是,这种风险一般(不依赖于

---

① 参见车浩《假定因果关系、结果避免可能性与客观归责》,《法学研究》2009 年第 5 期,第 160—162 页。
② 参见周光权《客观归责理论的方法论意义——兼与刘艳红教授商榷》,《中外法学》2012 年第 2 期,第 245—247 页。
③ 参见张明楷《也谈客观归责理论——兼与周光权、刘艳红教授商榷》,《中外法学》2013 年第 2 期,第 318—324 页。
④ 从理论机能、根据、体系、结论等方面来看,本书所谓"传统过失论",是指在以上几点同客观归责论既有联系、又有区别的过失论,包括日本刑法理论中的旧过失论、修正的旧过失论、新过失论、危惧感说以及我国刑法理论通说的犯罪过失理论。但是,由于旧过失论已无人问津,危惧感说应者寥寥,因此,本书主要关注客观归责与其他三种过失论的异同。

具体案件）是可以允许的，据此，应与正当化根据不同而排除归责。① 可是，这既会混淆生活中的风险和法律上的风险，又会造成判断标准的不统一。而且，该说也是通过引入相当性的判断模式来进行风险判断。简言之，法官进行的是所谓"客观—事后预测"（sog. objektiv-nachtraegliche Prognose），判断时点是行为后，判断基础是行为时一个理智的人已经认识或能够认识的事实以及行为人认识或可能认识的事实。② 但这一看似理想的方案实则难以得到真正实施：由于考虑了行为人的认识能力，适用结果容易为个人标准所左右，从而对其理论定位和归责基准的质疑。③ 对此，有学者提出，危险判断的资料应当是事后查明的行为当时存在的全部客观事实，与任何人的认识能力无关。④ 这虽然避免了通说的缺陷，却走向了一般人标准化的极端；这不仅弱化了客观归责的机能，而且回到了条件说的老路；这既使过失犯承担了较重的客观注意义务，也会不当扩大客观归责的范围。

二 没有明确注意规范保护目的的认定方法

客观归责论者本想通过注意规范的保护目的理论，避免传统观点根据行为人的预见可能性决定归责范围的弊端，但是，它自始就未说明刑法之外的特别规范作为认定注意义务的理由，进而与其在解释保护目的的过程中出现分歧。对于两人在晚上骑着没有灯的车前后相随，在前面的人由于缺乏照明而撞上了迎面而来的另一骑车人的情形（案例3），传统观点会以实际发生的因果流程偏离了本罪典型的行为构成为由，不将其归入保护目的的范围之内。⑤ 而客观归责论要么强调规范具有的防止某种因果流程发生的一般能力，要么重视在法治国原则的指引下对注意义务合理功能范

---

① 参见［德］克劳斯·罗克辛《德国刑法学总论》（第1卷），王世洲译，法律出版社2005年版，第251—252页。
② 参见［德］汉斯·海因里希·耶赛克、托马斯·魏根特《德国刑法教科书》（总论），徐久生译，中国法制出版社2001年版，第349—350页；许玉秀《主观与客观之间——主观理论与客观归责》，法律出版社2008年版，第6—8页。
③ 参见庄劲《客观归责还是主观归责？——一条"过时"的结果归责思路之重拾》，《法学家》2015年第3期，第55页以下；何庆仁《特别认知者的刑法归责》，《中外法学》2015年第4期，第1029页以下；欧阳本祺《论特别认知的刑法意义》，《法律科学》2016年第6期，第44页以下；蔡桂生《非典型的因果流程和客观归责的质疑》，《法学家》2018年第4期，第152页以下。
④ 参见陈璇《论客观归责中危险的判断方法——"以行为时全体客观事实为基础的一般人预测"之提倡》，《中国法学》2011年第3期，第159—162页。
⑤ 参见［德］冈特·施特拉腾韦特、洛塔尔·库伦《刑法总论Ⅰ——犯罪论》，杨萌译，法律出版社2006年版，第103、404—405页。

围的界定。① 尽管同样将其排除在保护目的的范围之外，但"一般能力""合理能力"的内涵不借助文义解释、体系解释、比较解释等方法就无法确定。而且，这进一步导致客观目的性认定上的模糊。根本原因在于：（1）客观归责论把注意义务违反性作为过失犯的核心要件，通过创设规范目的的概念认定风险实现关联，却带来方法论上的诸多局限。② （2）明确规范目的的内容又要进行目的解释，可"目的解释也未必是一种具体的解释方法"，③ 若通过目的解释明确保护规范的内容，必然引发解释论上的另类循环。（3）规范目的的概念很可能借用了结果回避义务的内核，有时还包括了对因果过程相当性的判断。④ 显然，联合注意规范的保护目的的理论和风险升高规则成为该说的一大软肋。

三 未能划定合义务替代行为的适用边界

在众所周知的卡车司机违反规定距离超车导致醉酒的骑车人被压身亡一案中，即使事后查明司机超车时保持合法距离，鉴于当时骑车人的醉酒状态，事故也仍然极有可能发生（案例4）。在反思假定因果关系与合义务替代行为之间关系的基础上，学界提出了两种解决路径。通说主张，应当尽量区别二者。按照罪疑唯轻原则，只要证明即便行为人的举止符合了义务，也仍然不可避免地导致了结果时，就应排除客观归责。⑤ 那么，上例中的司机在客观上不能被归责。有力说则主张，区分二者的努力并不成功。即使不能确认如果行为人采取合法的举止，就一定不会发生结果，但只要违反注意义务的行为与被容许的危险相比升高了结果发生的可能性，就能肯定二者之间的关联。⑥ 这样，上例中的司

---

① 参见陈璇《论过失犯中注意义务的规范保护目的》，《清华法学》2014年第1期，第42—47页。
② 参见黄荣坚《基础刑法学（上）》（第三版），中国人民大学出版社2009年版，第231页注231。
③ 张明楷：《刑法分则的解释原理（上）》（第二版），中国人民大学出版社2011年版，第83页。
④ 参见周光权《结果回避义务研究——兼论过失犯的客观归责问题》，《中外法学》2010年第6期，第878页。
⑤ 参见［德］约翰内斯·韦塞尔斯《德国刑法总论》，李昌珂译，法律出版社2008年版，第107—108页；车浩《假定因果关系、结果避免可能性与客观归责》，《法学研究》2009年第5期，第148—160页。
⑥ 参见［德］冈特·施特拉腾韦特、洛塔尔·库伦《刑法总论 I ——犯罪论》，杨萌译，法律出版社2006年版，第101—102页；陈璇《论过失犯的注意义务违反与结果之间的规范关联》，《中外法学》2012年第4期，第688—702页。

机在客观上可以被归责。通说批判有力说对罪疑唯轻原则和实害犯作出了不适当的处理，后者则以该原则不适用于被禁止的风险确定出现的场合以及不允许的风险就表现在实害犯中作出回应，但这都并未触及问题的本质。正确的认识是：首先，罪疑唯轻原则仅适用于实际发生的事实（如上例中卡车与自行车之间的距离），而不适用于与假设性事件流程结合的部分（如上例中有关司机保持适当车距，事故是否仍会发生的假设）。① 可见，通说的批判并不成立。其次，有力说虽强调不法行为与风险升高之间的联系，但并未明示行为必须在多大概率上提高了结果发生的危险。对此，通说的担忧不无道理。最后，应当指出的是，二者的根本差异在于归责标准的高低。通说以罪疑唯轻原则为工具，设置了相对严格的实害犯标准。相反，有力说以风险升高规则为工具，设置了相对宽松的危险犯标准。可见，风险升高规则对假定性案件的处理失当进一步放大了客观归责论的缺陷。

四 对自我危险案件进行推理的论据不足

当被害人认识并实施了危险行为，且在他人的参与之下发生了实害结果时，客观归责论倾向于通过被告人参与自杀、自伤的不可罚性，将这种情形当然地解释为无罪，即被告人参与自杀、自伤是比参与被害人自我危险更为严重的行为，既然重行为无罪，轻行为理应不受惩罚，构成要件的效力范围并不包含这些结果。② 可是，这一推论过于绝对。因为被告人参与自杀、自伤属于被害人承诺的问题，被害人此时不仅同意行为的危险，而且承诺结果的发生。相反，被害人自我危险适用被害人危险接受的法理，被害人此时仅仅接受行为的危险，没有承诺结果的发生。③ 考虑到被害人的自我决定权及其对归责的影响，前者的法益侵害性并不一定重于后者。而且，根据《德国刑法典》第216条、第228条以及《奥地利刑法典》第77条、第90条之规定，受嘱托杀人是一种情节较轻的故意杀人罪，被害人同意的伤害行为只有不违背良俗或造成严重后果时，才不违法。这表明，在处理有关生命、身体法益的犯罪时，基于利益衡量的考察，被害人承诺的有效性受到了极大限制：受嘱托杀人者原则上会被追究

---

① 参见林钰雄《新刑法总则》，中国人民大学出版社 2009 年版，第 133—134 页。
② 参见［德］克劳斯·罗克辛《德国刑法学总论》（第 1 卷），王世洲译，法律出版社 2005 年版，第 263 页。
③ 参见［日］曾根威彦《刑法的重要问题（总论）》（第 2 版），成文堂 2005 年版，第 143 页。

刑事责任,被害人同意的伤害行为只是在某些例外的场合不违法。论者推理的前提就不可靠,结论自然难以成立。在过失犯的领域,这一问题依然存在。

五 评价同意他人造成危险行为的法理缺位

构成要件的效力范围理论同样无法为同意他人造成危险行为提供根据,因为它并未给出具体的判断标准。为此,解决问题的希望被寄托在自我答责(Eigenverantwortliche)理论身上。根据该说,所谓自我答责,是指被害人以一个自己负责的方式,自己危及了自己。若要排除被告人的责任,必须具备两个条件:其一,他们在风险创设中决定性地共同发挥作用(加功);其二,被害人在此过程中自我答责地行为(自我答责性)。除非被告人的参加方式是不受禁止的,否则不能阻却归责。于是,在第一种类型的案件中,被害人是自我地、决定性地创设了风险,而被告人仅仅是一种参加;在第二种类型的案件中,被告人具有犯罪行为支配,被害人只是教唆者或帮助者。[1] 这一学说看似精致,实则存在两大缺憾:一方面,加功要件和自我答责性要件的判定不能直接从其体系内部找到答案,必须寻求客观归责论和共犯论的援助。这与论者所宣称的"该结论只要根据共犯的一般原理就可以直接得出……没有必要发展出一个特殊的客观归责理论"[2] 明显矛盾,因为既然涉及归责,就无法脱离客观归责体系。[3] 另一方面,由于理论定位的不清和归责基准的缺位,不同学者对同样的案件可能得出相反的结论。例如,被害人自愿站在木墙前让被告人练习飞刀,使投到墙上的刀在自己身边形成一个圈,假如被告人投出的一把飞刀不慎插入被害人的心脏,致其死亡的(案例5),有的学者或许认为,这属于自我危险的情况,被害人自己创设并接受了这一风险,被告人不能因为参加其中而担保风险不会实现;有的学者或许主张,这属于同意他人造成危险的情况,被害人此时失去了掌控风险的能力,被告人支配了风险实现的全过程。

---

[1] 参见[德]乌尔斯·金德霍伊泽尔《刑法总论教科书》(第六版),蔡桂生译,北京大学出版社2015年版,第102—107、131页。

[2] [德]乌尔斯·金德霍伊泽尔:《论所谓"不被容许的"风险》,陈璇译,陈兴良主编《刑法法评论》(第34卷),北京大学出版社2014年版,第235页。

[3] 参见[德]Harro Otto《自我答责的自损和自己危险化以及基于合意的他害和他人危险化》(二),加藤摩耶、甲斐克则译,《冈山商科大学法学论丛》2006年第14号,第128—130页。

六 危险分配理论不应被置于归责体系内

一般认为,该理论与被允许的危险的法理、信赖原则之间存在紧密联系。危险分配是指,为了回避危险,在加害人和被害人之间分配负担危险的注意义务,从而认定加害人的过失。[1] 所以,在思想上,被允许的危险的法理在信赖其他人的适当行动而实施危险被允许这点上,与信赖原则是一脉相通的;在内容上,危险分配理论在信赖其他人的前提下行动而被减轻负担这点上,与信赖原则又是一致的。[2] 所以,危险分配理论并不天生就来自客观归责体系。它仅为信赖原则奠定了思维基础,而未提供适用条件。论者指出:"行为构成的保护目的,也不再包括那种处于他人责任范围之内加以防止的结果。"[3] 换言之,明确罪刑规范保护目的的内容是危险分配的当然前提。可是,危险分配等理论本来就是为了解决物质文明高速发展时代中现代型犯罪的可罚性评价问题。这些现代型犯罪都是行政犯,它们就是危险分配等理论的主要研究对象。那么,不明确行政法中注意规范的保护目的,就不可能明确行政犯构成要件的保护目的;但认定注意规范的保护目的,本身又存在方法论上的种种质疑。因此,以构成要件的保护范围为标准不可能科学确定各自的责任范围。

第三节 客观归责论与传统过失论的比较

在上一节对客观归责论进行的微观探讨的基础上,本节将对该说与传统过失论之间的关系从宏观上予以分析,以确定前者是否构成对后者的全面超越。

一 客观归责论与传统过失论的联系

鉴于旧过失论以结果预见义务为中心,致使过失犯的处罚范围失之过宽,修正的旧过失论在维持过失属于责任要素的同时,更为重视过失犯实行行为的限定。该说主张,过失行为不仅仅是对结果存在因果关系的行为,

---

[1] [日]大谷实:《刑法讲义总论》(新版第4版),成文堂2012年版,第192页。
[2] 参见马克昌《比较刑法原理——外国刑法学总论》,武汉大学出版社2002年版,第262页。
[3] [德]克劳斯·罗克辛:《德国刑法学总论》(第1卷),王世洲译,法律出版社2005年版,第271页。

而是具有结果发生的"实质的不允许的危险"的行为,在作为危险现实化的结果发生时被处罚。进而,这种过失行为具有的危险性,即为结果的客观预见可能性,在此体现了对旧过失论的修正,① 即实质的危险实为(客观的)预见可能性,不过是判断责任要素中本人主观预见可能性有无的一个步骤。② 可见,它尽管将实质上具有不允许危险的行为作为过失行为,但其认定可以采用客观归责论的框架。③ 这表现在:(1) 修正的旧过失论强调实行行为的判断及其对责任过失的限制作用,显然带有从结果无价值论转向行为无价值论的趋势,在兼顾行为不法和结果不法这点上,与客观归责论是一样的。(2) 修正的旧过失论以作为实行行为要素的客观预见可能性为特色,意味着构成要件过失的判断先于主观过失的判断,在思维形式和评价位阶这点上,符合客观归责论的见解。(3) 修正的旧过失论从实质侧面对实行行为进行的界定,属于对行为创设不允许的风险的事前判断,在体系结构和归责基准这点上,部分吸收了客观归责论。

新过失论也是出于反思旧过失论而提出的,并在过失的体系定位和认定标准方面进行了更加彻底的改造。该说主张,把过失概念的中心从结果预见义务变为结果回避义务。把结果回避义务设定成一定的客观行为基准,构成客观的注意义务。这种客观的注意义务,就是作为违法要素的过失。它之所以能在实务中得到广泛应用,主要原因有两点:一方面,将过

---

① 参见[日]平野龙一《刑法总论 I》,有斐阁 1972 年版,第 193—194 页。
② [日]平野龙一:《关于过失的两、三个问题》,西山富夫、井上祐司编集《刑事法学的诸相:井上正治博士还历祝贺》(上),有斐阁 1981 年版,第 300 页。
③ [日]山中敬一:《刑法总论》(第 2 版),成文堂 2008 年版,第 376 页。可见,在对待客观归责论的态度上,日本刑法学界大体分为了两派:一派主张从形式上和实质上承认客观归责论的优越性,不仅沿用其名称和体系,而且采用其方法论。而另一派主张仅从实质上承认客观归责论的优越性,没有沿用其名称或体系(或对传统体系进行部分改造),但也采用其方法论。究其原因,这源于对相当因果关系说的危机的深刻反思。笔者认为,传统的相当因果关系说与客观归责论存在天然的联系。例如,它们都是为了限定客观不法的处罚范围,均属于归责理论,部分内容存在重合等。然而,客观归责论与修正的相当因果关系说毕竟存在较大的区别。例如,二者归责基准不同,类型化程度不同,适用范围不同等。或许正因为如此,在日本,以相当因果关系说的修正形式部分吸收客观归责论,占据了支配地位([日]吉田敏雄:《因果关系与客观的归属》(下),《北海学园大学学园论集》2010 年第 146 号,第 196 页)。总之,日本刑法因果关系论发展动向的启示在于:一是相当因果关系说和客观归责论不是对立关系,究竟是前者融入后者,还是后者融入前者,尚需深入探讨。二是鉴于两种理论在方法论上的相似性,可以考虑维持广义的相当性和狭义的相当性这种二阶段的判断框架。三是根据新判例引发的问题意识,今后在对相当性侧面的重视程度上可能产生差异,介入因素的考察只有在与实行行为的判断相联系的场合,才有意义。

失客观化之后，把怠于采取一定的回避措施理解为不作为犯，并通过"客观行为基准"的类型化，明示具体的处罚范围；另一方面，重视医疗、机动车驾驶等行为的社会有用性，通过设定宽松的结果回避义务，限定过失的处罚范围。这在被允许的危险的理论和信赖原则的适用过程中，得到了充分体现。① 相比修正的旧过失论，它更为接近客观归责论。有论者认为，虽然新过失论在德国已是通说，但在这里如何定位义务违反与结果之间关系的问题？一般来说，将其分为行为无价值的问题和结果无价值的问题：前者讨论注意义务违反，后者要求"不注意的行为必须引起构成要件的结果"——这不是因果关系问题，而是归责问题。② 以上论述表明，在新过失论构建的客观过失和主观过失这一双重过失结构中，客观归责论能被用于客观过失的认定，即客观注意义务违反性的判断。因为，新过失论所设置的行为基准的内容，实际上是通过对行政法规的形式考察来确定，这大致对应于客观归责论中的风险创造关联。但是，仅此还不足以认定过失犯的客观不法。所以，在这一开放的构成要件中，它就通过提出客观过失的概念和设定标准行为的类型，为容纳客观归责论进一步完成风险实现关联判断提供了更加便利的条件。就此而言，客观归责论并未完全解构新过失论体系，只是用风险实现关联涵盖了构成要件结果、因果关系、正当化事由等内容，并将其精练为一个归责标准。应当认为，它是对新过失论的继承和发展。

我国刑法理论通说既未采取修正的旧过失论，也未采取新过失论，但是，与客观归责论所倡导的对过失犯进行阶层化、客观化和规范化的认定方法存在相通之处。传统观点指出，应当区分过失犯罪和犯罪过失两个概念：前者是主观与客观的统一、形式与实质的统一；后者是事实评价与规范评价的统一、抽象判断与个别判断的统一。③ 我国刑法过失论的特征表明，行为人主观上仅有过失罪过，客观上不存在过失危害行为或结果的，不可能成立过失犯罪；行为人实施的过失危害行为没有达到严重程度，发生的危害结果处于直接客体之外，或者介入因素明显开创了新的因果流程的，不符合过失犯罪客观方面要件；行为人的过失行为与其他因素一起共同造成了危害结果的，宜根据因果关系理论，从事实层面和法律层面进行分析，具体比较行为人行为与介入行为对结果的作用力大小。因此，只要

---

① 参见［日］前田雅英《刑法总论讲义》（第 4 版），东京大学出版会 2006 年版，第 265—269 页。
② ［日］山中敬一：《刑法中的因果关系与归属》，成文堂 1984 年版，第 292 页。
③ 参见马克昌主编《犯罪通论》（第 3 版），武汉大学出版社 1999 年版，第 349—360 页。

正确认识我国现行犯罪构成体系的内部结构和排列顺序，就会发现它其实是立体的，① 过失犯罪构成也不例外；只要严格遵循刑法客观主义的立场和人权保障的功能，就不会仅因行为人主观的预见可能性或回避可能性去处罚，从而导致刑法的干涉性；只要科学把握过失犯的本质和处罚的刑事政策根据，就要在认定过失行为事实和心理事实的同时，从实质的角度展开符合刑法目的的规范解释。

二　客观归责论与传统过失论的区别

这两套话语体系的问题意识和方法意识大致相同，但若结合各自的具体内容进行细致分析，二者之间又存在一些明显区别。

其一，在预设机能上，前者出于辅助性法益保护的需要以及积极的一般预防的追求而产生。② 与此同时，以"刑法上过失犯的传统概念，是否仍适于解决当今工业社会中绝对是超越国界之刑事政策难题"的反思为前提，呼吁"由于传统过失概念经由可容许风险学说而现代化的结果，导致了显著的刑罚限缩，这种刑事政策的后果是值得注意的"。③ 尽管传统过失论同样承载着合理划定过失犯处罚边界的期望，但尚未适应现代风险社会的背景，以实现积极的一般预防为目标，对过失犯体系进行更加精细的调试。由此造成它在应对现代型犯罪时，无法归纳出统一的归责基准，所以，许多传统过失论者纷纷转向客观归责论。④ 因此，过失论的刑事政策目标以及刑法任务是否适应现代社会做出调整，以起到防范过失犯罪风险的功效，就成为区分二者的关键。

其二，在理论根据上，前者肯定"行为构成的满足毫无例外地应当以一种行为的无价值以及一种结果的无价值为条件……不法总是存在于两

---

① 参见高铭暄《对主张以三阶层犯罪成立体系取代我国通行犯罪构成理论者的回应》，赵秉志主编《刑法论丛》（第19卷），法律出版社2009年版，第7—8页。

② 参见［德］克劳斯·罗克辛《刑事政策与刑法体系》（第二版），蔡桂生译，中国人民大学出版社2011年版，第70—72页；周伟明《雅各布斯的客观归责理论研究》，《环球法律评论》2015年第1期，第75—76页。

③ ［德］Bernd Schünemann：《过失犯在现代工业社会的捉襟见肘——资产清算》，单丽玟译，载许玉秀、陈志辉合编《不移不惑献身法与正义——许迺曼教授刑事法论文选辑贺 许迺曼教授六秩寿辰》，新学林出版有限公司2006年版，第514、519页。

④ 参见［日］前田雅英《刑法总论讲义》（第4版），东京大学出版会2006年版，第177、278—281页；［日］本间一也《过失犯中结果的客观归属》（二），《北大法学论集》1990年第41卷1号，第52页以下；林钰雄《新刑法总则》，中国人民大学出版社2009年版，第378—388页；张明楷《也谈客观归责理论——兼与周光权、刘艳红教授商榷》，《中外法学》2013年第2期，第318—324页。

者的一种联系之中"，① 而后者或基于结果无价值论（修正的旧过失论），②或基于行为无价值论（新过失论），③ 或仍处于这两种理论的争鸣中（我国刑法过失论）。其中，一种观点认为，违法性的本质在于行为无价值，过失既是违法要素，又是责任要素。所以，对于过失犯，假如能在违法性阶段排除其可罚性，就无需再进行有责性的判断。④ 另一种观点则认为，违法性的本质在于结果无价值，过失不是违法要素，仅是责任要素。而且，将过失作为违法要素，基本上导致违法性的判断成为可罚性的判断，进而又失去了区分不法与罪责所产生的好处。⑤ 于是，有关过失犯不法根据的分歧，直接决定了客观归责论与传统过失论在体系上和结论上的差异。

其三，在体系构建上，前者以归责关联（Zurechnungszusammenhang）为中心确定过失犯的成立条件，而后者以违法性关联（Rechtswidrigkeitszusammenhang）为中心确定过失犯的成立条件。那么，作为客观归责论两大归责支柱的风险创造关联就用于过失行为不法的认定，风险实现关联就用于过失结果不法的认定，二者分别是行为无价值和结果无价值的体现。但是，修正的旧过失论将过失行为危险的现实化作为违法判断的基准，结果回避可能性、信赖原则、被允许的危险等范畴不过是衡量行为实质危险性的工具，除此以外的其他问题被归入违法阻却事由、有责性、共同犯罪等领域解决。然而，客观归责论对此是通过自身归责体系一并处理的。同样，这一区别也反映在新过失论中。该说围绕客观的结果回避义务来考察客观注意义务，因为结果预见义务是结果回避义务的前提，也是注意义务的组成部分，所以客观的预见义务违反关联就成为过失犯的构成要件之一。只要能够判定行为人对构成要件结果具有客观的预见可能性和回避可能性，且不存在违法阻却事由，就可以认为其违反了客观的注意义务，具备违法性。对此，我国学者正确地指出："在构成要件阶段考虑客观归责，明显吸纳了新过失论的所有内容。"⑥ 换言之，客观注意义务违反性的判断，实质上被分解到风险创造关联（如客观预见可能性）和风险实现关联（如信赖原则）两个阶段去完成，并运用构成要件的效力范围

---

① ［德］克劳斯·罗克辛：《德国刑法学总论》（第1卷），王世洲译，法律出版社2005年版，第210页。
② 参见［日］内藤谦《刑法讲义总论（下）》（Ⅰ），有斐阁1991年版，第1110页。
③ 参见［日］藤木英雄《刑法讲义总论》，弘文堂1975年版，第233页以下。
④ 参见周光权《行为无价值论的法益观》，《中外法学》2011年第5期，第947页。
⑤ 参见张明楷《结果无价值论的法益观——与周光权教授商榷》，《中外法学》2012年第1期，第30—31页。
⑥ 周光权：《客观归责与过失犯论》，《政治与法律》2014年第5期，第22页。

（如危险接受）来限定。反观我国，由于没有采取德、日阶层式的犯罪论体系，所以通说的犯罪构成体系并不完全契合客观归责论，过失犯构造也与其存在天然差别。①

其四，在适用结果上，对于同一案件，前者肯定可归责性的，后者也许否定违法性，反之亦然。换言之，二者的结论并不完全一致。特别是在处理合义务替代行为（如前文案例4）、被害人自陷风险案件（如前文案例5）或过失竞合情形（如前文案例3）时，表现得尤为明显。这似乎从另一个角度证明，客观归责论与传统过失论就是两种不同的刑法解释论。

三 中间结论

综上所述，可以得出几点结论。

第一，以二元的行为无价值论为根据，合乎逻辑地展开对客观归责论的批判、对其方法论的借鉴以及对传统过失论的分析。结果无价值论和行为无价值论之间的争议几乎遍及刑法学的所有重要领域，甚至引发哲学层面的行为功利主义和规则功利主义之间的对立。②但是，二元的行为无价

---

① 当然，这并不是说我国犯罪构成体系不需要完善。笔者意在强调二者不是同一层面的问题，所以，希望通过全面引入客观归责论来倒推我国犯罪构成体系变革的建言，没有抓住问题的本质。

② 早在十余年前，我国就有学者分别从行为功利主义和规则功利主义的角度，阐述其对应的罪刑均衡观［参见陈兴良《刑法哲学》（修订二版），中国政法大学出版社2000年版，第639—641页］。经过一段时间的沉寂后，近年来，刑法学界借助结果无价值论和行为无价值之争的平台，又掀起一场"行为功利主义违法观"和"规则功利主义违法观"的论战。前者主张，结果无价值论直接进行法益衡量，属于行为功利主义。倘若将规则功利主义运用到违法性认定过程中，将不利于保护法益，因为只要行为违反了需要遵守的一般规则，即使没有造成法益侵害结果，也具有违法性（参见张明楷《行为功利主义违法观》，《中国法学》2011年第5期，第113—120页）。后者则指出，尽管二元的行为无价值论以规则功利主义刑法观为根据，但未必不符合二元的刑法目的，对一般行为规则的重视并非只是为了维护规则的有效性，最终也是为了保护制度性利益（参见周详《规则功利主义违法观之提倡》，《清华法学》2013年第1期，第35—42页）。既然德国学者已经宣称，客观归责论是以新康德主义和新黑格尔主义作为哲学基础，那么，立足于不同功利主义学派的立场，重新审视其对不法认定的作用，无疑将进一步推进客观归责论的发展。在此，需要直面以下三个问题：其一，行为功利主义和规则功利主义的异同何在？其二，"行为功利主义＝结果无价值论""规则功利主义＝二元的行为无价值论"的等式能否成立？其三，客观归责论的哲学基础只考虑功利主义是否妥当？首先，行为功利主义认为，评价行为的唯一标准是其产生的整体效果，因为道德上正确的行为是可以带来最大幸福的行为，只需根据行为结果来进行道德判断。而规则功利主义认为，评价行为的主要标准是其遵循规则所产生的益处，因为道德上正确的行为

值论更有助于考虑刑事政策的预防目的，更加契合我国刑法的实行行为论，更能充分地评价危险犯的犯罪构成。

第二，客观归责方法论的合理性主要表现在：旨在将不重要的因果关系从构成要件的范围内剔除出去，使犯罪成立的判断起点和评价重心被确立在客观方面；重视规范判断的运用，充分发挥限制客观不法成立范围的机能；归纳出较为清晰的判断标准，显示出归责评价上的层次性；符合目的理性的犯罪论体系，加强了刑事政策学与刑法学的融合。

第三，客观归责方法论受到了行为无价值论者和结果无价值论者的普

（接上页）应是遵守道德准则的行为，而遵守道德准则通常能够带来效益最大化。可见，两种学说同属后果论，都关注结果的好坏，均追求功利价值，但与此同时，又强调要对行为进行道德判断。不过，二者的区别甚为明显：(1) 前者注重效用原则的特殊性，仅从行为时的具体情境出发去进行判断；后者提倡效用原则的普遍性，会从行为动机和行为效果两方面同时予以考察。(2) 前者可以略过道德准则直接判断行为的功利性，后者只能在遵守道德准则的同时判断行为的功利性。(3) 前者没有把道德准则上升为行为规范，后者却把共通的道德准则上升为普遍的行为规范。(4) 前者的目的是追求行为时的具体效果，后者的目的是追求合乎规则的同类行为的累积效果。其次，结果无价值论并非完全不顾行为正当性，而是意指其与法益侵害结果的关联性；行为无价值也没有绝对无视结果正当性，而仅仅是为了突出行为内在属性的独立价值。因此，违法性本质层面的学说之争仍然没有摆脱哲学层面的后果论之争，不应强行将结果无价值论、二元的行为无价值论分别与行为功利主义、规则功利主义相互"挂钩"。实际上，这种理论误读主要源自研究视角的偏差。与其将功利主义哲学引入违法性认定中，不如将其用于指导预防目的的判断。只有特殊预防目的，才契合行为功利主义对具体犯罪人不再犯罪的预期；也只有一般预防目的，才满足规则功利主义对潜在犯罪人不敢或不愿犯罪的设想（参见周啸天《行为、结果无价值理论哲学根基正本清源》，《政治与法律》2015年第1期，第34—35页）。最后，在违法性本质层面，客观归责论以二元的行为无价值论为基础；进一步而言，在哲学层面，它其实是以规则功利主义并兼采行为功利主义为基础。诚然，两种功利主义伦理观各有长短：行为功利主义的优点是能为行为及其规则提供最终的解释，缺点是违反人们的道德直觉；而规则功利主义虽然符合人们的道德直觉，却不能对行为及其规则提供最终的解释。所以，哲学界才出现"双层功利主义"的呼声（参见姚大志《当代功利主义哲学》，《世界哲学》2012年第2期，第57—60页）。然而，刑法的目的既是为了保护法益，也是为了保障人权。无论是刑法的制定还是刑法的适用，都必须进行法益衡量。缺少明确的罪刑规范，行为人实施的行为（包括污染环境行为）不仅不可能具有违法性（不满足不法构成要件的类型化基准），也不可能构成犯罪（否定不法且有责意义上的犯罪）。刑法的明确性是相对的，刑法适用的价值判断也是相对的。换言之，如果不分清规则种类和利益属性，就无法得出令人信服的结论。所以，第一步，要对有关罪刑规范进行铺陈、比较、取舍；第二步，比较即时利益和长远利益、个人法益和集体法益孰轻孰重；第三步，判定行为是否具备刑事不法性，直至能否成立犯罪。在此过程中，应当恪守罪刑法定原则，确保形式判断、事实判断、客观判断优先。这意味着，维护罪刑规范的效力本身是具有实现刑法功能实效的，除非出现疑难案件或难办案件，那时才需要法官搜寻显性规则之外的隐形规则（如公共政策、道德原则、法治精神等），对抽象正义进行矫正，以充分实现个案正义。

遍青睐，区别在于，前者既会采纳其体系框架，也会接受其方法原理；①而后者不大可能完全移植其整体架构，但也可能承认其方法论的意义。诚然，结果无价值论者支持客观归责论面临着巨大的理论挑战，只能在维持传统体系的同时，对某些问题作出更加透彻的说明。②

第四，客观归责论保留了传统过失论的主要概念，同样承认双重过失对过失犯认定的意义，由此形成了通行的二阶层过失考察模式。所以，"客观归责理论并没有提出陌生的标准，而是以无论如何能在构成要件层面加以解释的标准作为出发点，并且表示出能够在行为规范与结果发生之间制造出符合一般预防目的的关系"。③

第五，在现代工业社会，上述各说的相互渗透对实现过失犯的刑事政策产生了积极作用。因此，立足于客观归责论与传统过失论具有联系的一面，我国应根据刑事立法和司法实践，制定科学的过失犯刑事政策，在此基础上，再对现有理论予以完善。

第六，不过，客观归责论与传统过失论存在区别也是不争的事实。这既有利于客观评价各种学说的利弊得失，也有利于正确决定我国刑法过失论的未来走向。当然，以上区别只存在于各自的刑法理论语境中，不应按照我国刑法理论的通说解读客观归责论，也不能套用德国刑法理论的观点诠释我国刑法过失论，否则，必将导致立场混乱和评价失当。

总而言之，客观归责论与传统过失论的联系为相互借鉴创造了机会，二者的区别又为各自完善提供了参照。可见，客观归责论并不是绝对真理，传统过失论也不是一无是处。只有经过全面比较，才能发现过失论的真谛。

---

① 参见周光权《行为无价值论与客观归责理论》，《清华法学》2015 年第 1 期，第 135—144 页。不过，山中敬一教授的观点比较独特。一方面，他反对结果无价值论、行为无价值一元论和行为无价值二元论，倡导危险无价值论；另一方面，他又赞同客观归责论，根据危险无价值论，构建了复杂的客观归责体系（参见［日］山中敬一《刑法总论》（第 2 版），成文堂 2008 年版，第 279—295、411—416 页）。然而，该论者不仅将危险无价值的概念分为危险行为无价值和危险结果无价值，而且把危险判断和规范判断作为危险创造关联和危险实现关联的构成要素，明显带有行为无价值二元论的痕迹。因此，这种观点在方法论、规范论和类型论方面受到了猛烈的批判（参见［日］青木孝之《客观归属论的批判性考察》，《琉大法学》2005 年第 74 号，第 82—91 页）。可见，如果不采取行为无价值二元论，就不可能彻底地支持客观归责论。

② 参见［日］前田雅英《刑法总论讲义》（第 4 版），东京大学出版会 2006 年版，第 177—194 页。我国的结果无价值论者也做出了相似的处理。

③ ［德］Bernd Schünemann：《关于客观归责》，陈志辉译，载许玉秀、陈志辉合编《不移不惑献身法与正义——许迺曼教授刑事法论文选辑 贺 许迺曼教授六秩寿辰》，新学林出版有限公司 2006 年版，第 558 页。

第四节 以新过失论为基础完善我国刑法过失论的构想

基于以上分析，笔者认为，应从四个方面完善我国刑法过失论。

一 制定科学的过失犯刑事政策

众所周知，科技进步和生产力的发展在大大提高人们生活水平的同时，也使整个社会充斥着各种风险——交通事故、环境污染、食品安全、金融欺诈、有组织犯罪等，这些都有可能严重侵害个人法益、社会法益乃至国家法益。一般认为，为全面应对风险、充分保护法益，危险社会中的刑法具有处罚的早期化、处罚的严厉化、处罚的扩大化的特征，其机能也从事后处理向事前预防转移。[①] 这意味着，刑法模式应当从传统的核心刑法转换为危险减少刑法，一般预防的目标设定要扩张至社会中所有的重要领域。于是，积极的一般预防论在今天的德国刑法学界占据了优势地位，[②] 并随着消极的一般预防论和特别预防论的衰退，逐渐成为欧洲主流的刑罚目的论之一。[③]

在此过程中，大陆法系国家刑法学界提出了预防刑法的理念，即预防刑法与传统的、以对不法和责任的报应为目的的刑法不同，首先应当具有以效果为志向的刑法的特征。以预防为志向的刑法被归纳为，根据刑罚威吓、刑罚宣判和行刑被期待的或者对人的犯罪决定自由产生影响的外部效果。[④] 其中，积极的一般预防得到高度重视。所以，刑罚的任务就被放在"规范妥当的确证"（Bestätigung der Normgeltung）或作为"规范妥当承认"（Anerkennung von Normgeltung）的"规范信赖的训练"（Einübung

---

[①] 参见［德］乌尔里希·齐白《全球风险社会与信息社会中的刑法：二十一世纪刑法模式的转换》，周遵友、江溯等译，中国法制出版社2012年版，第162页以下；［日］高桥则夫《刑法保护的早期化与刑法的界限》，《法律时报》2003年第2号，第15—18页。

[②] 参见［德］Claus Roxin《第二次世界大战后德国的刑事政策与刑法学的发展》，川口浩一、葛原力三译，《关西大学法学论集》2000年第50卷1号，第174—175页。

[③] 参见［日］松宫孝明《从现代刑罚论看犯罪论——代问题的提起》，《刑法杂志》2007年第46卷2号，第222—223页。

[④] 参见［德］Winfried Hassemer《现代刑法体系的基础理论》，堀内捷三编译，成文堂1991年版，第23—29页。

des Normvertrauens）上。① 这对我国过失犯刑事政策的制定和实施具有重要的启示意义。

例如，我国近年来日益严重的环境污染和生态危机，促使最高立法机关和司法机关制定有效的环境犯罪刑事政策，保持对污染环境犯罪的高压态势。对此，环境犯罪刑事政策学就要研究适应我国社会发展阶段的环境伦理观，建立强调一般预防的环境刑法目的论，在对环境违法行为予以适度犯罪化的同时，创设更有利于环境保护的犯罪构成和制裁方式，并在司法实践中作出符合环境犯罪刑事政策功能的解释。② 这样，《刑法》第338条规定的污染环境罪的直接客体应从"国家环境保护制度"的表面阐释改为"人所享有的在和谐、舒适的生态环境中生存和发展的重要权利"的深层剖析。相应地，该罪客观方面认定的核心应是行为人是否切实履行了避免环境污染的义务。换言之，条文中"排放、倾倒或者处置有放射性的废物、含传染病病原体的废物、有毒物质或者其他有害物质"的规定不是对本罪行为方式的列举，而是对行为人违反法律义务表现形式的记述。作为行为人义务违反关联性的判断资料，还要根据所违反的"国家规定"，确定义务来源，判定其能否排他性的控制造成环境污染的原因。另外，考虑到污染环境案件发生机理的复杂性，当数个污染源竞合发生严重后果时，应当严格适用信赖原则，并积极运用推定方法，在行为人无法提供反证的情况下，肯定污染行为和污染后果之间的因果关系，促使其提高环保意识和履行社会责任。

因此，过失犯刑事政策不仅涉及过失犯的基本理论，而且影响过失犯的具体问题；既指导过失犯总论，也统领过失犯各论。

二　主要根据新过失论改造现有体系

如前所述，客观归责论在解释过失犯时存在许多不足（本章第二节），而且，由于它同传统过失论存在密切联系（本章第三节之一），所以，不能认为其彻底重构了过失不法。③ 虽然客观归责论也和传统过失论存在明显区别（本章第三节之二），但不足以证实其不可替代性。因为客观归责并不是一个制度的创新，而是一种思维方式的精细化，作为一种刑

---

① 参见［日］金尚均《危险社会与刑法——现代社会中刑法的机能与界限》，成文堂2001年版，第20—21页。
② 李冠煜：《环境犯罪刑事政策论纲》，赵秉志主编《刑法论丛》（第36卷），法律出版社2013年版，第574页。
③ 参见吕英杰《论客观归责与过失不法》，《中国法学》2012年第5期，第121—124页。

法释义学上的论证体系，它所具有的方法论价值对我国刑法学更加富有启示性和借鉴性。① 只要注重客观归责方法论，并充分挖掘直接客体、实行行为、因果关系等概念的解释力，即使不全盘照搬客观归责论，根据传统过失论也能合理追究犯罪人的刑事责任。

问题是，在修正的过失论和新过失论之间，应当借鉴哪一种理论？

我国有学者批判新过失论，支持修正的旧过失论。因为新过失论存在明显的缺陷：（1）被允许的危险的存在，并不意味着只能采取新过失论。（2）新过失论在其构造上，没有与具体的预见可能性相联系，容易转化为危惧感说。（3）新过失论设定的行为基准是不明确和缺乏现实意义的，所以，直接采取避免法益侵害结果的标准更为妥当。（4）新过失论援引行政法规上义务的结果，要么扩大处罚范围，要么使之不能处罚。（5）新过失论虽然强调过失犯的成立以违反行为基准为前提，却没有对故意犯提出相同的要求，于是出现了矛盾现象。（6）我国《刑法》的规定是将结果的预见可能性作为过失的核心内容的，并没有采取新过失论与超新过失论。②

但是，本书难以赞同这一观点，并尝试做出如下反驳：（1）即便承认修正的旧过失论以被允许的危险的理论为基础，也只能认为两种过失论在基本立场上较为接近，不能作为新过失论存在缺陷的理由。况且，也有意见指出，从结果无价值论、修正的旧过失论的立场，难以承认被允许的危险。③（2）尽管新过失论以结果回避义务为中心，但并非与具体的预见可能性无关，更不会转化为危惧感说。一方面，不可无前提地考察预见可能性，应以使负担一定的结果回避义务为前提，讨论需要何种程度的预见可能性。④ 因为预见可能性的高低预示着结果预见义务的大小，而结果预

---

① 吴玉梅：《德国刑法中的客观归责研究》，中国人民公安大学出版社2007年版，第256页。
② 参见张明楷《论被允许的危险的法理》，《中国社会科学》2012年第11期，第115—117页。
③ 参见［日］盐谷毅《关于信赖原则序论的考察》，齐藤丰治、日高义博、甲斐克则、大塚裕史编集《神山敏雄先生古稀祝贺论文集》（第1卷），成文堂2006年版，第90页。
④ ［日］井田良：《变革时代中的理论刑法学》，庆应义塾大学出版会2007年版，第154页。假如按照旧过失论，被告人当时很难预见到可能发生患者感染HIV的结果，所以即使其违法行为和侵害结果之间具有因果关系，也不能令其承担过失责任。但如果根据修正的旧过失论，即使被告人当时采取了社会生活上的适当态度，还无法预见到患者感染HIV的结果，那么应该通过否定客观预见可能性的存在，进而否定过失犯实行行为的存在，无须再进行下一阶段的考察。但是，这两种观点都没有深入结果回避义务的考察，一旦出现肯定结果预见可能性的情形，就可能导致相反的结论。

第三章 客观归责论再批判与我国刑法过失论的完善　81

见义务是结果回避义务的前提,所以,预见可能性的程度能够决定结果回避义务的轻重。只要根据业务性质、安全措施、认知能力等具体地考察结果回避义务关联性,就不会要求抽象的预见可能性。另一方面,肯定预见可能性的结果回避义务关联性并不意味着采取危惧感说。在"药害艾滋病帝京大学事件"中,被告人系帝京大学医学部附属医院第一内科科长,由于使用了外国进口的被 HIV 病毒污染的用于血友病止血治疗的非加热制剂,造成一名患者死亡,被以业务上过失致死罪起诉。东京地方裁判所认为,被告人在事件发生时难以在高概率上认识到因使用非加热剂而引起患者感染 HIV 的可能性,以此为前提,不能被评价为具有原则上不中止使用非加热剂的结果回避义务违反(案例 6)。[①] 可见,在行为时根据所要求的行动准则决定注意义务的内容这点上,符合新过失论的基本思想。[②] (3) 上述第(2)点已经表明,新过失论并未脱离具体的结果预见可能性,所以,它也一直在谋求行为基准的具体化。详言之,考虑有关具体情节后,通过适用我们的经验法则,明确结果回避义务的内容在某种程度上是可能的。但是,在具体的生活情境中,就反复、持续实施的行为,已经形成了一定的社会行动准则。为使结果回避义务的内容具体化,就要求综合考虑这些在具体社会生活场合实际发挥作用的行动准则。结果回避义务是指为了回避结果,处于行为人立场的一般人应当采取的实施社会生活上所要求遵守的行动基准或行动准则的态度的义务。[③] 因此,通过考察具体案情、运用经验法则和援引行政法规,能够实现行为基准的明确化、现实化和类型化。而且,所谓避免法益侵害结果的标准不过是结果回避义务的同语反复,容易与过失犯的不作为义务相混淆。(4) 援引行政法规以明确基准行为,并不必然导致不当处罚。首先,认为这会造成违反行政法规的结果加重犯的观点,错误地把行政法规作为结果回避义务认定的唯一依据,[④] 在没有将一般人置于行为人的立场上予以考察的情况下,就直接判定其有过失。其次,在完全由被害人过错导致死亡的场合,只要司机事后逃逸,就被认定为交通肇事罪的情形,实为把逃逸行为当作交通肇事

[①] 参见东京地判平成 13 年 3 月 28 日《判例时报》第 1763 号,第 17 页。
[②] [日] 井田良:《变革时代中的理论刑法学》,庆应义塾大学出版会 2007 年版,第 155 页。
[③] [日] 井田良:《讲义刑法学·总论》,有斐阁 2008 年版,第 211 页。
[④] 参见 [日] 西田典之《刑法总论》,弘文堂 2006 年版,第 242 页。

行为，从而使其承担了不存在的过失责任。① 然而，这属于类推解释的问题，同违反行政法规应否成为本罪犯罪客观方面要件之一，是两个不同的问题。最后，行为人最初没有发现某种添加剂的危害，且行政法规允许使用，后来认识到其造成伤亡后果，并继续生产、销售含有该添加剂的食品的，按照新过失论，的确不构成业务过失；而且按照限制责任说，也不具备生产、销售有毒、有害食品的故意；但是，"因为故意犯的成立，不仅要考虑事实性故意，还必须充分考虑行为人自身指向刑法规范的人格态度本身"②，所以，可以成立伤害故意。（5）新过失论以处罚偏离社会标准的过失行为为特色，不可能也没有必要对故意犯提出相同的要求。因为，故意犯的成立条件无疑属于故意论的研究课题，需要分别研究故意不法和故意责任。只要承认实行行为是具有"引起构成要件结果的客观危险性"③ 的行为，那么投放有毒垃圾的行为就具有了实行行为性，问题仅在于危险性的大小。例如，行为人故意放置的，可能比较讲究时间、地点、对象等客观环境；反之，行为人随意丢弃的，不会过多考虑以上时空条件。这就在客观上反映了行为危险性的差别。同时，只要认可"故意是对客观犯罪事实的认识……实行行为性的认识是必须的"，④ 那么行为基准就应被包含其中，如果行为人对此没有认识，可以阻却此罪的故意，但不一定排除彼罪的故意。（6）我国《刑法》中有关过失的规定不是以预见可能性为中心的，不能采取修正的旧过失论。《刑法》第15条的规定表明，过失犯罪以危害结果的发生为成立条件，所以，国家对犯罪过失的可谴责性主要在于行为人对危害结果的心态。过失犯在性质上就是以构成要件实现的可以避免性为前提条件：过失行为人受罚，是因为他未避免被反对的结果，虽然他在客观上有此义务和在主观上有此能力。⑤ 此外，

---

① 我国《道路交通安全法实施条例》第92条规定："发生交通事故后当事人逃逸的，逃逸的当事人承担全部责任。但是，有证据证明对方当事人也有过错的，可以减轻责任。当事人故意破坏、伪造现场、毁灭证据的，承担全部责任。"实际上，司法机关在处理本案时进行了两次推定：第一次是根据上述规定，将行为人的逃逸行为推定为应承担全部责任的行政违法行为。第二次是根据《刑法》第133条之规定，在没有补充其他案件事实的情况下，将这一行政违法行为推定为刑事违法行为，因而作出了不利于被告人的类推解释。本案的争议焦点应是第二次推定中的法理依据（行政推定和刑事推定的关系，以及刑事推定和类推解释的界限），而非第一次推定中的行政义务违反性。
② ［日］大塚仁：《犯罪论的基本问题》，冯军译，中国政法大学出版社1993年版，第224页。
③ ［日］山口厚：《刑法总论》（第3版），有斐阁2016年版，第51页。
④ ［日］木村光江：《刑法》（第3版），东京大学出版会2010年版，第79页。
⑤ ［德］约翰内斯·韦塞尔斯：《德国刑法总论》，李昌珂译，法律出版社2008年版，第402页。

《刑法》第 16 条"由于……不能预见的原因所引起的，不是犯罪"的规定，要求过失的成立存在具体的预见可能性，与新过失论的主张一致；其中"由于不能抗拒的原因所引起的，不是犯罪"的规定，也要求过失的成立具备相应的结果回避义务，同新过失论的精神相符。

因此，新过失论才是我国当前的理想选择。我国刑法过失论要借鉴新过失论，在犯罪客观方面强化对实行行为、构成要件结果及其因果关系的规范评价，以确定结果回避义务；在犯罪主观方面，注重对个人预见能力的规范评价，以确定结果预见义务。其中，过失犯结果回避义务违反性的认定是重点，鉴于客观归责方法论的合理性，宜分为事前判断和事后判断两步：前者的对象是行为规范，后者的对象是制裁规范；前者属于过失"行为、实行"的问题，后者属于过失犯"归属"的问题；前者的基础是外界将来假定的状态；后者的基础是外界现实（存在于现在及过去）的状态。① 在此过程中，即使行为人具有结果回避可能性，但也可能由于正当防卫、紧急避险、信赖原则等事由而否定结果回避义务。

需要补充的是，为了应对疑难的监督、管理过失案件，我国未来应当构建新的单位犯罪处罚原理，根据企业实态择一适用新过失论或新新过失论。② 这时，解释者要抓住案件的核心事实，提炼因果关系的基本部分，对结果回避义务予以类型化，修正、限制和完善危惧感说，发挥刑法规范积极的一般预防作用。③

三 对普通过失案件进行妥当解释

在普通过失的领域，解释者要准确把握案件的焦点问题，确定适当的评价方法。

例如，2005 年 6 月 25 日上午 11 时许，被告人田某为使其妻康某逃避结扎手术，对计生工作人员谎称康某要到指导站住院部三楼厕所洗澡。在厕所里，田某先用手掰开木窗户，然后用事先准备好的尼龙绳系在康某胸前，企图用绳子将其从厕所窗户吊下去逃跑，但由于绳子在中途断裂，致使康某从三楼摔下当场死亡。一审法院认为，被告人田某犯过失致人死亡

---

① 参见［日］高桥则夫《过失犯的"行为、实行、归属"》，曾根威彦、野村稔、石川正兴、田口守一、高桥则夫编集《交通刑事法的现代课题——冈野光雄先生古稀纪念》，成文堂 2007 年版，第 33 页以下。
② 参见［德］Claus Tiedemann《德国及欧共体中的经济犯罪与经济刑法》，西原春夫、宫泽浩一监译，成文堂 1990 年版，第 93—100 页。
③ 参见［日］井田良《讲义刑法学·总论》，有斐阁 2008 年版，第 206—209 页。

罪，判处有期徒刑 3 年，缓刑 3 年（案例 7）。①

对此，有论者认为，本案是一个典型的被害人危险接受的案例，被害人康某的行为完全符合被害人自我答责的客观条件和主观条件，因此，被告人田某应当无罪。② 这是从客观归责论的角度进行的解释，然而，本章第二节的研究显示，自我答责理论的演绎并不令人满意，所以，在"客观归责先于主观归责"的方法论指引下，对本案宜进行综合性的规范判断。（1）由于此类案件必须对被告人行为和被害人行为进行比较，所以实为一个价值评价或利益衡量的问题。（2）为了不使判断流于恣意，评价标准应是被告人行为或被害人行为对死亡结果的原因力大小。（3）在此过程中，必须公正评价犯罪支配理论。它符合我国重视共犯中核心角色的理论传统，但不适应严格解释刑法的司法趋向。犯罪支配是一个开放的概念，从中只会产生认定正犯的弹性规则。这不仅有悖于我国关于共犯的立法目的，而且不利于共犯种类的科学划分及其刑事责任的合理承担。我国共犯论中的核心人物是主犯，正犯的认定只是追究主犯刑事责任的中间阶段，为此，需要正确认定正犯的实行行为。犯罪支配理论的一大问题在于，以实行行为设定功能性概念的范围，又以功能性概念理解实行行为，彼此陷在相互定义的循环困境之中。③ 可见，对正犯行为的判断只能从该说之外去进行。结合我国刑法实行行为的判断方法，全面考察双方地位、参与程度和意志表现等，若能确定被告人起主导作用的，则可将结果从客观上归属于他；反之，则应由被害人自食其果。因此，根据我国通行的共犯论，并重视被害人行为的性质及其程度，完全可以妥善处理此类案件。

据此，一审法院对本案的判决难言妥当，被告人田某既未在客观上主导死亡结果的发生，不存在结果回避义务，也没能在主观上预见危害后果，不具有结果预见义务。④

---

① 参见湖南省麻阳苗族自治县人民法院（2005）麻刑初字第 111 号刑事判决书。
② 参见江溯《日本刑法上的被害人危险接受理论及其借鉴》，《甘肃政法学院学报》2012 年第 6 期，第 89 页。
③ 参见许玉秀《当代刑法思潮》，中国民主法制出版社 2005 年版，第 581 页。
④ 假如按照旧过失论，田某当时可以预见到死亡结果的发生（至于其能否认识到结果不可避免，则在所不问），而其行为和死亡结果之间也存在因果关系，应以过失致人死亡罪论处，但这一结论令人难以接受。但如果根据修正的旧过失论，田某只要采取了生活上必要的态度，就可以预见到死亡结果，具备了客观的预见可能性，且这种危险不是法律允许的危险，那么存在过失犯的实行行为。而且，同旧过失论一样，他也存在主观的预见可能性，具有责任过失。所以，省略对结果回避可能性的考察，也会得出有罪的结论。

四 对业务过失案件予以慎重认定

在业务过失的场合，解释者应着力明确注意规范的保护目的和可能出现的正当化事由，以在各业务主体之间适当分配风险。

例如，2013年1月9日上午9时30分许，刘某的妻子张某到淮南新康医院妇产科分娩，整个产程在被告人马某（院妇产科医生）的指导下，被告人费某（院妇产科护士）和另一医护人员杨某三人共同完成。由于费某无从事母婴保健技术的资质，马某工作严重不负责任，致使新生儿重度窒息，造成其脑颅损伤、脑瘫。经淮南市医学会《淮南医鉴（2013）01号》鉴定：本案例属于二级丁等医疗事故，院方负主要责任；经安徽省医学会《皖医鉴字（2013）15号》鉴定：该案例为二级乙等医疗事故，医方负主要责任。9月26日，经法院主持调解，双方达成协议，院方赔偿损失共计116万元，刘某夫妇对被告人表示谅解。一审法院认为，被告人马某、费某作为医护人员，在诊疗护理工作中严重违反法律、法规、规章和诊疗护理规范、常规，造成就诊人员身体健康受到严重损害，已构成医疗事故罪，免于刑事处罚（案例8）。[1]

对此，有论者认为，被告人马某、费某违反了母婴保健的谨慎规范，制造并实现了不法风险，所以，应把对新生儿造成的伤害结果从客观上归属于二人。而且，以上结果处于行为人负责的范围之内，被害人无法控制该专业领域的风险状况，不能分担医疗人员的责任。[2] 这既是一个业务过失问题，也是一个监督过失问题，所以，必须查明注意规范的保护目的和危险分配的适用边界。但既如前述，客观归责论在这两点上都捉襟见肘。实际上，对第一个问题难以提出一个统一的标准，只能通过刑法解释明确注意规范的内容，判断行为人是否违反了注意义务。首先，寻找注意规范的来源，运用文义解释和历史解释初步确定行为基准。其次，通过体系解释和比较解释，对以上结论进行验证。最后，采取限制解释、扩大解释、反对解释、补正解释等方法，最终阐明规范保护目的之内容。而第二个问题中的"危险分配"是一个宽泛的标识，可以容纳各种理论。第一步，在前述实行行为判断的基础上，确认行为人是否实施了法定的过失犯行为。第二步，通过明确注意规范的保护目的，并考察被告人的职业地位、

---

[1] 参见安徽省淮南市田家庵区人民法院（2015）田刑初字第00016号刑事判决书。
[2] 参见李川《从注意义务违反到客观归责：医疗过失犯之理论嬗变与归责限缩》，《法学论坛》2014年第5期，第150—153页。

行为样态、时空环境等因素，确定其能否支配或接管朝向危害结果的因果过程，及其各自行为的原因力大小。第三步，考虑被害人行为介入的独立性或附属性、通常性或异常性，并与行为人的行为进行比较，如存在正当化事由，则可排除对行为人的归责。

可见，一审法院对本案医疗规范保护目的的确定和排除被害人一方的归属参与是正确的，但对两被告人追究同样的责任，并不合适。马某在客观上控制着接产过程，负有较大的结果回避义务；费某在客观上处于被监督地位，只能承担较小的结果回避义务。法官应先经过这一过程的推理，再考察具体预见能力和其他量刑情节。①

本章小结

我国刑法学界在如何完善过失论的问题上，存在否定说、肯定说和折中说激烈争论。尽管折中说的观点基本合适，但在客观归责论的评判、该说与传统过失论的关系以及我国刑法过失论的完善措施等具体问题上还需详加探讨。

虽然客观归责论对过失论的发展做出了重要贡献，但其自身在方法论上也存在许多不足：（1）风险创造关联的判断不具有确定性；（2）没有明确注意规范保护目的的认定方法；（3）未能划定合义务替代行为的适用边界；（4）对自我危险案件进行推理的论据不足；（5）评价同意他人造成危险行为的法理缺位；（6）危险分配理论不应被置于归责体系内。

客观归责论与传统过失论在方法论上既有联系，又有区别。修正的旧过失论尽管将实质上具有不允许危险的行为作为过失行为，但其认定可以采用客观归责论的框架。而相比修正的旧过失论，新过失论更为接近客观归责论。我国刑法理论通说既未采取修正的旧过失论，也未采取新过失论，但是，与客观归责论所倡导的对过失犯进行阶层化、客观化和规范化

---

① 假如按照旧过失论，马某、费某应当预见到新生儿的伤害结果，主观上具有过失，且行为和结果在客观上存在因果关系，因此，应该追究其医疗事故罪的刑事责任。有疑问的是，如何区分二者的过失大小。根据该说，恐怕无法给出圆满的回答。相反，如果根据修正的旧过失论，在主观的预见可能性和客观的预见可能性的判断上，都会出现同样的问题。此时，不能简单地说，马某的预见可能性大，或者费某的行为属于法律可以容忍的危险，而应当以结果回避义务为中心，全面分析有关情节，确定行为人的参与程度和贡献大小，在二人之间合理地分配责任。

的认定方法存在相通之处。当然，它们在预设机能、理论根据、体系构建和适用结果上存在明显差异。因此，客观归责论并未构成对传统过失论的全面超越。批判客观归责论本身，并不等于完全否定客观归责方法论。我国刑法过失论不应存在路径依赖，在适当借鉴客观归责方法论的基础上，即使不全面引入客观归责论，也能合理追究过失犯的刑事责任。

我国学者对新过失论的批判不能成立，它比修正的旧过失论更为可取。我国刑法过失论要借鉴新过失论，在犯罪客观方面强化对实行行为、构成要件结果及其因果关系的规范评价，以确定结果回避义务；在犯罪主观方面，注重对个人预见能力的规范评价，以确定结果预见义务。其中，过失犯结果回避义务违反性的认定是重点，鉴于客观归责方法论的合理性，宜分为事前判断和事后判断两步：前者的对象是行为规范，后者的对象是制裁规范；前者属于过失"行为、实行"的问题，后者属于过失犯"归属"的问题；前者的基础是外界将来假定的状态；后者的基础是外界现实（存在于现在及过去）的状态。为此，我国环境刑事立法应制定科学的过失犯刑事政策，既指导过失犯总论，也统领过失犯各论；环境刑事司法要对业务过失案件予以慎重认定，为污染环境罪的客观归责提供有效的方法论。

第四章　自然人污染环境罪的客观归责

机能主义视野下的环境犯罪刑事政策和经过客观归责方法论完善的我国刑法过失论，为进行自然人污染环境罪的客观归责准备了比较充分的理论工具。然而，随着最高司法机关陆续制定《关于审理环境污染刑事案件具体应用法律若干问题的解释》《关于办理环境污染刑事案件适用法律若干问题的解释》三个司法解释（以下简称《2006年解释》、《2013年解释》和《2016年解释》），各级法院审理的污染环境刑事案件数量激增，追究作为故意犯的污染环境罪刑事责任的司法实践也出现了新动向，特别是在归责标准、对象、主体等方面。自然人污染环境罪的客观归责不仅植根于我国当下的司法实务，而且在一定程度上受到大陆法系国家（地区）客观归责论的影响。据此，本章的论证逻辑是：（1）阐述以往刑法学界为克服坏境犯罪因果关系认定难题而提出的主要学说，指出其陷入的理论困境；（2）展现目前司法机关办理的污染环境罪典型个案，并评析其归责方法的得失；（3）提出未来完善污染环境罪客观归责的可行建议，以彰显客观归责方法论的借鉴意义与实用价值。

第一节　污染环境罪客观归责的理论困境

我国刑法理论通说认为，疫学因果关系论与间接反证法是解决环境犯罪因果关系认定难题的主要理论。推定规则是对二者的综合运用，但要予以严格限制。[1] 可是，以上观点存在明显缺陷。

---

[1] 参见付立忠《环境刑法学》，中国方正出版社2001年版，第626—634页；蒋兰香《环境犯罪基本理论研究》，知识产权出版社2008年版，第187—197页。

一　疫学因果关系论的内容及其缺陷

该说本是民事诉讼中用于判定环境侵权因果关系的理论，通过设定合适的证据标准，提供可操作性的判断规则，对被害人给予了有效救济，因而对捉襟见肘的传统刑法理论有着重要启发，逐渐被引入刑法因果关系论中。在现代，它几乎已成为大陆法系国家（地区）学者判断公害犯罪因果关系的首选方案。① 不过，刑法学界对其实效性存在质疑。

其一，认定疫学因果关系必须根据合法则的条件说，只能解决事实因果关系的存否问题。合法则的条件说作为实体的、自然主义的因果关系论，基于自然法则的经验认识认定原因和作用。换言之，考察行为之后是否发生与之合法则性结合的、时间上后续的外界变化。在具体案件中，应当验证自然法则能否适用，② 即它只停留在事实判断的阶段，还没有经过规范评价的检验。

其二，疫学因果关系的判断是一种事实推定，缺乏清晰的认定标准。它在约束力来源上属于法理型推定，当行为对结果具有高度盖然性时成立因果关系。③ 但关键在于，"如果所谓流行病学因果关系的概念所要强调的是作为因果关系之基础的自然律的标准的降低，那么在刑事法领域里宜采否定的态度"。④ 作为证明的替代方法，法官无法统一盖然性的比例，会导致推定的适用边界模糊，未免有侵犯人权之虞。

其三，基于前文分析，该说被直接用于环境犯罪的归责缺乏适当根据。国外学者一般从产业活动的活跃化、传统刑法规范的机能失效、适应公害现状的有效管理以及国民生活安全的确保等方面，⑤ 论证其惩罚公害犯罪的合理性。"疫学四原则"被直接用来判断刑法因果关系，其内在根据实为严格的违法一元论，即违法性在整体法秩序中是单一的，对某一法

---

① 参见郑昆山《环境刑法之基础理论》（第二版），五南图书出版公司1998年版，第257页；［意］杜里奥·帕多瓦尼《意大利刑法学原理》（注评版），陈忠林译，中国人民大学出版社2004年版，第120—121页；［日］大谷实《刑法讲义总论》（新版第4版），成文堂2012年版，第212—213页；蒋兰香《污染型环境犯罪因果关系证明研究》，中国政法大学出版社2014年版，第181—197页。
② 参见［日］吉田敏雄《因果关系与客观的归属》（上），《北海学园大学学园论集》2010年第145号，第118页。
③ 劳东燕：《认真对待刑事推定》，《法学研究》2007年第2期，第26页。
④ 黄荣坚：《基础刑法学（上）》（第三版），中国人民大学出版社2009年版，第192页。
⑤ 参见［日］佐藤道夫、堀田力《公害犯罪处罚法的解说》，中央法规出版株式会社1972年版，第1—2页。

领域中违法的行为在其他法领域中一概不承认是正当的。[①] 这不仅否定了民事违法和刑事不法的区别，而且不当扩大了刑法因果关系的成立范围。

二　间接反证法的内容及缺陷

该说也是民事证据法中的一种理论，而后被用于污染环境刑事案件中。民事诉讼中的证明分为直接证明和间接证明，而间接反证属于后者。详言之，"间接反证不是想直接反驳被视为已经得到证实的主张，而是借助于其他的事实，得出那个已经证明的主张是不真实（或至少是有疑问）的结论，或者得出不具备法定的要件特征的结论"[②]，即当事人运用经验法则，通过证明若干间接事实来推论所主张的主要事实存在。

可是，该说的适用效果也颇具争议。一方面，关于证明对象，它所针对的究竟是间接事实还是直接事实，往往难以区分。假如不就个案仔细探究反证事实的范围，一旦应用到刑事诉讼过程中，就意味着强令被告证明因果关系不存在，无异于自证其罪。另一方面，关于证明标准，它要求对间接事实的存在必须达到证明的程度，混淆了本证和反证。换言之，在原告提出证据证明或推定某一事实存在的情况下，被告若想推翻这一事实，其间接反证的标准至少不得低于原告。但是，设定高于推定程度的反证标准，不仅导致诉讼双方主体地位显著失衡，还会将被告置于难以证明的不利境地。

三　客观归责论的借鉴及其引入

在方法论上，疫学因果关系论没有提出环境犯罪因果关系的规范标准，间接反证法设定的证据规则又提高了认定难度，根源恐怕在于民事法学与刑事法学的巨大差异。以上两说的理论困境在我国司法实践中也得到了印证，几乎没有法官将其用于裁判说理。

对此，有学者另辟蹊径，主张借鉴客观归责论，引入"危险"要素及其评价机制：疫学因果理论是环境犯罪的因果依据，危险升高理论是其归责依据；可以根据条件说得出排除行为是导致危害结果的原因之一，而认定排污企业责任人该当以危险方法危害公共安全罪的构成要件则需要客观归责理论来具体证明；应当构建双层次因果关系理论体系，包括事实性

---

① ［日］前田雅英：《可罚的违法性论的研究》，东京大学出版会1982年版，第341页。
② ［德］莱奥·罗森贝克：《证明责任论》（第四版），庄敬华译，中国法制出版社2002年版，第201页。

归因判断和规范性归责判断。① 这一研究视角确有新意，但没有区分客观归责本体论和客观归责方法论，缺乏对污染环境罪特殊机理的应有考虑，缺少实践验证。因此，下文将从这一方面强化论证，以回答司法机关是否采用了客观归责方法论，并在类型上明确其归责逻辑。

第二节　自然人污染环境罪客观归责的司法现状

客观归责论在我国学术界的影响日益增大，但传统理论根深蒂固、刑事立法相对滞后、裁判说理不够透彻等因素的限制，该说在实务界并未得到明确采纳，只能从某些判例的字里行间觉察出其思维痕迹。有学者指出，既然通说尚未承认独立的"客观归责"考量板块，只能以现有的犯罪构成体系进行替代化处理，此即客观归责的"隐性化"之路。其中，既可能将归责问题挪移到犯罪论的其他方面，也可只在因果关系层面进行掺有价值因素的研判。可是，以上妥协路径都因为欠缺规范维度而失败了，客观归责的本质是站在本体论与价值论之上的规范论联系，不得偏离这一立场。② 也有论者对此表示异议，认为这一观点是片面的。虽然司法上有时没有使用客观归责的术语，但实际上采用了"显性归责路径"。由于因果关系中断说和溯及禁止、相当性说、客观归责论之间的微妙关系，在客观归责论没有得到充分讨论的中国，如果具体案件肯定因果关系中断，就基本上能够认为其采用了结果归责的方法论。③ 笔者认为，上述"隐性化"与"显性化"路径之争没有本质区别，因为它们都赞同客观归责方法论的优越性，分歧在于如何改造现有的犯罪论体系以及在多大程度上引入客观归责论。

---

① 参见郭莉《环境犯罪中的因果关系与客观归责》，《广西大学学报》（哲学社会科学版）2010年第3期，第55—57页；李婕《论环境公害案件的刑法规制——以水污染致癌的归责为切入点》，《重庆理工大学学报》（社会科学版）2012年第7期，第65—68页；姜金良、韩凯《环境污染犯罪双层次因果关系理论的构建》，《中国环境管理干部学院学报》2014年第3期，第16—18页；胡公枢《运用客观归属理论认定污染环境罪的优势》，《人民检察》2015年第5期，第76—77页。
② 参见熊琦《从"戏言逼死人命"案看客观归责的"规范之维"》，载陈兴良主编《刑事法判解》（第11卷），人民法院出版社2012年版，第1页以下。
③ 参见周光权《客观归责方法论的中国实践》，《法学家》2013年第6期，第112—113页。

其实，污染环境罪的判例也运用了客观归责方法论。本书通过"中国裁判文书网""北大法宝"《最高人民法院公报》等途径，随机抽取了部分《刑法修正案（八）》（以下简称《修正案（八）》）生效前后的裁判文书，在梳理案件事实和分析判决理由之后，发现污染环境罪客观归责的具体方式主要有三种：（1）归责端口前移，即考察各种污染因素，注重对行为不法的评价；（2）归责客体扩张，即固守传统法益，兼顾对环境生态功能的保护；（3）归责过程简化，即融合必然因果关系和相当因果关系，限定污染危险实现关联的范围。

一　归责端口前移

随着《修正案（八）》大大降低污染环境罪的入罪门槛，《2013年解释》应运而生，其中，第1条第1项至第5项设置的定罪标准就明显体现了从严惩治的政策精神。《2016年解释》在此基础上又增加了污染行为的种类，进一步提前了刑法介入环境保护的时间。

［案例1：杨某某污染环境案］杨某某开办的废旧塑料加工点位于一级水源保护范围内，每年收购的废旧塑料中含有大量一次性注射器、输液器等医疗废物。他对医疗废物进行分拣、破碎加工并出售。2013年8月，公安部门现场勘查时发现存有约290斤医疗废物尚未处置。一审法院认为，杨某某的行为构成污染环境罪。[1]

本案凸显了特定区域水污染防治的重要性。根据《水污染防治法》第56条、《2013年解释》第1条第1项等有关规定，饮用水一级保护区内的建设项目必须与保护水源有关，因为无关的建设项目及其他行为可能降低水质，给水源地安全带来较大隐患。所以，杨某某的行为严重违反国家规定，足以导致水环境质量下降，应当成立本罪。

［案例2：梁某某污染环境案］2013年9月，梁某某在台州市某村东边荒地焚烧近20吨工业垃圾，燃烧持续40多小时，向空气排放含有大量苯并［a］芘、二噁英等的气体，严重污染周边空气，附近居民觉得气味难闻，身体不适。经检测，现场留下的两堆垃圾残骸中的苯并［a］芘含量分别为12.6μg/kg、78.4μg/kg。一审法院认为，梁某某的行为构成污染环境罪。[2]

本案的难点在于对被告人行为对象和标准的把握。表面上，梁某某的

---

[1] 参见河北省新乐市人民法院（2013）新刑公初字第142号刑事判决书。
[2] 参见浙江省台州市路桥区人民法院（2014）台路刑初字第26号刑事判决书。

行为似乎符合《2013 年解释》第 1 条第 2 项有关"非法排放危险废物 3 吨以上"的规定,但实质上工业垃圾并不在本解释第 10 条第 1 项界定的"危险废物"之列,不能适用该项。同理,梁某某焚烧产生的有毒物质也并非与重金属、持久性有机污染物毒害性相当的物质,也无法适用本解释第 1 条第 3 项。原因在于,大气具有流动性、跨地域性和难以测定性,在缺少明确标准的情况下,只能对本解释第 1 条第 14 项中的"其他严重污染环境"进行同类解释。一是侦查实验表明,燃烧产生的气体在上风向和下风向的排放值都大大超过《大气污染物综合排放标准》规定的限值,可将其作为判断污染行为危险性的依据之一;二是在案证据显示,这些气体含有远远超过氰化物、砒霜的毒性,属于《国家危险废物名录》中 HW44、HW18 类废物。因此,被告人可谓间接排放了危险废物,[①] 在不法类型上,具有与前项列举的污染行为相当程度的危险性。

[案例 3:王某甲污染环境案] 2008 年 9 月至 2013 年 5 月,王某甲在霸州市某庄某村居民区附近经营的电镀厂内,私设暗管并通过管道向厂外的大坑内排放含酸的污水。经监测,电镀厂电镀槽内污水水样 pH 值为 1.34,电镀厂外的大坑水样 pH 值为 6.79,六价铬为 23.13mg/L,总镍 68.12mg/L,总镉 0.05L,总锌 190.4mg/L。一审法院认为,王某甲的行为构成污染环境罪。[②]

本案即属典型的私设暗管排污造成环境污染的案件。《水污染防治法》第 22 条第 2 款、《2013 年解释》第 1 条第 4 项明令禁止行为人采取私设暗管等隐蔽方式排放、倾倒、处置污染物,《2016 年解释》也基本沿袭了这一规定。应当注意的是,行为人仅仅私设暗管的,尚不构成犯罪,属于《水污染防治法》第 75 条处罚的行政违法行为。只有其行为表现为"采取隐蔽方式"与"排放污染物"两种要素的叠加,其危害性才达到刑事不法的程度。[③] 除此之外的排污数量、区域、时间等不能被作为定罪要素的"严重污染环境"所包容,而是量刑情节。

[案例 4:王某乙污染环境案] 王某乙在无证无照、无污染防治设备的情况下,于其家院中自建一小镀锌加工厂,2013 年 6 月至 9 月上旬,对门窗上的小滑轮进行电镀锌、镍加工,产生大量含有重金属镍、锌的污

---

① 参见梁健、阮铁军《污染环境罪中"其他严重污染环境情形"的认定》,《人民司法》(案例) 2014 年第 18 期,第 8 页。
② 参见河北省霸州市人民法院 (2013) 霸刑初字第 484 号刑事判决书。
③ 胡云腾主编:《最高人民法院、最高人民检察院环境污染刑事司法解释理解与适用》,人民法院出版社 2014 年版,第 43 页。

水,不经任何无害化处理,直接排放到渗坑中渗入地下。经检测,渗坑污水中锌浓度含量为 $2.63\times10^3\mathrm{mg/L}$,镍浓度含量为 $3.56\times10^2\mathrm{mg/L}$。二审法院认为,王某乙的行为构成污染环境罪。①

本案也是常见的利用渗坑排污造成环境污染的案件。与私设暗管相同的是,《2013 年解释》第 1 条第 4 项未对污染物数量予以限定,故裁定书载明,被告人只需具备上述行为要素,"即属于严重污染环境,而与污水的重金属含量无直接关系"。而且《环境保护法》第 42 条第 4 款、《行政主管部门移送适用行政拘留环境违法案件暂行办法》第 5 条都强调暗管、渗坑的本质在于隐蔽性,在认定时不应做形式化理解,可由司法机关具体裁量。例如,"无防渗漏措施的化粪池、坑塘、沟渠"同样属于刑法意义上的"渗坑",即解释的重点在于"渗"的本质,而非"坑"的形式。②

[案例 5:嘉兴市某公司、吴某污染环境案] 嘉兴市某公司主要进行电镀业务的生产,根据不同生产工艺,会产生含镍、铬、镉、铜等的废水。吴某为该企业主要股东并担任法定代表人。该公司自 2013 年 6 月起,非法排放含上述重金属的废水被环保部门多次查获,先后五次被行政处罚。2015 年 2 月 4 日,环保执法人员现场检查,在车间排放口、总排放口提取水样,经检测,镉、铬、镍含量均超过国家标准。一审法院认为,嘉兴市某公司、吴某的行为构成污染环境罪。③

本案的争议焦点在于被告人受过两次以上行政处罚又实施相同行为的,究竟是行为要素还是结果要素?"结果要素说"主张,《刑法》第 338 条中的"严重污染环境"是对结果的要求,故《2013 年解释》第 1 条第 5 项规定没有区分行为与结果,直接取消了结果要素,违反罪刑法定原则。④ 而"行为要素说"认为,从实践看,屡查屡犯的现象较为突出,规定本项,既能加大执法力度,也能降低执法成本。符合该项规定的,说明行为人主观恶性大,客观危害严重,不是双重评价。⑤ 相比之下,后一种观点正是加强对民生的刑法保护、降低入罪门槛这一立法原意的体现。行为人多次实施环境违法行为的事实就蕴含着对自然环境造成不可逆转的

---

① 参见河北省邯郸市中级人民法院(2014)邯市刑终字第 52 号刑事裁定书。
② 罗倩、杨熹:《无防渗措施"排毒"构成污染环境罪》,《检察日报》2017 年 2 月 19 日,第 3 版。
③ 参见浙江省嘉兴市南湖区人民法院(2016)浙 0402 刑初 295 号刑事判决书。
④ 参见张明楷《简评近年来的刑事司法解释》,《清华法学》2014 年第 1 期,第 21—22 页。
⑤ 参见胡云腾主编《最高人民法院、最高人民检察院环境污染刑事司法解释理解与适用》,人民法院出版社 2014 年版,第 44—45 页。

改变、破坏生态平衡甚至导致人身伤亡的危险,为了预防这些现象的发生,立法者有必要用刑法规制反复对环境媒体施加轻微负荷的行为,以避免行为叠加后累积效应的爆发。显然,这种立法技术禁止行为人制造出微量的污染风险,将危险根源的持续发展作为处罚对象,采取了准抽象危险犯的构造。①《2016 年解释》第 1 条第 6 项也作出了几乎相同的规定,借助上述行为模式来实现司法上适度的犯罪化。

二　归责客体扩张

《修正案(八)》第 46 条的革新之处在于改变了污染环境罪的客体,不再以实害结果作为必备要素,所以,《2006 年解释》就无法适用,而《2013 年解释》和《2016 年解释》遵从修法意图,开始善待生态法益。

[案例 6:胡某某、丁某某投放危险物质案] 胡某某、丁某某于 2007 年 11 月至 2009 年 2 月,明知盐城市某公司系环保部门规定的"废水不外排"企业、明知在"氯代醚酮"生产过程中产生的钾盐废水含有有毒、有害物质,仍将大量废水排放至公司北侧的五支河内,任其流经蟒蛇河污染本市城西、越河自来水厂取水口,致当天本市 20 多万居民饮用水停水长达 66 小时 40 分,造成直接经济损失 543.21 万元。终审法院认为,胡某某、丁某某的行为构成投放危险物质罪。②

本案涉及对环境污染过程中发生的危害公共安全后果的定性问题。肯定说认为,尽管二罪构成要件明显不同,但当行为人污染环境的行为威胁到公共安全时,就超出了重大环境污染事故罪的处罚范围。③《2013 年解释》第 8 条关于"依照处罚较重的犯罪定罪处罚"的规定,就是对这种行为的回应。否定说则主张,二者并非必然处于想象竞合关系,污染环境罪比投放危险物质罪更为前置性地保护法益,所以,对于向环境要素排污而目的在于获得经济利益的,宜定为污染环境罪。④ 以上两种观点的对立集中在对污染环境罪客体的界定上,而其内涵有着一个变化过程。修订前的《刑法》将重大环境污染事故罪的客体确定为公共法益,即多数个体

---

① 参见李婕《限缩抑或分化:准抽象危险犯的构造与范围》,《法学评论》2017 年第 3 期,第 38 页以下。
② 参见江苏省盐城市中级人民法院(2009)盐刑一终字第 0089 号刑事裁定书。
③ 参见黎宏《刑法学》,法律出版社 2012 年版,第 865 页;李希慧等《环境犯罪研究》,知识产权出版社 2013 年版,第 193 页。
④ 参见冯艳楠《污染环境罪与投放危险物质罪的界分与竞合》,《山东审判》2015 年第 2 期,第 64 页以下;贾占旭《论污染环境罪与投放危险物质罪的竞合关系》,《政治与法律》2016 年第 6 期,第 119 页以下。

法益的集合体，这从其对结果要件及《2006 年解释》第 1 条就能推论出；而修订后的《刑法》不仅在一定程度上关注环境本身的独立价值，而且继续保护与之相关的人类利益，这在立法理由和《2013 年解释》第 1 条第 6 项至第 13 项中已有所体现。因此，污染环境罪客体已然呈现出从单一秩序法益朝着生态法益、秩序法益、其他法益并存的多元法益体系的发展动向，[1] 但置身其中的司法机关混淆公共安全和社会秩序，作出了有违罪刑法定原则的目的性扩张解释。

［案例7：樊某某等污染环境案］2012 年 7 月 25 日，樊某某安排王某某、蔡某驾驶罐车到山东某公司拉走 35 吨硫酰氯，得款10 500元。7 月 27 日，三人将罐车开至 A 村南小清河大桥上，将硫酰氯倾倒于河中。硫酰氯遇水反应生成的毒气雾团飘至 B 村，将熟睡中的村民熏醒，致上百村民呼吸系统受损，并造成庄稼苗木等重大财产损失。村民韩某某原患有扩张型心肌病等疾病，因吸入酸性刺激气体，导致急性呼吸循环衰竭死亡。一审法院认为，三被告人的行为均构成污染环境罪。[2]

本案与前一案件可谓同案异判。在诉讼过程中，当地检察机关曾以三人犯以危险方法危害公共安全罪提起公诉，法院的判决结果却显示污染环境罪的客体与其客体有别，它是为了保护公民利益才保护作为其生存条件的环境。此时不能无视法益保护的结构层次，在本罪客体向生态法益扩张的同时，也要注意个人法益对确定构成要件的指导作用，这种激进与保守并存的双重性格正是《2013 年解释》对当下司法实践的真实写照。[3] 所以，生命法益、身体法益同样属于污染环境罪构成要件的保护范围。

［案例8：肖某某等污染环境案］2010 年 6 月至 2014 年 4 月，肖某某、李某某夫妇在上海市某村无证开设废机油回收处理厂，并先后雇佣蔡某某、石某某装卸、过滤、处理废机油。2012 年 12 月始，某公司业务员陈某某明知肖某某等人无证经营，仍在公司安排下委托其收购废机油后出售给本公司。至案发时，肖某某等人非法经营数额巨大。一审法院认为，上述被告的行为均构成非法经营罪，但二审法院认为一审法院适用法律错误，遂改判为污染环境罪。[4]

---

[1] 焦艳鹏：《法益解释机能的司法实现——以污染环境罪的司法判定为线索》，《现代法学》2014 年第 1 期，第 110 页。
[2] 参见山东省淄博市中级人民法院 (2013) 淄刑一初字第 39 号刑事判决书。
[3] 参见张志钢《摆荡于激进与保守之间：论扩张中的污染环境罪的困境及其出路》，《政治与法律》2016 年第 8 期，第 79 页以下。
[4] 参见上海市第二中级人民法院 (2015) 沪二中刑终第 458 号刑事判决书。

本案的难点在于非法经营罪与污染环境罪的区分。只有科学把握两罪的对象、客体，并以此为指导解释其他构成要件，才能正确定罪量刑。其一，废机油不是专营、专卖或限制买卖物品，却是《国家危险废物名录》中 HW08 类废物。其二，被告人虽未取得市场许可，但没有扰乱市场秩序。国家对危险废物经营实施许可制度的目的不是限制竞争，而是防止污染环境。其三，各被告人的行为由于不在特许经营的秩序法益范围内，不宜认定为"其他严重扰乱市场秩序的非法经营行为"，但其行为没有改变废机油的物理、化学、生物特性，属于《危险废物经营许可证管理办法》第 34 条第 4 款界定的"处置"行为。① 总之，污染环境罪的客体不包括以是否允许竞争为内容的市场准入制度。

[案例9：朱某某污染环境案] 2007 年以来，宁夏某公司在废水处理措施未经环境影响评估、申报登记、验收的情况下，擅自在厂区外东侧腾格里沙漠采用"石灰中和法"处置工业废水。至 2014 年 9 月被责令关闭停产时，该公司厂区外渗坑内存有大量废水。经检测，废水中多项因子超过国家排放标准。案发后，该公司及朱某某支付 626 640 元。一审法院认为，朱某某的行为构成污染环境罪。②

本案系最高人民检察院挂牌督办的案件之一，要点在于污染环境造成财产损失后果的认定。《2006 年解释》第 4 条、《2013 年解释》第 9 条及《2016 年解释》第 17 条并无实质差异，都把财产法益纳入本罪规范的保护目的。这意味着，"为消除污染而采取合理措施所产生的费用"就是《刑法》第 338 条罪刑规范所阻止的结果，因为它既体现了环境的财产功能，也再次说明生态法益尚未成为判定本罪的核心指标。③

[案例10：王某丙等聚众扰乱社会秩序案] 2012 年 4 月 26 日，王某丙等四五十人围堵某村附近 A 公司厂门，要求赔偿污染费，造成该公司无法正常经营。5 月 9 日，该公司先付 4 万元，并答应二个月后再付 4 万元。2012 年 5 月 11—12 日，王某丙等人聚集村民 200 余人围堵 B 公司厂门，造成 90 余辆货车无法进出，该公司因煤炭不能及时入库被迫减产保温，无法正常生产经营。原审法院认为，王某丙等人的行为构成聚众扰乱社会秩序罪。但再审法院认为，B 公司违法生产造成的污染侵害了王某丙

---

① 参见吴思远、荣学磊《无证经营废机油严重污染环境构成污染环境罪》，《人民司法》（案例）2016 年第 29 期，第 28—29 页。
② 参见宁夏回族自治区中卫市沙坡头区人民法院（2015）沙刑初字第 113 号刑事判决书。
③ 焦艳鹏：《论生态文明建设中刑法与环境法的协调》，《重庆大学学报》（社会科学版）2016 年第 3 期，第 138 页。

等人的健康权、生命权、财产权，其有限度的聚众围堵行为是针对污染的阻却行为，不应定罪量刑，遂改判为无罪。①

本案属于环境污染引发的群体性维权事件，但暗含了对污染环境罪客体的现实态度。王某丙等人在自身健康权、生命权、财产权遭受 B 公司污染行为侵害时，采取自救行为，符合手段相当性、结果适当性、权利正当性等条件，是维护环境权的非常态举措。作为一项基本人权，环境权是公民享有的在不被污染和破坏的环境中生存及利用环境资源的权利。② 它具有丰富的权能，需要结合环境伦理观和环境犯罪刑事政策予以深入解读。

三 归责过程简化

由于解释技术、能力、机制等方面的限制，已颁布的三个环境犯罪司法解释均未规定因果关系的适用规则，在一定程度上导致了归责过程的认定混乱，但不可就此认为我国法院根本不进行结果归属的规范判断，相反，部分生效裁判事实上采用了客观归责的判断框架。笔者认为，这是受到了理论和实务两方面的影响。

一方面，虽然刑法理论通说强调哲学因果关系论对刑法因果关系论的指导意义，但带有一定的规范判断色彩。一般来说，必然性和偶然性是对立统一的，相互渗透、相互转化，所以不可将因果联系断然说成是必然联系和偶然联系。只有实行行为合乎规律地引起结果发生时，才能确认二者之间存在因果关系。在此过程中，如果介入其他因素，还可能加速或延缓因果发展进程，改变因果发展方向，以致切断原来的因果关系。③ 具体而言，刑法因果关系主要有六种形式：（1）一人行为直接引起合乎规律的结果；（2）一种行为与某种条件结合不可避免地产生结果；（3）不能单独产生结果的两个行为结合而产生结果；（4）数人行为相互配合引起结果；（5）行为人行为与被害人行为、最后的结果前后衔接；（6）行为人行为与介入的第三人行为共同造成结果。④ 可见，通说既重视经验认识，也认可价值评价，对介入因素案件的处理表现出与相当因果关系说、客观归责论相似的问题意识和方法意识，唯独欠缺严密的归责体系和清晰的下

---

① 参见江苏省高级人民法院（2014）苏刑再提字第 00003 号刑事判决书。
② 吕忠梅：《论公民环境权》，《法学研究》1995 年第 6 期，第 62 页。
③ 参见马克昌主编《犯罪通论》（第 3 版），武汉大学出版社 1999 年版，第 219—223 页。
④ 参见高铭暄主编《刑法学原理》（第一卷），中国人民大学出版社 2005 年版，第 583—586 页。

位规则。这就提供了有关裁判的理论根据。

另一方面，若干司法解释条文内涵不尽统一的归责基准，有的案件认可结果归属评价的实用性。例如，《关于进一步加强危害生产安全刑事案件审判工作的意见》第 8 条规定，多个原因行为导致生产安全事故发生的，在区分直接原因与间接原因的同时，应当根据原因行为在引发事故中所具作用的大小，分清主要原因与次要原因，确认主要责任和次要责任，合理确定罪责。这是要求法官进行危险实现关联的判断。再如，《关于贯彻宽严相济刑事政策的若干意见》第 22 条规定，因被害方过错引发的犯罪，应酌情从宽处罚。这无疑在提示法官注意犯罪构成的效力范围。还如，实证研究表明，在面对简单案件时，通说居于正统地位；而在处理疑难案件时，法院有意识地借鉴德、日刑法理论，尤其是相当因果关系说起到了较为明显的代替或补充作用。① 这也推动了法官论证思路的转变。

因此，通说并不排斥相当性思维，相当因果关系说与客观归责论也不是截然对立的。这从某些案件对归责基准的选择性适用可见一斑。

(一) 危险创设关联的双向认定

[案例 11：罗某等污染环境案] 2013 年 11 月 13 日晚至 17 日晚，罗某多次将收购的废旧金属，运至配有简陋"褪金"加工设施的厂房，伙同其临时雇用的十多位小工进行加工。加工期间，共排放污水 3 吨以上，经检测，污水中的有毒物质远远超过国家污染物排放标准的 3 倍以上。一审法院认为，罗某的行为构成污染环境罪。②

[案例 12：刘某某等污染环境案] 2013 年 3 月 10—20 日，刘某某等人受他人雇用，帮助运出高浓度的脱硫液共计 1800 余吨，并趁天黑之际将其排放到黄河内。其中，刘某某帮助运输 10 车次，将 456.8 吨脱硫液排入黄河；王某帮助运输 6 车次，将 259.94 吨脱硫液排入黄河；祖某帮助运输 3 车次，将 142.32 吨脱硫液排入黄河；于某帮助运输 1 车次，将 41.12 吨脱硫液排入黄河。另外还有数人帮助排污。一审法院认为，上述被告的行为均构成污染环境罪。③

[案例 13：任某某等污染环境案] 任某某明知郝某某等人没有生产电

---

① 参见杨海强《刑法因果关系的认定——以刑事审判指导案例为中心的考察》，《中国刑事法杂志》2014 年第 3 期，第 25 页以下；谢雄伟、郑实《相当因果关系说的中国展开——基于刑事判决的实证考察》，《河南财经政法大学学报》2016 年第 4 期，第 105 页以下。

② 参见浙江省台州市路桥区人民法院 (2014) 台路刑初字第 323 号刑事判决书。

③ 参见山东省鄄城县人民法院 (2014) 鄄刑初字第 135 号刑事判决书。

镀资质，为赚取租金而为其提供厂房等便利条件，并承诺帮助其余七人开办电镀厂协调工商、环保等机关的工作，造成上述七人将产生的电镀污水排放到厂房北侧的天然水沟内。经检测，污水中重金属含量均超过国家标准。原审法院认为，任某某的行为构成污染环境罪；其以出租房子与危害后果没有因果关系等为由提出申诉，再审法院维持原判。①

这三个案例都没有阐明可归责性的判断依据，结果也大相径庭。或许可以认为，案例11和案例12之所以否定从事"褪金"加工、拆解冶炼工人的可归责性，是运用假定因果关系进行反向排除的结果。假定因果过程通常不影响归责，因为自然性因果性的修改，只有在会增大损害或在时间上提前时，才是应当归责的。② 这同样适用于处罚中立的帮助行为，即判断帮助行为的危险程度，应将现实的因果过程与除去这种行为状况进行对比，如果介入假定的替代原因发生同样结果仍有高度的盖然性，则应否定危险增加。③ 而案例13不是通过虚构不存在的行为以判断能否代替从事"褪金"加工、拆解冶炼，而是经行从出租房屋等帮助行为本身的违法性切入，考察污染标准、结果轻重、违反义务高低等因素，正面判定污染环境的危险是否增加到需要刑法抑制的程度。

令人遗憾的是，以上三案均未提炼出具体规则。而且，案例12中的雇工出罪是否仅出于谦抑主义的考虑，案例13中的于某等人入罪是否经过了慎重的法益衡量，还有进一步商榷的余地。

（二）因果进程相当性认可的一蹴而就

［案例14：XX污染环境案］2011年以来，XX向A公司提供浓硫酸，并以自己挂靠的B公司与该公司签订废酸运输合同，在没有处理资质的情况下将800余吨废酸运走处理，其中两次共将16吨废酸运至淮安市某化工厂院内进行非法倾倒。一审法院认为，XX的行为构成污染环境罪。XX上诉后，二审法院认为，供热管道被废酸腐蚀后造成蒸汽泄漏，与XX非法倾倒废酸存在直接的因果关系，遂维持一审判决的定罪部分。④

［案例15：余某污染环境案］2015年5—9月，余某在未取得经营许可证的情况下，在杭州市某村22号回收废旧铅酸蓄电池，并为没有取得

---

① 参见河北省高级人民法院（2017）冀刑申54号驳回申诉通知书。
② 参见［德］克劳斯·罗克辛《德国刑法学总论》（第1卷），王世洲译，法律出版社2005年版，第250页。
③ 参见［日］岛田聪一郎《正犯·共犯论的基础理论》，东京大学出版会2002年版，第365—366页。
④ 参见江苏省淮安市中级人民法院（2014）淮中环刑终字第0001号刑事判决书。

经营许可证的刘某提供废旧铅酸蓄电池约 560 吨。一审法院认为，余某的行为构成污染环境罪。余某上诉后，二审法院认为，其销售废旧电瓶与环境污染后果的发生因果关系明确，遂维持一审判决的定罪量刑部分。①

这两个案例缺少缜密的推理过程，在列举有关证据之后就认为存在"直接的因果关系"或"因果关系明确"，表面上以通说为根据，实质上侧重科学法则的经验认识，跳过污染行为危险性的审查步骤，把事实前提和规范限定合二为一。而在危险实现关联中，危险性的现实化有直接型和间接型，区别在于是否有介入因素的贡献。② 上述案件显然属于直接实现型，且相当性公式贯彻到结果发生的经过不能偏离常轨的要求中。只要处置废物行为一般会严重污染环境，就具备"因果进程的通常性"。

（三）疫学推定与结果归属的隐含表达

[案例 16：某单位、盛某等污染环境案] 2011 年以来，时任某单位总经理兼法定代表人的盛某和环保办主任的杨某明知没有危险废物经营资质，未经环保部门审批，让 A 将废酸回收处理。倾倒的废酸经渗透、扩散后致使 B 化工厂院内地块及周围遭受污染，并致使 C 公司铺设的供热管道遭受腐蚀从而形成蒸汽泄漏。经鉴定，土壤污染损害值为 258.70 万元，造成腐蚀管道的损失为 67.76 万元。

一审法院认为，某单位、盛某等人的行为构成污染环境罪。上诉后，二审法院认为，根据实地监测情况与相关计算原理，鉴定人员保守地确定以被污染土壤深度为 80 厘米计算受污染土壤土方量，同时按照最保守评估原则取推荐值中最低值确定土壤污染的单位治理成本。而《环境污染损害技术鉴定报告》补充说明进一步明确 A 倾倒的废酸能够造成鉴定报告认定的损失，倾倒行为与损害结果之间存在因果关系。遂维持原判。③

[案例 17：王某某、刘某某等污染环境案] 2014 年 10 月至 2015 年 2 月，王某某利用承包现代农业物流园用地回填之机，将该物流园用地转包给刘某某等人，任其倾倒、填埋生活垃圾，严重污染环境。经鉴定，王某某等人填埋生活垃圾造成公私财产损失 1206 万余元，刘某某等人填埋生活垃圾造成公私财产损失 908 万余元。

一审法院认为，首先，土壤样品分析结果证实土壤本身不存在污染；其次，该市河道清淤施工未对损害后果产生影响；再次，物流园拟建地已

---

① 参见浙江省杭州市中级人民法院（2017）浙 01 刑终 92 号刑事判决书。
② 参见［日］山口厚《刑法总论》（第 3 版），有斐阁 2016 年版，第 61 页以下；［日］山中敬一《刑法中客观归属的理论》，成文堂 1997 年版，第 426 页以下。
③ 参见江苏省淮安市中级人民法院（2014）淮中环刑终字第 0003 号刑事裁定书。

被垫高，填覆场两条港与吴淞江交汇处已被人为筑断，具有封闭性的水样采集地点可准确反映被污染情况；最后，垃圾已对周边居民生活环境造成明显不良影响。综上所述，相关费用的产生具有必然性，生活垃圾、渗滤液与损害后果之间有直接因果关系。王某某、刘某某等人的行为构成污染环境罪。①

[案例 18：葛某某等污染环境案] 2015 年年底，经人介绍，某溶剂化工厂出资者、经营者葛某某将生产过程中产生的约 110 吨化工残留液交给彭某某处置。彭某某于 2016 年 1—4 月分五次将上述化工残留液分别送至湖南省、江西省交由他人非法处置。

一审法院认为，上述危险废物在非法转移、倾倒过程中导致个别区县三处土壤遭受不同程度污染，土壤污染因子与倾倒的危废污染源具有一致性，因此，污染源及特征污染物明确，污染物迁移途径清晰，与其造成的环境损害存在直接关系，因果关系成立。本次事件环境损害评估中无人身损害，主要核算财产损害、生态环境损害、事务性费用以及后续处置费用，总费用为 168 万余元。葛某某等人的行为构成污染环境罪。②

这三个判例的可取之处在于依稀可见归责过程的思维顺序，即"作为事实关系的疫学推定→作为法律关系的结果归属"。这同"因果关系→创设不被允许的危险→实现不被允许的危险→构成要件的效力范围"组成的客观归责体系在归责层次上没有差异，都构建了事实判断和规范判断的双层评价体系。具言之，在疫学推定阶段，基础事实包括损害后果与污染行为相关性的逐一筛选（案例 16、案例 17）、当地污染其他原因的排除（案例 17）、污染源的一致性考察（案例 18），基本对应于"考察在当地所作的疫学调查结果""对遭受的损害和污染之间是否有关进行逐一考察"等"疫学四原则"，③ 以提升结论事实成立的概率。在结果归属阶段，通过补充《环境污染损害技术鉴定报告》（案例 16）、封闭的填覆场或污染物迁移途径没有介入其他污染源（案例 16、案例 17）、财产损失严重及自然资源恢复难度大（案例 16、案例 17、案例 18）等资料，确认污染结果应该"直接"归咎于污染行为，以保证环境法益侵害事实"必然"位于被告人个人的责任领域之内。

---

① 参见苏州市姑苏区人民法院（2016）苏 0508 刑初 297 号刑事判决书。
② 参见湖南省宁乡县人民法院（2016）湘 0124 刑初 697 号刑事判决书。
③ 参见［日］吉田克己《疫学的因果关系与法的因果关系》，*Jurist* 1969 年第 440 号，第 107 页。

然而，它们的不足之处在于规范化、体系化程度较低。众所周知，客观归责论重视规范评价，在行为与结果之间，除了因果关联外，还必须存有相当关联、保护目的关联以及实现关联，借由这个附加的规范性标准来排除归责。① 正是在这一理念的指引下，该说以危险创设关联和危险实现关联为归责基准，以因果关系和结果归属为归责步骤，以正向证立和反向证否为归责目的。比较而言，我国司法实践所涉及的结果归属判断也许源自法官的正义感、审判经验和内心直觉，而非根据环境犯罪刑事政策、保护目的、审查程序做出的理性选择。这容易导致事实评价和法律评价的混淆，不利于形成具体的规范标准，对于复杂的因果关系只能进行整体考察和一次判断。

四 中间结论

尽管上述判例在形式上难以认为直接运用了客观归责论，且说理有待进一步强化，但在实质上采取了规范判断的立场，有选择地转用了下位规则，覆盖了不法认定的所有领域，暗含了某些核心概念。可见，它们与客观归责论在基本立场、具体规则、功能定位、术语表达等方面有着内在联系。即使不整体移植客观归责论的体系，也能适当借鉴客观归责论的方法。所以，污染环境罪司法实践对客观归责方法论的运用可归结为四个方面的特点。

第一，刑事司法与刑事立法形成良性互动，但刑事法治实践与刑法理论研究还有一定隔阂。这是客观归责方法论得以一定适用的内因。综观《刑法》第338条修订前后，三个相关司法解释为办理环境犯罪案件提供了较为可行的定罪量刑标准。虽然原重大环境污染事故罪的入罪难度较大，致使相关判例一度极为少见，但污染环境罪显著延伸了司法机关的打击半径，《2013年解释》第1条第1项至第5项也实现了"行为入罪"。② 实证研究表明，该解释生效以来的绝大多数案例将本罪认定为行为犯。③《2016年解释》第1条进一步严密了污染环境罪的刑事法网，仍将案件数

---

① 参见［德］沃尔夫冈·弗里希《客观之结果归责——结果归责理论的发展、基本路线与未决之问题》，蔡圣伟译，载陈兴良主编《刑事法评论》（第30卷），北京大学出版社2012年版，第251页。
② 喻海松：《环境资源犯罪实务精释》，法律出版社2017年版，第29页。
③ 参见石珍《污染环境罪的微观透视——以296例裁判文书为分析对象》，《人民司法》（应用）2015年第9期，第14页以下；严厚福《污染环境罪：结果犯还是行为犯——以2015年1322份"污染环境罪"一审判决书为参照》，《中国地质大学学报》（社会科学版）2017年第4期，第56页以下。

量维持在高位。但是,《2013 年解释》采取了以《2006 年解释》为基础的"拼接型模式",仅在形式上扩大规制范围,未能把握独立保护环境要素的修法实质。① 这一缺憾在《2016 年解释》中同样存在,成为将来完善立法和司法的方向。以刑事政策为导向构建刑法体系和引领刑事司法,正是客观归责论的基本精神。不重视环境犯罪刑事政策的价值引导,就不可能弥合环境犯罪理论与环境刑法实践之间的鸿沟。

第二,归责端口前移契合污染环境罪的行为本质,但行为不法的处罚边界尚待进一步明晰,其归责方法基本对应于客观归责论的第一个下位规则——创设不被允许的危险。《修正案(八)》和《2013 年解释》《2016 年解释》鲜明体现了法益保护早期化的立场,把入罪范围覆盖到《2006 年解释》无法触及的多种行为类型。总的来说,《刑法》第 338 条从结果犯向情节犯的转变符合立法宗旨和现实需求,"严重污染环境"既包括"严重地污染",也包括"严重的污染",② 是行为不法和结果不法并存的整体评价要素。对于行为不法的认定,准抽象危险犯说的支持者日益增多。该说认为,除实施法律规定的行为外,还需在个案中进行具体、实质性危险判断,从而介于抽象危险犯和具体危险犯之间的独立类型就是准抽象危险犯。只要在一定地点、以一定方式、超过一定数量或标准实施污染行为的,即成立本罪。法院并未具体判断是否已经形成严重污染环境的现实、紧迫的具体危险,而是根据排放、倾倒、处置可能污染环境的毒害性物质的事实来认定。③ 虽然案例 1 至案例 5 没有使用"创设法不允许的危险"的表述,但都根据污染物排放标准来衡量排污行为的污染环境危险大小。问题是,污染环境罪属于哪一种准抽象危险犯?除非阐明其危险特征,否则无法正确判断危险创设关联。刑法理论和司法实践在总结危险判断要素的基础上,务必继续探索危险判断方法。

第三,归责客体扩张体现环境法益的生态功能,但结果不法的实体内容依然不容忽视,其归责方法大体相当于客观归责论的第三个下位规则——构成要件的效力范围。由于"严重污染环境"是整体的评价要素,包含了结果不法,所以本罪的危险犯化并不彻底,其客体只是吸收了作为

---

① 参见钱小平《环境法益与环境犯罪司法解释之应然立场》,《社会科学》2014 年第 8 期,第 100—102 页。

② 刘清生:《论污染环境罪的司法解释》,《福州大学学报》(哲学社会科学版)2013 年第 5 期,第 70 页。

③ 参见陈洪兵《准抽象危险犯概念之提倡》,《法学研究》2015 年第 5 期,第 129、137—138 页。

环境法益一个侧面的生态法益。在不法内涵上，变动后的污染环境罪不是以"行为无价值"代替"结果无价值"，也不是将二者等量齐观，而是在"结果无价值"基础上对"行为无价值"给予必要考量。这种法益保护早期化的谨慎态度既是对"但书"规定的实质性遵循，也是对谦抑主义的有力贯彻。[①] 因此，不可超越我国所处的发展阶段去漫谈对生态法益的全面保护。其实，《修正案（八）》和相关司法解释都以现代人类中心主义的环境伦理观为根据，提倡人类本位的环境法益观，[②] 在此意义上与环境权的概念一致。污染环境罪的定性争议已然说明，其客体中的实体权利占有较大比重。案例6至案例10在肯定危险实现关联的基础上，都体现了对环境权的保护。污染结果均处于其罪刑规范的保护范围之内，并在各被告人之间合理分配了责任。环境权概念以人类为中心，是一种具体的、物质性法益，体现了法益保护的相对早期化；而生态法益以环境为中心，是一种抽象的、精神性法益，体现了法益保护的绝对早期化。为防止法益概念的空洞，现阶段宜将环境权作为本罪客体，并明确其内部层级和多元属性。

第四，归责过程简化初具结果归属的雏形，但因果关系的处理模式更需适应复杂案件，其归责方法几乎涉及客观归责论的三个下位规则，唯独缺乏归属的层次性。污染环境罪具有长期性、隐蔽性、间隔性和累积性，这一特殊的发生机理迫使我国法院在传统理论的名义下灵活采取了各种应对方法，如假定因果关系和保护目的理论的"并用"（案例11至案例13），相当因果关系说的"套用"（案例14、案例15）以及合法则的条件说与结果归属理论的"混用"（案例16至案例18）。污染环境罪司法实践对归责基准的取舍并非任意为之，而是务实之举。这虽然有损客观归责论的整体架构，但为了迁就个案难题而优先寻找解决方法，兼顾了体系性思考和问题性思考，并未从根本上颠覆其理论定位。不过，我国法院不应就此满足，在德、日刑法理论持续输入的背景下，方法论转型会有助于审理复杂案件。例如，数人受雇处置危险废物的，是一律归责还是不予归责？单个污染源排污没有超标但数个污染源同时排污超标的，如何归责？这些问题恐怕只有在现有技术条件下，充分掌握事实证据，运用科学法则和规范体系进行深入分析，才能达到经验论与归责论的有机统一。

---

① 刘艳红：《环境犯罪刑事治理早期化之反对》，《政治与法律》2015年第7期，第5页。
② 喻海松：《环境资源犯罪实务精释》，法律出版社2017年版，第14页。

第三节　自然人污染环境罪客观归责的未来展望

客观归责方法论在我国污染环境罪司法实践的运用现状决定了其发展前景，包括宏观的路径选择、具体的借鉴方法和详细的完善措施。

一　路径选择

我国学者习惯于在犯罪论体系改良的层面讨论如何借鉴客观归责论，由此产生了路径分歧。消极说主张，如果在犯罪构成体系不作任何改动的情况下，引入客观归责论存在以下三个障碍：一是客观归责论与社会危害性论的矛盾难以克服；二是客观归责论与因果关系论的矛盾难以克服；三是客观归责论与四要件犯罪构成体系结构之间的矛盾难以克服。总之，只有废弃四要件体系，引入三阶层体系，客观归责在我国刑法学中才有立足之地。[①] 与之相对，积极说主张，客观归责论将限缩构成要件符合性的全部问题纳入其中，不利于对构成要件要素的独立判断。此外，它的下位规则的部分内容也并非尽善尽美。我国刑法理论不能全盘照搬客观归责理论，但应当借鉴其规范判断方法与部分具体内容。没有必要特别强调德国的客观归责理论、日本的相当因果关系理论、英美的因果关系理论之间的不同点，而应当看到它们的共同点。如果将传统的"因果关系"分为因果关系与结果归属两个部分展开讨论，必然会吸取上述理论的长处，从而完善我国刑法理论。[②]

本书赞成积极说，因为客观归责论与我国刑法理论至少在以下重要方面存在共通之处。

首先，在不法论中，二元的行为无价值论与社会危害性理论都侧重实质评价，均涵盖了行为不法和结果不法。客观归责论者的立场是，行为无价值和结果无价值相互区分而不紧密联系，就难以区别"构成要件符合行为"和"结果归属"。[③] 社会危害性理论也认为，犯罪的本质在于严重

[①] 参见陈兴良《客观归责的体系性地位》，《法学研究》2009年第6期，第50—51页。

[②] 参见张明楷《也谈客观归责理论——兼与周光权、刘艳红教授商榷》，《中外法学》2013年第2期，第314—324页。

[③] ［德］克劳斯·罗克辛：《德国刑法学总论》（第1卷），王世洲译，法律出版社2005年版，第402页。

危害了国家和人民的利益,应从行为侵犯的客体、手段、后果、时间、地点以及行为人的情况、主观因素来决定其轻重。① 所以,行为不法和结果不法必须具备。

其次,在规范论中,行为规范不仅构筑了归责判断的基础,也填充了罪刑规范的内容。在德国刑法学中占据主流的行为规范理论综合了评价规范与决定规范的论理,并与法益侵害说相结合,主张行为无价值的本质在于违反以防止法益侵害为导向的行为规范。由此,行为无价值成为"一种从行为时的情况所决定的不容许之法益风险制造",并实现了与客观归责论的有效对接。② 我国学者也同意罪刑规范兼有裁判规范和行为规范的性质,前者指向司法工作人员,旨在限定司法权,后者针对一般人,以约束其行为,实质是法益保护规范与人权保障规范。③ 只有注重行为规范与犯罪构成的关联性,才有利于践行罪刑法定原则。

再次,在体系论中,客观归责论同我国犯罪构成体系不存在难以调和的矛盾,许多归责要素都有相对应的客观要件。因为前者在客观归责之后才进行主观归责,后者也把客观要件置于主观要件之前。在保护客体、实行行为、构成要件结果、因果关系等核心要素都具备的情况下,所要借鉴的只是客观归责论的归责立场、类型和标准。将此思维贯彻到行为不法、结果不法和因果关系的认定过程中,就无须生搬硬套阶层式体系及其术语。

最后,在机能论中,尽管客观归责论往往进行反向筛选,我国犯罪构成体系总是进行正面对照,但它们兼有法益保护机能和人权保障机能。不能认为,前者只有利于出罪,后者仅有助于入罪,事实上二者很少得出截然相反的结论。

总而言之,作为一种分析工具,客观归责方法论不存在明显的体系偏好和绝对的路径依赖。不要再纠结于体系之争,更不要有"择边站队"的潜意识,规范地、精细化地探究对具体问题的解释合理性,④ 既是评判犯罪论体系之争的理性态度,也扩展了今后客观归责方法论的研究视野。

---

① 参见赵秉志主编《刑法总论》(第三版),中国人民大学出版社2016年版,第108页。
② 劳东燕:《结果无价值论与行为无价值论之争的中国展开》,《清华法学》2015年第3期,第69页。
③ 参见张明楷《刑法学(上)》(第五版),法律出版社2016年版,第26—27页。
④ 周光权:《犯罪构成要件理论的论争及其长远影响》,《政治与法律》2017年第3期,第30页。

二 借鉴方法

采取客观归责方法论没有必要将我国犯罪构成体系推倒重来,较之疫学因果关系论、间接反证法,它对于污染环境罪的不法认定具有显著的方法论优势,值得借鉴。

第一,旨在将不重要的因果关系从构成要件的范围内剔除出去,使污染环境罪成立的判断起点和评价重心被确立在客观方面。客观判断的优先性被贯彻到本罪行为不法、结果不法以及不法关联的判断过程中,而疫学因果关系论不对实行行为或者危害结果进行法律评价。在归责的条理性和经济性上,客观归责方法论更胜一筹。

第二,重视规范判断的运用,充分发挥限制污染环境罪客观不法成立范围的机能。规范评价的侧重性实现了规范理论与危险理论的融合,为客观归责论奠定了理论基础。疫学因果关系论只能在经验法则上推定有害物质产生损害结果的概率大小,客观归责方法论则还对本罪实行行为及其危害结果进行规范解释,在因果关联的"起点"和"终点"两端予以实质认定,进一步缩小归责边界。在归责的规范性和实质性上,疫学因果关系论相形见绌。

第三,归纳出较为清晰的判断标准,显示了污染环境罪归责评价上的层次性。借助危险评价工具,事实危险与规范危险的类型化为客观归责论提供了体系标准。[①] 归责标准的位阶性体现在主要考察本罪实行行为逾越排污标准的程度以及侵犯环境权的大小,换言之,不同的排污标准预示着侵犯环境权的不同危险性,彼此之间的危险关联性轻重有别,形成污染危险类型的有序阶梯,有助于区别环境违法行为与环境犯罪行为。而疫学因果关系论和间接反证法源自民事法,缺少危险判断的实体标准,未必符合环境刑法目的,可能混淆违法评价与不法评价的界限。在归责的层析性和位阶性上,客观归责方法论更为可行。

第四,促使价值判断渗透到环境刑法体系的构建过程,加强了环境犯罪刑事政策学与环境刑法学的衔接。德国学者以现代刑事政策上所倡导的刑罚目的理论取代新康德主义模糊的文化价值观,将其作为规范性评价体系的基础建构价值。[②] 刑事政策的导向性选择把客观归责论作为其核心方案之一,但并未停留在疫学因果关系的推定或者与污染结果有间接关联事

[①] 参见 [日] 山中敬一《刑法总论》(第2版),成文堂2008年版,第250页。
[②] 许玉秀:《当代刑法思潮》,中国民主法制出版社2005年版,第143页。

实的反证上,而是通过把握符合国情的环境犯罪刑事政策,引导其主动预防环境犯罪和积极培养环保意识。尽管环境刑法的刑事政策化必然加快其向预防刑法的转变步伐,但并不意味着对被害人一律进行倾斜保护,以降低证明标准或转移证明责任的方式追求权利补偿,有违环境刑法的机能构造。在归责的目的性和政策性上,客观归责方法论更加契合。

三 完善措施

通过基本维持我国通行的犯罪构成体系以及适当引入客观归责论的个别具体规则,根据我国当前环境犯罪刑事政策,围绕污染环境罪的特点,从不法行为、不法结果和因果关系三方面全方位完善其方法论。

(一)污染环境罪实行行为判断方法的完善

在实行行为部分,通过对污染行为进行实质解释和规范解释来明确行为不法的内涵,尤其是对其准抽象危险的判断。

通说一直认为,实行行为是主观与客观的统一、形式与实质的统一、抽象与具体的统一。例如,它并不承认未遂犯是具体危险犯,不像德、日刑法学那样依赖危险概念,而是和预备行为进行比较,结合行为样态,通过考察犯罪客体、对象、时间、地点、工具等因素来决定行为危害性的程度。可见,我国实行行为论是运用实质解释和规范解释判断行为的不法性。一旦法官确定某一行为有污染环境的抽象危险,即可构成犯罪,而对这一危险的个别判断要经过三步:(1)实施了违反注意义务的行为;(2)作用于行为客体;(3)由于偶然原因没有出现原本可能造成的具体危险状态。[①] 其中,作为主要类型之一的累积犯通过判断累积效应是否具有现实性以及单个累积行为的最小自重,以发现大量同样的污染行为与潜在的环境损害之间的联系。基于合比例性原则和罪刑法定原则,应当规定尽量少的最低限度条款来明确环境损害的容忍阈值。[②] 这就通过实质认定累积污染行为中极为宽松的法益侵害关联性,限制了其处罚范围。

必须指出的是,相关司法解释一般根据地方污染物排放标准衡量污染行为的危险性,但《2016年解释》第1条第10项新增"造成生态环境严重损害的"定罪标准,形成污染物排放标准和环境质量标准并存的格局。易言之,前者重在控制污染,后者重在界定污染,后者是前者的制定依据

---

① 参见李婕《限缩抑或分化:准抽象危险犯的构造与范围》,《法学评论》2017年第3期,第41—42页。
② 参见张志钢《论累积犯的法理——以污染环境罪为中心》,《环球法律评论》2017年第2期,第174—175页。

之一。① 评估生态环境修复费用、功能损失时考虑自然的"自我代谢能力",② 就是依据环境质量标准权衡污染行为侵害环境法益的大小。以污染物排放标准为重心来确定污染行为的抽象危险程度,就是对危险创设关联的判断。即使在归责体系中没有使用这一概念,它们在归责方法上也并无二致。

(二) 污染环境罪危害结果判断方法的完善

在危害结果部分,适应我国社会发展阶段科学解读环境权的含义,使其更为贴近环境刑法目的。《中共中央关于全面推进依法治国若干重大问题的决定》指出,用严格的法律制度保护生态环境,制定完善污染防治法律法规,依法强化损害生态环境治理。中共十八大五中全会公报、中共十九大报告也对此予以了重申。《中国共产党第十八届中央委员会第五次全体会议公报》重申,必须坚持节约资源和保护环境的基本国策,坚定走生产发展、生活富裕、生态良好的文明发展道路,加大环境治理力度,以提高环境质量为核心,实行最严格的环境保护制度。根据以上公共政策,修订后的《环境保护法》第1条将"保护和改善环境,防治污染和其他公害,保障公众健康,推进生态文明建设,促进经济社会可持续发展"作为立法目标。据此,我国环境犯罪刑事政策应服务于经济发展和环境治理和谐共存的大局,惩罚和预防环境犯罪,保护、恢复和改善环境。相应地,环境刑法的目的就是预防环境犯罪,保护公民环境权和保障罪犯人权。因此,无论是纯粹的生态法益观还是多元的环境法益观,都不能圆满解释我国现阶段的环境犯罪刑事政策和环境刑法目的。

污染环境罪的客体应为环境权。详言之,其一,环境权的主体是自然人,包括当代人和下一代人,并非德、日刑法学通说所主张的涉及现在及将来各代人必要的生活基础,③ 因为这会远远超出追诉时效期限。其二,环境权的内容是自然人所享有的在和谐、舒适的生态环境中生存和发展的基本权利。它包括环境享受权和与之相关的生命权、健康权、财产权,是精神权利和物质权利的统一。其三,环境权的性质是公共法益,有别于集合法益:前者可以还原为个人法益,后者为社会和国家提供的、作为个体

---

① 参见陈伟:《环境质量标准的侵权法适用研究》,《中国法学》2017年第1期,第209页以下。
② 侯艳芳:《污染环境罪疑难问题研究》,《法商研究》2017年第3期,第114页。
③ [日] 中山研一等:《环境刑法概说》,成文堂2003年版,第67页。

生存和发展基础的制度性和体系性条件。① 其四，环境权的类型有基本环境权和派生环境权之分：前者是人类享受良好生态环境的权利，其权利实现取决于环境要素的保护力度；后者是人类利用自然资源时可能侵犯的权利，其权利保护受制于现有科技水平和社会治理能力。其五，环境权的对象包含自然资源和人文环境，不限于土地、水体、大气。《环境保护法》第 2 条给"环境"下了定义，突出了生态的整体性，在认定本罪对象时，可结合该条规定并根据环境权的内容予以解释。

以环境权为中心来确定本罪规范所欲阻止的结果，就是对构成要件效力范围的判断。在归责体系中设置这一程序，能够将不以环境为媒介造成的人身伤亡损害和资源效益损失排除在环境权的范围之外。

（三）污染环境罪因果关系判断方法的完善

在因果关系部分，除了根据疫学原理考察各种危险因素以外，还要以污染危险升高和环境保护目的之关联性为标准决定污染结果的可归责性。

正如本章第一节所述，由于疫学因果关系论和间接反证法的引入，判断污染环境罪因果关系就不再是一个单纯的实体法问题，它还受到了程序法的制约。② 根据"刑事一体化"理念重构其归责框架，有必要以复杂因果关系的结果归属判断为核心。借鉴污染危险升高和环境保护目的之关联的归责基准，就是为了实现因果关系认定的知识性与规范性。

1. 在事实的因果关系判断阶段，疫学原理提供了认定因果关系的判断资料，依托流行病学知识对传统因果关系论进行了部分创新，较好实现了现代科技对人类认识能力的拓展。疫学原理所依托的合法则的条件说与条件说既有联系，又有区别：一方面，前者通常以后者为前提，后者在逻辑上也采用排除法；另一方面，较之后者，前者更擅长依靠经验知识或科学法则来处理食品、药品、环境犯罪等复杂公害案件的因果关系。这表明，当按照人们普遍的经验认识时，二者会得出相同的结论；因为缺少专业知识而无法适用前者时，根据一般生活法则适用后者会得出不同的结论。

由此可见，合法则的条件说与条件说不是对立关系，而是择一关系：在不牵涉特殊经验或科学法则的案件中，可以适用条件说；在假定的因果关系、重叠的因果关系等情形下，只能结合证据法有序展开合法则的条件

---

① 李川：《二元集合法益与累积犯形态研究——法定犯与自然犯混同情形下对污染环境罪"严重污染环境"的解释》，《政治与法律》2017 年第 10 期，第 47 页。
② 参见焦艳鹏《实体法与程序法双重约束下的污染环境罪司法证明》，《政治与法律》2015 年第 7 期，第 16—19 页。

说的评价机制。此时，在实体法上，根据污染物排放标准、环境质量标准、人体损伤程度鉴定标准等，考察财产损失轻重或人身伤亡大小、污源的个数及同一性、当地的地理、气候等因素，并对照以往群体性病症的处理经验，推定污染行为在较高概率上会引发污染结果。在程序法上，则要重视环境影响评价文件、鉴定结果、专家意见等，[①]确保推定结论的可靠性。

2. 在法律的因果关系判断阶段，结果归属立场要求在规范保护目的的视野下，处理好实行行为的危险性和介入因素的贡献度之间的关系。既如前述，在不同类型的危险实现案件中，既有实行行为对结果实现给予决定性影响的，也有实行行为经由介入因素而对结果实现产生间接作用的。所以，作为实行行为的判断资料，不仅包括行为单独引起结果的危险性，而且包括行为引起介入因素的危险性，即实行行为的危险性与介入因素的通常性这两个概念并不能绝对分开，其内容是相互关联的。[②] 因此，实行行为的判断（引起结果的可能性）和介入因素的评价（因果过程的通常性）必须同时具备。

毫无疑问，这提高了结果归属的难度。在否定结果可归责性的意义上，仅否定支配的存在还不够，还必须进一步消除提升风险的效果。只有当结果的出现并非源自行为人所提升的风险的实现，而是源于另一种独立的风险，才能产生排除效果。在肯定结果可归责性的意义上，就要通过规范保护目的思想来准确限定风险类型，并据此判断结果是否是行为人所制造的风险的实现。[③] 当行为人启动的污染经过受到第三人行为的干预时，也是如此。

以行为人雇用数人处置危险废物为例，需要实质地认定在"正常情况"下没有危险的社会举止在"具体情况"下是否以创设不被容许的风险的方式促成结果。[④] 尽管各国学者就限制处罚中立的帮助行为达成共识，不过分裂成了主观说和客观说两大阵营。[⑤] 我国也有实务界人士指出，要防止"一刀切"。如果具有积极组织并领取高薪、根据排污数量进

[①] 参见焦艳鹏《污染环境罪因果关系的证明路径》，《法学》2014年第8期，第140—142页。

[②] 参见 [日] 松原芳博《刑法总论》，日本评论社2013年版，第77页注31。

[③] 劳东燕：《事实因果与刑法中的结果归责》，《中国法学》2015年第2期，第151页。

[④] 参见 [德] 乌尔斯·金德霍伊泽尔《刑法总论教科书》（第六版），蔡桂生译，北京大学出版社2015年版，第95—96页。

[⑤] 参见陈洪兵《论中立帮助行为的处罚边界》，《中国法学》2017年第1期，第192—197页。

行分成、参与组织并收取费用等情形之一的，就可定罪。① 至此可以看出，对于帮助排污行为的客观归责应当经过以下步骤：（1）考察行为方式是作为还是不作为。若是不作为，初步确定其义务内容；若是作为，还要进一步判断其作用。（2）审查参与人数、行为次数、干预程度、获利金额等情节。假如没有雇工提供帮助，雇主也能轻易找到他人从事相同工作，说明雇工可以被取代，没有升高污染结果发生的危险；反之，则说明其在各参与者中不可替代，负有当然的危险源监督义务，对于污染结果发生的贡献较大。（3）根据当地经济发展水平，衡量环境权保护的迫切性，一旦追究刑事责任是否侵害公民劳动权，将其作为危险实现关联判断的最后检验。

再以单个污染源排污没有超标但数个污染源同时排污超标为例，会更有力地证明结果归属判断的必要性。有学者认为，在双方都明知对方违法排放的情况下，属于共同犯罪；在双方不明知对方违法排放的情况下，属于重叠的因果关系，双方行为与严重污染环境的结果之间均存在合法则的因果关系，应将结果归属于双方的行为。② 笔者认为，在对方排污构成对自己排污的"干扰"时，不能只看合法则的条件关系就定罪，否则就是把环境侵权因果关系视同环境犯罪因果关系。因为在双方行为互为补充时认可结果归属，是整体归责而非个别归责，既不符合因果关系的具体性，也违反了责任主义。而且，此时以相互为必要充分条件为逻辑解释，只是在技术上说明了为什么风险升高了，并没有在目的上说明为什么应该受风险实现的归责。③ 即便从目的上看，也根本不存在环境刑法难以容忍的危险实现关联。如果没有充分的证据，就不能以保护环境权为由而牺牲个人或企业的经营权。因此，对于累积的因果关系，应该否定可归责性。

本章小结

尽管疫学因果关系论与间接反证法曾是解决环境犯罪因果关系认定难题的两种主要理论，但也存在着明显缺陷。前者的疑问在于：（1）认定疫学因果关系必须根据合法则的条件说，只能解决事实因果关系的存否问

---

① 乐绍光等：《污染环境罪中的三个问题》，《人民检察》2016年第5期，第53页。
② 张明楷：《刑法学（下）》（第五版），法律出版社2016年版，第1130页。
③ 参见许玉秀《当代刑法思潮》，中国民主法制出版社2005年版，第518—520页。

题。(2) 疫学因果关系的判断是一种事实推定，缺乏清晰的认定标准。(3) 基于前面两点的分析，它被直接用于环境犯罪的归责缺乏适当根据。而后者的不足表现在：一方面，关于证明对象，它所针对的究竟是间接事实，还是直接事实，往往难以区分。另一方面，关于证明标准，它要求对间接事实的存在必须达到证明的程度，混淆了本证和反证的区别。在方法论上，疫学因果关系论没有提出环境犯罪因果关系的规范标准，间接反证法设定的证据规则又提高了认定难度，必须另辟蹊径。

客观归责论在我国学术界的影响日益增大，但传统理论根深蒂固、刑事立法相对滞后、裁判说理不够透彻等因素的限制，该说在实务界并未得到明确采纳，只能从某些判例的字里行间觉察出其思维痕迹。通过"中国裁判文书网""北大法宝"《最高人民法院公报》等途径，随机抽取了部分《修正案（八）》生效前后的裁判文书，在梳理案件事实和分析判决理由之后，发现污染环境罪客观归责的具体方式主要有三种：(1) 归责端口前移，即考察各种污染因素，注重对行为不法的评价；(2) 归责客体扩张，即固守传统法益，兼顾对环境生态功能的保护；(3) 归责过程简化，即融合必然因果关系和相当因果关系，限定污染危险实现关联的范围。尽管上述判例在形式上难以认为直接运用了客观归责论，且说理有待进一步强化，但在实质上采取了规范判断的立场，有选择地转用了下位规则，覆盖了不法认定的所有领域，暗含了某些核心概念。可见，它们与客观归责论在基本立场、具体规则、功能定位、术语表达等方面有着内在联系。即使不整体移植客观归责论的体系，也能适当借鉴客观归责论的方法。因此，污染环境罪司法实践对客观归责方法论的运用可归结为四个方面的特点。第一，刑事司法与刑事立法形成良性互动，但刑事法治实践与刑法理论研究还有一定隔阂。这是客观归责方法论得以一定适用的内因。第二，归责端口前移契合污染环境罪的行为本质，但行为不法的处罚边界尚待进一步明晰，其归责方法基本对应于客观归责论的第一个下位规则——创设不被允许的危险。第三，归责客体扩张体现环境法益的生态功能，但结果不法的实体内容依然不容忽视，其归责方法大体相当于客观归责论的第三个下位规则——构成要件的效力范围。第四，归责过程简化初具结果归属的雏形，但因果关系的处理模式更需适应复杂案件，其归责方法几乎涉及客观归责论的三个下位规则，唯独缺乏归属的层次性。

客观归责方法论在我国污染环境罪司法实践的运用现状决定了其发展前景，包括宏观的路径选择、具体的借鉴方法和详细的完善措施。首先，我国学者习惯于在犯罪论体系改良的层面讨论如何借鉴客观归责论，由此产生了路径分歧。实际上，作为一种分析工具，客观归责方法论不存在明显的体系偏好和绝对的路径依赖，应当着力探讨对具体问题的合理解释。其次，采取客观归责方法论没有必要将我国犯罪构成体系推倒重来，它对于污染环境罪的不法认定所具有的显著方法论优势体现在：（1）旨在将不重要的因果关系从构成要件的范围内剔除出去，使污染环境罪成立的判断起点和评价重心被确立在客观方面。（2）重视规范判断的运用，充分发挥限制污染环境罪客观不法成立范围的机能。（3）归纳出较为清晰的判断标准，显示污染环境罪归责评价上的层次性。（4）促使价值判断渗透到环境刑法体系的构建过程，加强了环境犯罪刑事政策学与环境刑法学的衔接。最后，通过基本维持我国通行的犯罪构成体系以及适当引入客观归责论的个别具体规则，根据我国当前环境犯罪刑事政策，围绕污染环境罪的特点，从不法行为、不法结果和因果关系全方位完善其方法论。在实行行为部分，通过对污染行为进行实质解释和规范解释来明确行为不法的内涵，尤其是对其准抽象危险的判断；在危害结果部分，适应我国社会发展阶段科学解读环境权的含义，使其更为贴近环境刑法目的；在因果关系部分，除了根据疫学原理考察各种危险因素以外，还要以污染危险升高和环境保护目的之关联性为标准决定污染结果的可归责性。

第五章　单位污染环境罪的客观归责

污染环境罪的犯罪主体既包括自然人，也包括单位。无论是故意犯罪还是过失犯罪，单位污染环境罪的社会危害性一般远远大于自然人污染环境罪的社会危害性。但在现代社会，由于各种组织对经济发展和人类生活的影响日益增大，传统的法人犯罪理论逐渐无力应对某些疑难的公害犯罪，因此，我国亟须构建新的单位犯罪处罚原理，以促使单位自觉改善内部体制和主动承担社会责任。本章打算在揭示主流的单位犯罪理论明显缺憾的基础上，通过全面比较作为新兴法人处罚理论的单一模式论和复合模式论，有力论证我国刑法理论应当借鉴的法人犯罪处罚原理，并针对不同的单位犯罪类型，分别探讨其主观推定与客观归责的适用，以期能够提炼出判断复杂单位污染环境罪客观不法的具体规则。

第一节　问题的提出

我国主流的单位刑事责任论强调以自然人为中介和决策机关的支配作用，[①] 但从以下案例可以发现，[②] 通说在论证单位犯罪的处罚根据方面存在较为明显的缺憾。

［案例1：上海岭岭电子元器件公司走私案］[③] 1988年7月，上海岭

---

① 参见高铭暄主编《刑法专论》（第二版），高等教育出版社2006年版，第230—236页；赵秉志主编《犯罪总论问题探索》，法律出版社2003年版，第161—166页。

② 由于环境犯罪属于广义上的经济犯罪，为了深入进行类型化分析，本章所选取的案例样本既包括环境犯罪案件，也包括狭义上的经济犯罪案件。

③ 参见佚名《上海岭岭电子元器件公司勾结不法港商共同走私案》，载"找法网"：http://china.findlaw.cn/case/20524.html，访问时间：2015年10月1日。

岭电子元器件公司为牟取非法利益,由公司经理杨鸿志和业务员杨翔安纠集钱大昌,共谋走私集成电路模块。嗣后,钱大昌又纠集陈荣庆,并由陈纠合邓志良,进一步策划了闯关走私的具体办法。1988年8月至1989年4月,上海岭岭电子元器件公司和钱大昌、陈荣庆、邓志良共同走私30余次,总价额达人民币297万余元。一审法院认为,被告人上海岭岭电子元器件公司与被告人钱大昌、陈荣庆、邓志良,为牟取非法利益,共同违反海关法规,逃避海关监督,非法运输国家限制进口的货物入境,价额特别巨大,其行为均已触犯刑律,构成走私罪。依法应当追究上海岭岭电子元器件公司及其直接负责的主管人员杨鸿志和直接责任人员杨翔安的刑事责任;对钱大昌、陈荣庆、邓志良应按个人犯走私罪追究刑事责任。"并对上述各被告处以相应的刑罚。

[案例2:江苏宏光车料(太仓)有限公司、胡永清污染环境案][1] 2013年4—5月,江苏宏光车料(太仓)有限公司电镀科科长胡永清明知电镀污泥属于危险废物,却违反国家规定指使工人擅自将电镀污泥15吨填埋进污水处理区内一水池里,并用钢筋混凝土对该水池表面进行浇筑,将水池改造成新的电镀污泥晒场。一审法院认为:"被告宏光车料(太仓)有限公司、被告胡永清违反国家规定,倾倒和处置危险废物,严重污染环境,其行为均已构成污染环境罪。……被告人胡永清犯罪以后自动投案,如实供述自己的罪行,被告人胡永清系被告单位宏光车料(太仓)有限公司污染环境的直接责任人员,故被告单位宏光车料(太仓)有限公司和被告人胡永清均系自首。并对上述二被告处以相应的刑罚。

[案例3:上海友联管理研究中心有限公司等单位、唐万新等人非法吸收公众存款、操纵证券交易价格案][2] 2001年6月5日至2004年8月31日,在唐万新的决策和指挥下,上海友联组织金新信托等公司,以向客户承诺按期还本并支付高于银行同期利率的固定收益率的方法,吸收公众存款3.2万余笔,或与693个单位和1073名个人签订合同,变相吸收公众存款437.437亿余元,其中未兑付资金余额为167.052亿余元。1997年3月至2004年4月14日,在唐万新集中持股决策的指导下,新疆德隆(集团)有限责任公司和德隆国际战略投资有限公司通

---

[1] 参见江苏省太仓市人民法院(2013)太刑初字第0617号刑事判决书。
[2] 参见秦杰、刘丰、金文兵《德隆案在武汉宣判 唐万新等7人被罚103亿》,搜狐网(http://news.sohu.com),访问时间:2015年10月1日。

过金新信托等公司,集中资金、利用资金优势、持股优势,采取连续买卖、自买自卖等手法,长期大量买卖新疆屯河、合金投资、湘火炬A,累计买入678.36亿元,累计卖出621.83亿元,累计直接账面盈利98.61亿元,造成三只股票价格波动异常。一审法院认为,上海友联构成非法吸收公众存款罪,德隆国际、新疆德隆构成操纵证券交易价格罪;作为上海友联的总裁以及新疆德隆、德隆国际的法定代表人,唐万新构成非法吸收公众存款罪和操纵证券交易价格罪,并对上述各被告处以相应的刑罚。

[案例4:紫金矿业集团股份有限公司紫金山金铜矿重大环境污染事故案][①] 2006年10月以来,该金铜矿所属的铜矿湿法厂清污分流涵洞的渗漏问题日益严重,在2009年9月福建省环保厅要求彻底整改后,仍不彻底整改。2010年7月3日和16日,该厂发生两次严重的含酮酸性废水泄漏,造成下游水体污染,养殖鱼类大量死亡。一审法院认为:"被告单位紫金山金铜矿违反国家规定,未采取有效措施解决存在的环保隐患,继而发生了危险废物泄漏至汀江,致使汀江河水域水质受到污染,后果特别严重。被告人陈家洪(2006年9月至2009年12月任紫金山金铜矿矿长)、黄福才(紫金山金铜矿环保安全处处长)是应对该事故直接负责的主管人员,被告人林文贤(紫金山铜矿湿法厂厂长)、王勇(紫金山铜矿湿法厂分管环保的副厂长)、刘生源(紫金山铜矿湿法厂环保车间主任)是该事故的直接责任人员,对该事故均负有直接责任,其行为均已构成重大环境污染事故罪。"并对上述各被告处以相应的刑罚。

根据通说的立场解读上述案例,会产生四点疑问:

第一,通说似以同一视原理为基础,却未完全明确普通单位犯罪的处罚根据。在案例1中,一审法院并未说明,为何将经理杨鸿志和业务员杨翔安策划的走私行为归属于公司?在案例2中,一审法院也未阐释,为何只把科长胡永清实施的污染环境行为归属于公司。

第二,通说无法阐明大型规模单位犯罪的处罚原理,致使直接负责的主管人员和其他直接责任人员的界限不清。在案例3中,涉案公司均为德隆旗下的三家企业,而德隆系的业务遍及水泥、汽配、旅游、饮料、娱乐等多个行业,曾是国内最大的民营产业集团。由于组织庞大、机构众多、权力分散,为何德隆集团的其他高管人员不必作为直接负责的主管人员承

---

① 参见福建省龙岩市新罗区人民法院(2011)龙新刑初字第31号刑事判决书。

担刑事责任？同样，在案例4中，紫金山金铜矿系紫金矿业集团股份有限公司的核心企业和主要利润中心，下辖金矿和铜矿两大生产系统，九个生产厂，时有员工3000人，是我国唯一的世界级特大金矿。那么，为何陈家洪、黄福才作为责任较重的直接负责的主管人员，能够适用缓刑，而林文贤、王勇、刘生源作为责任较轻的直接责任人员，却被判处3年至3年6个月有期徒刑？

第三，通说适于论证单位故意犯罪的刑事责任，但不适于论证单位过失犯罪的刑事责任。在四个案例中，案例1和案例3为单位故意犯罪，案例2和案例4为单位过失犯罪，通说在后者的场合很少解释单位犯罪的作为义务和注意义务。

第四，通说不能正确区分单位犯罪和自然人犯罪，会不当缩小单位犯罪的处罚范围。按照通说的观点，案例2的被告胡永清仅为单位电镀科科长，既然追究其作为直接责任人员的刑事责任，为何不追究主管人员如董事、经理的刑事责任？否则，这就不当缩小了单位犯罪的处罚范围。同理，根据通说的主张，案例4的被告林文贤、王勇、刘生源均系铜矿湿法厂管理人员，该厂作为单位分支机构，具备相对的独立性，但是，为何要追究紫金山金铜矿的刑事责任，而不追究铜矿湿法厂的刑事责任？否则，这也不当缩小了单位犯罪的处罚范围。

正是基于以上反思，笔者认为，有必要借鉴国外法人犯罪的研究成果，整合我国现行的单位犯罪理论。

第二节　单一模式论与复合模式论

在世界范围内，法人处罚的必要性和适当性一直是理论界和实务界争议的焦点。总体而言，欧陆各国对法人处罚表现出消极的倾向，相反，英美等国原则上承认法人处罚。[①] 日本的情况比较特殊，尽管现行刑法典不承认法人处罚，但第8条但书可解释为认可了法人的犯罪能力。[②] 于是，《银行法》《金融商品交易法》等行政刑法主要采取了两罚

[①] 参见［日］福田平《行政刑法》，有斐阁1959年版，第63—67页。

[②] 参见［日］大谷实《刑法讲义总论》（新版第4版），成文堂2012年版，第107页。《日本刑法典》第8条规定："本编的规定也适用于其他法令规定的犯罪。但是，其他法令有特别规定的，不在此限。"其中，"特别规定"包括针对法人犯罪的两罚规定和三罚规定。

规定的形式。另外，自判例将"过失推定说"推及适用于法人业务主（案例5：从业人员实施了与法人业务有关的、违反当时《外汇及对外贸易管理法》有关规定的行为。最高裁判所认为，对于事业主是自然人的两罚规定，推定事业主为防止行为人的选任、监督及其他违反行为，没有尽到必要的注意而存在过失。本案中，事业主系法人，行为人是非代表人的从业人员，上述观点，当然应推及适用）① 之后，该说就代表了判例的基本立场。

实际上，由于日益严重的经济犯罪和环境犯罪，许多国家都倾向于对法人处罚采取更为实用的态度。例如，20 世纪 90 年代后半叶以来，欧盟各国学者就着手制定一部统一的刑法草案，包括总则、刑事制裁和刑事程序等规定。其中，关于法人的刑事责任条文采用了英美法的模式，即谁为了组织体并以其名义活动的，就要承担相应的刑事责任。不过，德国学者对此疑虑重重。② 但是，也有部分德国学者正视现代刑事政策的需要性、《违反秩序法》的妥协性以及法人罚款制的反逻辑性，建议以集合责任代替个人责任，刑罚的基础是出于组织方面或危险控制方面的社团指令的失误。③ 而且法国、意大利也出现了同样的理论和实践动向。④

综上所述，有关法人犯罪的传统学说经历了长期的统治后，正在受到来自新兴理论越来越大的挑战。新兴理论强调对传统学说的融合与改造，逐步呈现出单一模式论与复合模式论对立的局面。

一 单一模式论

所谓单一模式论，是指法人处罚理论只以一种模式为基础的见解。其中，又有个人模式论与组织模式论之分。

（一）个人模式论

《德国刑法典》第 14 条以及分则个别规定的适用均以行为人特定的个人特征为前提条件。换言之，当具有这些个人特征的法人的代理人、受

---

① 参见最判昭和 40 年 3 月 26 日刑事判例集第 19 卷 2 号，第 83 页。
② 参见［德］Hans Joachim Hirsch《关于欧洲各国刑法相互协调的若干问题》，井田良译，《庆应法学》2007 年第 7 号，第 98—99 页。
③ 参见［德］托马斯·莱塞《德国的法人犯罪理论》，陈历幸译，载顾肖荣主编《经济刑法》(2)，上海人民出版社 2004 年版，第 149 页。
④ 参见［法］卡斯东·斯特法尼等《法国刑法总论精义》，罗结珍译，中国政法大学出版社 1998 年版，第 289—294 页；［意］杜里奥·帕多瓦尼《意大利刑法学原理》（注评版），陈忠林译，中国人民大学出版社 2004 年版，第 87—88 页。

委托人实施了违法行为时,个人就产生了可归责性,而法人实体却不能受到刑罚处罚。① 作为一部非典型意义上的行政刑法,《违反秩序法》第30

---

① 参见[德]汉斯·海因里希·耶赛克、托马斯·魏根特《德国刑法教科书》(总论),徐久生译,中国法制出版社 2001 年版,第 282—284 页;[德]冈特·施特拉腾韦特、洛塔尔·库伦《刑法总论Ⅰ——犯罪论》,杨萌译,法律出版社 2006 年版,第 349 页。《德国刑法典》第 14 条(为他人而行为)规定:"(1)以下列身份 1. 法人的代理机构或其成员,2. 股份公司的有代理权的股东,或 3. 他人的法定代理人,而为代理行为的,如果某一法律规定以特定之个人身份、关系或情况(特定之个人特征)为可罚性之基础,但代理人不具备此等特征而被代理人具备时,则代理人的行为仍适用该法。(2)1. 受企业主或其他有此职权者 1. 委托经营企业之全部或一部的人,或 2. 特别委托以自己的责任完成企业主的任务的人,根据委托而实施的行为,如某一法律以特定的个人特征为可罚性之基础,但代理人不具备此等特征而企业主具备时,则对代理人的行为仍适用该法。2. 经营单位可视为与第 1 句的企业相同。3. 受相应的委托执行公共管理任务的,适用第 1 句的规定。(3)即使产生代理权或委托关系的法律行为无效,仍适用本条第 1 款和第 2 款的规定。"此外,同法第 283 条(破产)也规定:"(1)资不抵债或濒临无支付能力或已经无支付能力的,为下列行为之一的,处 5 年以下自由刑或罚金刑:1. 对宣告破产程序中属于破产人的财产部分,加以转移或隐匿,或以违反通常经济的要求的方式加以毁弃、损坏或使其不能使用的,2. 以违反通常经济的要求的方式进行货物或有价证券的亏本交易、投机交易或差额交易,或以非经济的支出、赌博、打赌而大量损耗或负债的,3. 赊欠货物或有价证券,将赊欠的货物或有价证券及其衍生物,以违反通常经济的要求的方式,以明显低于其价值让与他人或作其他处置的,4. 虚构他人的权利或承认虚构的权利的,5. 依法有义务记载商业账簿而不记载,或将商业账簿作如此记载或变更,以至于使人很难查阅其财产状况的,6. 商人将其依商法有义务保管的商业账簿或其他资料,在保管期限届满前,予以转移、隐匿、毁弃或损坏,由此而增加查阅其财产状况困难的,7. 违反商法的规定 a. 为增加查阅其财产状况的困难而提出资产负债表,或 b. 对其财产的资产负债表或财产清单,不在规定的期限内提出的,或 8. 以其他违反通常经济的要求的方式减少其财产,或隐匿或掩盖其真实的经营情况的。(2)因第 1 款所述行为之一,导致资不抵债或无支付能力的,处与第 1 款相同之刑罚。(3)犯本罪未遂的,亦应处罚。(4)有下列行为之一的,处 2 年以下自由刑或罚金刑:1. 在第 1 款情形下,因疏忽大意不知资不抵债或濒临无支付能力或已经无支付能力的,或 2. 在第 2 款情形下,因轻率造成资不抵债或无支付能力的。(5)有下列行为之一的,处 2 年以下自由刑或罚金刑:1. 因疏忽大意为第 1 款第 2 项、第 5 项或第 7 项行为,且至少是因为疏忽大意而不知悉其资不抵债、濒临无支付能力或已经无支付能力的,或 2. 因疏忽大意为与第 1 款第 2 项、第 5 项或第 7 项有关的第 2 款的行为,且至少是因为疏忽大意致资不抵债或无支付能力的。(6)该行为仅在停止支付,或就其财产宣告破产程序或宣告破产的申请因缺乏破产人财产而被驳回时,始可处罚。"该法第 266 条、第 284 条、第 288 条等规定均属此类。

条的规定①更进了一步，不仅仍以自然人的可归责性为中介，而且肯定了法人接受秩序罚的能力。与德国不同，由于日本的行政刑法承认法人处罚，所以同一视原理颇有市场。

反观我国，以自然人为中介的单位刑事责任论也是一种影响很大的理论。例如，通说认为，单位犯罪必须经过单位集体研究决定或由其负责人员决定实施，前者包括职工代表大会、董事会、股东大会等作出的决定，后者包括企业厂长、公司董事长或经理等作出的决定。② 再如，规范的双重证明理论指出，单位犯罪的成立无须单位整体或共同的犯罪意思，也不需要单位的犯罪能力或有缺陷的人格特征，需要的是在犯罪行为和单位之间存在形式上的强制联系：有权代表单位的人为了单位利益而将犯罪强加在单位身上。③ 以上两种学说明显带有同一视原理的特征。

总之，由于同一视原理以自然人为中介，所以被认为是一种个人模式论。该原理既贯彻了责任主义，又明确了法人责任的分化。然而，它还存在以下不足：（1）不利于处理大规模单位犯罪；（2）没有明确将代表人等人的犯罪同一视为法人犯罪的刑法上的根据；（3）由此导致对同一视主体范围的争论不休；（4）选任、监督责任和行为责任的区分仅具有相对意义；（5）在某些场合难以将特定自然人的行为归于法人。

（二）组织模式论

德国学者在第二次世界大战后鉴于经济水平的提高和法人处罚的现实性，率先从罪责原理入手，改变了传统的刑法理论。详言之，主张以法人的答责性（Verantwortlichkeit）为基础，把对法人本身的固有非难作为组

---

① 该条（对法人和人合团体罚款）全文为："（1）如果有人作为法人的合法代表机构或此种机构的成员，作为无法律能力的社团的理事会或其成员或者作为人合商业公司的有代表权的股东而实施犯罪或违反秩序行为，并由此而 1. 致使该法人或人合团体的义务受到损害，或者 2. 致使该法人或人合团体不当得利或将会不当得利，则可以对致使该法人或人合团体科处罚款。（2）罚款数额为 1. 故意犯罪，最高为 100 万德国马克，2. 过失犯罪，最高为 50 万德国马克。对违反秩序行为，罚款数额依照对该违反秩序行为应处罚款的数额确定。（3）本法第 17 条第（4）款和第 18 条相应适用。（4）如果对该项犯罪或违反秩序行为没有开始刑事或罚款程序，或者此种程序已经停止，或者于刑罚处罚，则可以单处罚款。但是，如果该项犯罪或违反秩序行为由于法律原因可以不予追究，则此规定不适用；本法第 33 条第（1）款第 2 句不受影响。（5）如果对法人或人合团体科处罚款，即不再依照《刑法典》第 73 条或第 73 a 条或依照本法第 29a 条对其就统一行为颁布充公令。"（郑冲译：《德国违反秩序法》，《行政法学研究》1995 年第 1 期。）

② 参见马克昌主编《刑法学》，高等教育出版社 2003 年版，第 90 页。

③ 参见冯军《新刑法中的单位犯罪》，高铭暄、赵秉志主编《中日经济犯罪比较研究》，法律出版社 2005 年版，第 48—54 页。

织体责任（Organisations-verschulden）来理解。与完全酩酊和监督义务违反罪的可罚性基础一样，法人因其先行的、对自然人行为防止措施的懈怠而被归责。① 该说很快成为德国公司刑法教义学中的先驱。日本学者也针对当时严重的公害犯罪和旧法人处罚理论的局限，提出了两种新的代表性见解：一种是"法人独立行为责任论"。它主张，应以法人自身的犯罪、法人自身的过失为根据来处罚法人。当没有履行为防止危害而科以的安全基准的注意义务时，就存在组织体自身的过失。只要存在可能发生破坏某人生命、身体的有害结果这种危惧感，就具有预见可能性。② 另一种是"企业组织体责任论"。它主张，大公司的事业本部、分店长、工厂厂长及其各部门的负责人、基层从业人员的行为，只要具有客观的业务关联性，都是企业组织体活动的一环。通说区分行为责任和监督责任，没有考虑组织体的实态。对上述人员的行为，应从整体上视为法人的行为。③ 以上学说也获得了个别实务界人士的支持。④

而在我国，鲜有学者突破通说和立法的局限提出富有建设性的意见。"人格化社会系统责任论"曾强调，法人是一个人格化的社会有机整体，它具有自己的整体意志，从而也具有自己的犯罪能力和刑事责任能力，它是作为一个有机整体实施犯罪和负刑事责任的。但法人犯罪又是通过其系统内部的自然人的自觉活动来实现的，因此在法人整体犯罪中起重要作用和负有重大责任的法人成员，也应负刑事责任。不能把法人整体的意志和行为，归结为任何个人的意志和行为；也不能把法人犯罪归结为个人犯罪。⑤ 该说同样是以组织模式论为根据的。

总之，由于组织体责任论等学说重视法人自身的特征，所以被归入组织模式论。该理论既能适应组织体活动的实态，又能贯彻抑制法人犯罪的刑事政策。可是，它还存在以下不足：（1）不利于处理中小规模单位的犯罪；（2）仅在事实判断层面将组织体作为自然人的集合；（3）没有阐明组织体责任的要件；（4）很难把法人处罚的范围扩张至过失犯以外；

---

① 参见［德］Claus Tiedemann《德国及欧共体中的经济犯罪与经济刑法》，西原春夫、宫泽浩一监译，成文堂1990年版，第98—99页。
② 参见［日］藤木英雄《公害犯罪》，东京大学出版会1975年版，第154、157、79页。
③ 参见［日］板仓宏《现代社会与新刑法理论》，劲草书房1980年版，第45—46页。
④ 参见［日］东条伸一郎《企业犯罪与两罚规定》，《法律广场》1976年第29卷4号，第7页；［日］饭田英男《关于法人处罚立法上的问题点》，*Jurist* 1978年第672号，第84页。
⑤ 参见何秉松《人格化社会系统责任论——论法人刑事责任的理论基础》，《中国法学》1992年第6期，第70—72页。

(5) 在某些场合可能过于宽松地认定法人过失的存在。

二 复合模式论

所谓复合模式论，是指法人处罚理论综合个人模式论和组织模式论的见解，旨在最大限度地发挥两种模式论的长处。

日本的复合模式论充分考虑了两种模式的兼容关系，主要分为以下四种观点：[①]（1）补充说。该说认为，将防止法益侵害发生的制度设置作为企业固有的责任要素把握，对要求身体举动和心理要素的犯罪适用组织模式不妥当时，用同一视原理补充。（2）重叠说。该说认为，以个人模式为前提，为认定法人的刑事责任，就客观的成立要件和主观的成立要件两方面重叠要求作为法人的"人的结合体"的性质。有必要对最终的行为人个人的意思决定过程施加组织的影响力，组织的意思决定带来的组织影响力要进入法人成员的行为和意思决定过程中。（3）统合说。该说认为，根据组织模式的观点，法人处罚的积极意义在于抑制对象的扩张机能（以法人本身为处罚对象，对不能成为自然人处罚对象的法人内部从业人员，间接地且综合地推动犯罪抑制）；而在参与的自然人应当被处罚的场合，由于失去了扩张抑制对象的必要性，根据同一视原理，法人处罚的积极意义在于抑制方法的扩张机能（通过处罚法人，明示来自法人活动领域的违法行为）。（4）并用说。该说认为，根据在法律上被认为是和自然人具有同样的权限和能力的存在性质以及作为组织体的性质两个方面，为克服过去以自然人为媒介的法人归责原理具有的本质问题，不把个人模式作为组织模式的补充，而是承认两种模式独立的存在意义且一并适用。

我国的复合模式论在吸收日本的复合模式论基础上，结合《刑法》第30条、第31条的规定，对单位犯罪的处罚根据作出了新的学理解释，代表性的观点有两种：一种观点提倡，在方法论上，单位犯罪的处罚原理不能仅考虑单位组成人员，还要考虑单位自身的特征。我国刑法分则规定的单位犯罪，实际上包括两种情况：一是单位集体决定或由单位负责人（单位代表或机关）决定实施的犯罪；二是单位的一般工作人员在履行业务的过程中造成重大财产损失或人员伤亡的犯罪。在前者的场合，单位承担故意犯罪或过失犯罪的刑事责任；在后者的场合，追究单位自身的过失

[①] 参见［日］川崎友巳《法人处罚论的今日展开——"企业的刑事责任"再论》，载濑川晃编《大谷实先生喜寿纪念论文集》，成文堂2011年版，第379—390页。

责任。[①] 另一种观点则倡导，参考国外企业刑事责任论"从个人到组织、从主观到客观、从制裁到引导"的发展方向，建立"以司法适用为导向、以组织责任为基础"的新理论，应当成为我国单位刑事责任论的未来选择。所以，在合法性判断的层面，从社会责任论出发，以企业社会责任为基础；在适用性判断的层面，以单位组织责任为基础确定其刑事责任的质与量。[②]

在上述观点中，日本复合模式论中的"补充说"将故意的主体和组织的犯罪防止措施的主体分离，而"重叠说"没有明确组织的意思决定施加影响力的评价基准，"并用说"则无法解决与同一视原理、企业组织体责任论这种单一模式论之间的理论整合。相比之下，"统合说"将两种模式统一地理解为满足法人处罚根据的典型范例，根据其要求分别整理法人犯罪的成立要件，使对法人处罚类型的判别更加容易，不会出现法人处罚的空隙。[③] 而且为能够认定法人犯罪的故意责任和过失责任，以规范责任论为根据，使两种模式的统合成为可能。这也可以解释，为何我国的复合模式论主要借鉴了"统合说"。

第三节　主观推定与客观归责

本书基本赞同复合模式论中的"统合说"，但认为在判定单位犯罪的处罚模式和构成要件的过程中，应当在进行主观推定的同时，强调客观归责的运用。

一　主观推定

在主观方面，单位犯罪的罪过形式包括单位故意和单位过失。其中，单位直接故意是指为谋取单位利益，单位决策机构或负责人员明知自己的决定会发生危害社会的结果，并希望这种结果发生的心理态度。通说关注的就是这类单位犯罪，最初认为，犯罪是由本单位的领导集体或其负责人

[①] 参见黎宏《刑法学》，法律出版社 2012 年版，第 111—120 页。有学者将其称为"单位固有的刑事责任论"。

[②] 参见周振杰《比较法视野中的单位犯罪》，中国人民公安大学出版社 2012 年版，第 70—77 页。该论者将其命名为"单位刑事责任双层论"。

[③] 参见［日］樋口亮介《法人处罚与刑法理论》，东京大学出版会 2009 年版，第 170 页；［日］田口守一等《刑法应当介入企业活动吗》，成文堂 2010 年版，第 56 页。

代表本单位策划决定的,是单位犯罪的特征之一。而且,过失犯罪不应当有单位犯罪。① 这种观点至今仍有影响。在认定单位直接故意时,以同一视原理为依据,只要单位决策机构或负责人员指挥、同意工作人员实施某种与业务有关的危害行为,工作人员的意志即可视为单位的意志。这里无须运用推定,有争议的是单位间接故意和单位过失的认定。

所谓推定,是指根据 A 事实(前提事实)推认 B 事实(推定事实)存在。在 B 事实证明困难的场合,通过证明作为 B 事实前提的、更容易证明的 A 事实以推认 B 事实的存在。② 在证据法理论中,二者之间并没有建立必然的因果关系,而可能存在一种逻辑推理上的跳跃。因此,推定对司法证明具有一种替代作用。③ 我国刑事法律规范确立了许多推定规则,它们属于法律推定、不利于被告人的推定和可反驳的推定。例如,《关于审理洗钱等刑事案件具体应用法律若干问题的解释》第 1 条对认定洗钱等犯罪"明知"的规定、《关于办理妨害信用卡管理刑事案件具体应用法律若干问题的解释》第 6 条第 2 款对认定恶意透支"以非法占有为目的"的规定,等等。上述推定规则既适用于自然人犯罪,也适用于单位犯罪。

(一)单位间接故意的推定

单位间接故意是指单位决策机构或责任人员明知自己的决定可能发生危害社会的结果,并放任这种结果发生的心理态度。在意志因素方面,与单位直接故意不同,它通常表现为单位默许、纵容内部职工犯罪的失职行为,而前者一般表现为单位指挥、同意工作人员实施犯罪。由于其意志内容的可选择性和不确定性,单位间接故意的判断难以通过对客观构成要件事实的正面评价来完成,只能结合单位自身状况和成员犯罪情况综合认定。

例如,某小型食用油营销公司经理甲明知本公司销售的某种食用油很可能是利用"地沟油"生产的,但为了追求高额利润而放任销售人员大量销售该食用油。后经检验,该食用油的确是利用"地沟油"生产的(案例6)。在本案中,由于小规模公司很少经过集体决策后才开展业务活动,所以主管人员的意志可被同等视为单位意志。可是,单凭对销售数量、违法所得金额、伤亡后果等客观事实的证明,并不足以确定主管人员

---

① 参见高铭暄《试论我国刑法改革的几个问题》,《中国法学》1996 年第 5 期,第 14 页。
② 参见[日]田口守一《刑事诉讼法》(第 4 版补正版),弘文堂 2006 年版,第 352 页。
③ 参见陈瑞华《刑事证据法学》(第二版),北京大学出版社 2014 年版,第 321—331 页。

的罪过形式,还需其他情况。《关于依法严惩"地沟油"犯罪活动的通知》第 2 条规定,认定销售有毒、有害食品罪的行为人是否"明知",应当结合犯罪嫌疑人、被告人的认知能力,犯罪嫌疑人、被告人及其同案人的供述和辩解,证人证言,产品质量,进货渠道及进货价格、销售渠道及销售价格等主、客观因素予以综合判断。这表明,以下因素可作为推认甲间接故意的基础事实:(1)是否关心本次销售产品的质量;(2)是否沿用以往的进货渠道;(3)是否明显低于市场进货成本;(4)公司财务状况是否良好;(5)以往有无受过类似法律制裁的经历。这属于个人模式论中单位间接故意的推定。

又如,乙作为公司业务员在代理报关业务中参与走私,所得利益归属公司。此前,乙所在的代理报关公司和申报关税公司之间已有 3 年以上的业务往来,一般情况下,新业务是由双方负责人谈定,再由业务员具体操作、联系,在运作中,业务员不需向公司汇报工作细节。这次乙所做的业务是老业务,所以,无须公司具体再授权,属于已经授权其直接操作的业务(案例 7)。[1] 在本案中,由于大规模公司结构体系和业务运行的特点,相比中小规模企业,其组织自身的整体性、信息传递的快速性、业务分配的固定性以及临场处置的机动性更加突出,所以必须以上述事实为前提推认公司的罪过形式。《关于办理走私刑事案件适用法律若干问题的意见》第 18 条规定:"具备下列特征的,可以认定为单位走私犯罪:(1)以单位的名义实施走私犯罪,即由单位集体研究决定,或者由单位的负责人或者被授权的其他人员决定、同意;(2)为单位谋取不正当利益或者违法所得大部分归单位所有。"这表明,以下因素可作为推认乙所在公司间接故意的基础事实:(1)是否建立具体的内部控制制度;(2)是否建立适当的个案决策程序;(3)是否有效执行风险防范机制;(4)违法所得是否归属于公司;(5)以往有无受过类似法律制裁的经历。这属于组织模式论中单位间接故意的推定。

值得注意的是,在推定单位间接故意时,个人模式论和组织模式论的思维方式是有差异的,这表现在:其一,前者遵循从个体到整体的思维顺序,后者遵循从整体到个体的思维顺序。其二,前者必须以特定人员的行为为媒介,后者不必一开始就以特定人员的行为为媒介。其三,前者使单位责任从属于自然人责任,后者使单位责任独立于自然人责任。其四,前

---

[1] 参见《单位犯罪研究》课题组《上海法院系统审理单位犯罪情况调查》,载游伟主编《华东刑事司法评论》(第 4 卷),法律出版社 2003 年版,第 290 页。

者关注个体成员意志，后者关注单位整体意志。其五，在前者中，个人和单位一般均出于间接故意；而在后者中，个人既可以出于直接故意，也可以出于间接故意，但单位只可能是间接故意。

（二）单位过失的推定

单位过失是指单位决策机构或责任人员应当预见自己的行为可能发生危害社会的结果，因为疏忽大意而没有预见，或已经预见而轻信能够避免的心理态度。的确，在实践中，许多法人过失犯罪都是由于规章制度不健全，管理上有漏洞造成的。这种对本身失职行为可能造成后果的认识，既包括疏忽大意的过失，也包括过于自信的过失。① 鉴于其意志内容的盲目性或乐观性，单位过失主要表现为单位对其成员严重失职行为的监督不力、管理不善，需要结合成员犯罪行为和单位自身体制予以全面分析。

这种单位过失即为监督、管理过失，有两种类型：一种是防止由直接行为人的过失行为引起结果的监督者过失，又被称为"（狭义的）监督过失"或"间接防止型"；另一种是调整防止结果发生的物的、人的体制的管理者过失，又被称为"管理过失"或"直接介入型"。在此，应当考察行为人是否违反注意义务。② 一般认为，注意义务由结果预见义务和结果回避义务组成。在日本的过失犯论中，"旧过失论（预见可能性说）"以前者为中心，"新过失论（基准行为说）"和"新新过失论（危惧感说）"则以后者为中心。除了注意义务内容的区别外，关于预见可能性的程度，"旧过失论"和"新过失论"均以具体的预见可能性为前提，而"新新过失论"只要求有抽象的预见可能性就够了。③

在逻辑上，预见可能性的程度表明了结果预见义务的大小，而结果预见义务应是结果回避义务的前提，所以，预见可能性的程度也能决定结果回避义务的大小，即行为人在预见某种程度事实之后，必须采取哪些措施才能避免结果的发生。可见，推定过失的意义在于：一方面，主张根据客观情况确认行为人能否预见结果；另一方面，允许行为人提出证据证明自己能否防止结果。

例如，L 是一家饮食店的厨师，他将经过充分水洗的河豚（含有少量肝脏）火锅端出，5 名客人食用后，其中 1 人次日早晨中毒身亡，剩余 4

---

① 参见娄云生《法人犯罪》，中国政法大学出版社 1996 年版，第 90—91 页。
② 参见［日］山口厚《刑法总论》（第 3 版），有斐阁 2016 年版，第 258—259 页。
③ 参见［日］西田典之《刑法总论》，弘文堂 2006 年版，第 239—244 页。

人无任何中毒症状。大阪高等裁判所认为，要成立业务上过失致死罪，需要从事该业务的一般人处于行为人的立场，可能预见同样的具体情况下结果的发生（客观的预见可能性的存在）。通过考察神户地方有肝河豚料理的常识、对该料理的制作习惯、本案被害人的中毒原因、以往判例的处理结果等因素，L 不可能预见到致死结果（案例 8）。① 在本案中，L 关于河豚毒性的知识程度成为判定其能否预见的关键，对此，只能根据上述客观事实进行推定。由于"具体的预见可能性说"主张较高的预见义务，所以实践中不太容易证明，一般仅适用于自然人犯罪或中小规模企业犯罪。该案即为个人模式论中单位过失的推定。

再如，由于 M 乳业德岛工厂婴儿用调整奶粉中混入了砷，导致饮用该奶粉的多名婴儿死伤。时任厂长 X 和制造课长 Y 被以业务上过失致死伤罪起诉。一审判决认为，二人不负有订购成分明确的原料、检查上缴药品的义务，因而无罪。二审判决则肯定上述注意义务。撤销原判决。发回重审后的一审判决主张，在考察被告人过失的有无时，应当（1）将工厂作为抽象的企业组织体，对其行动适当与否从客观上进行衡量；（2）对 X 或 Y 在具体情况下，是否违反客观的注意义务予以确认。以上内容即为结果回避义务，作为其前提的结果预见义务就成为问题。这里的预见可能性不需要是预见具体因果关系的可能性，只要达到不能忽视——有些事是不特定的——绝无这种危险程度的危惧感就够了。尽管具有一般的危惧感时，结果回避义务较轻，但如果考虑到危险具体化时所预想的实害严重性程度，结果回避措施的负担就会被加重。因此，制造课长 Y 怠于履行订购和检查义务，具有过失责任，被判有罪。厂长 X 乃事务系统出身，根据业务内容不认定其注意义务，判决无罪（案例 9）。② 在本案中，裁判所对于预见可能性的程度以及结果回避义务的判断标准的把握，是判决的亮点所在，而这同样是通过推定完成的。虽然"抽象的预见可能性说"设定较低的预见义务，但鉴于业务领域的特殊性、预想危险的严重性和刑事政策的预防性，被告仍要履行较高的回避义务，并非止于采取足以消除不安感的防范措施。以业务性质、社会常识、生产计划、安全措施等客观因素为基础事实，根据结果回避义务的履行情况划定过失犯的成立范围，符合"新新过失论"和"企业组织体责任论"的思想。该案即为组织模式论中单位过失的推定。

---

① 参见大阪高判昭和 45 年 6 月 16 日刑事裁判月报第 2 卷 6 号，第 643 页。
② 参见德岛地判昭和 48 年 11 月 28 日判例时报第 721 号，第 7 页。

需要指出的是，与单位间接故意的推定不同，单位过失的推定是其内在构造的本来要求，这决定了：其一，"新过失论"和"新新过失论"分别适用于个人模式论和组织模式论，根据企业实态课以适当的注意义务。其二，单位过失既包括疏忽大意的过失，也包括过于自信的过失，两种过失的结构相同，但内容不同。其三，对于中小企业犯罪，可先确定个人责任后，再明确组织责任；对于大型企业犯罪，应先确定组织责任后，再明确个人责任。其四，在前者中，个人只可能出于过失，所以将其同一视为单位的过失；而在后者中，个人既可以出于故意，也可以出于过失，因此将其系统化为单位的过失。其五，在进行推定时，必须适当地限制单位过失的成立范围，这一方面取决于注意义务标准的设定，另一方面取决于基础事实的筛选。

二　客观归责

在客观方面，单位犯罪的行为方式包括单位作为和单位不作为。其中，单位作为是指单位决策机构或负责人员违反有关规定，直接侵害刑法保护的社会关系的行为。单位不作为是指单位决策机构、负责人员或其他责任人员不履行特定义务，致使刑法保护的社会关系继续恶化的行为。在判断单位作为时，要求单位决策机构或负责人员指令、同意工作人员直接实施危害行为；在判断单位不作为时，要求单位决策机构、负责人员或其他责任人员怠于履行特定义务而没有实施法律所期待的行为。此处需要慎重评价单位领导、雇员的行为及其与危害结果之间的因果关系，这就涉及客观归责的问题。

基于前面四章的分析可知，客观归责论具有重视危险性的判断、强调规范论的评价、提供类型化的基准以及建立体系化的框架等优势，但它在规范论、本体论和体系论方面也存在明显不足，所以，只能合理借鉴客观归责方法论，判断可以将哪些作为、不作为及其结果归属于单位。

（一）单位作为的客观归责

单位作为的客观归责需要在适度参考客观归责论的基础上，根据单位规模、行为样态、职权地位、结果轻重等因素，确认能否将某种危害结果在客观上归属于单位的作为行为。这在个人模式中通常容易进行，但在组织模式中总是遇到困难。

例如，2011年1—11月，上海某门业有限公司为偷逃国家税款，在无实际业务的情况下，以支付开票费的方法，通过他人为本单位虚开增值税专用发票。该公司收受了6家公司开具的共计30份增值税专用发票，税款合计人民币149830.51元。一审法院认为，被告单位让他人为本单位虚开增值税专用发票，具有其他严重情节，其行为已构成虚开增值税专用发票罪，依法应予处罚。被告人王某系被告单位法定代表人，全面负责被告单位的经营管理活动，对其虚开增值税专用发票的行为负直接负责的主管人员责任，依法亦应以本罪论处。遂对二被告处以相应的刑罚（案例10）。① 在本案中，首先考虑开票方式、涉及单位、税款金额等情节，可以判断王某的行为属于让他人为自己虚开增值税专用发票的作为行为；其次考虑《刑法》第205条规定本罪是为了保护国家对发票的管理制度，可以判断所有危害结果都在该条罪刑规范的调整范围之内；最后考虑由于没有介入特殊情况，王某作为单位法定代表人，应对虚开增值税专用发票的行为和结果负有直接责任，可以判断其作为行为造成的结果在客观上能够归属于该单位。在此，单位领导的实行行为最终使单位承担了作为犯的刑事责任，是典型的个人模式论中单位作为的客观归责，但有时这也来源于单位领导的教唆行为或帮助行为（同时也表现为雇员的实行行为），即在有雇员参与的情况下，应当根据双方职责分工、业务指令内容、各自行为的危险性大小，确定其在最后结果中所占的份额，既不能因高层压力而使雇员完全担责，也不能因上级指示而使雇员完全免责。

又如，自2007年12月起，石家庄市三鹿集团股份有限公司陆续收到消费者投诉，反映有部分婴幼儿食用该集团生产的婴幼儿系列奶粉后尿液中出现红色沉淀物等症状。三鹿集团随后将其生产的16批次婴幼儿系列奶粉送河北省出入境检验检疫局检验检疫技术中心检测，其中15个批次检出三聚氰胺。2008年8月13日，田文华、王玉良召开集团经营班子扩大会。会议决定，一是库存产品三聚氰胺含量每千克含10毫克以下的可以出厂销售，每千克含10毫克以上的暂时封存，由王玉良具体负责实施；二是调集每千克含三聚氰胺20毫克左右的产品换回含量更大的产品，并逐步将含三聚氰胺的产品通过调换撤出市场。此后，三鹿集团继续生产、销售含三聚氰胺婴幼儿奶粉，销售金额共计4937万元。一审法院认为，被告单位三鹿集团生产、销售含有三聚氰胺的奶制品，应以生产、销售伪劣产品罪追究其刑事责任。被告人田文华、王玉良等身为三鹿集团董事长、副总经理等高级管理人员，分别对生产、销售含有三聚氰胺的婴幼儿配方奶粉、液态奶制品负有直接责任，是直接负责的主管人员，应以生

---

① 参见上海市普陀区人民法院（2014）普刑初字第1337号刑事判决书。

产、销售伪劣产品罪追究其刑事责任。遂对上述各被告处以相应的刑罚（案例11）。① 在本案中，首先考察生产、销售行为的时间跨度、分布地区、产品数量、市场价值等情节，可以确定田文华等人的行为属于生产、销售掺杂产品的作为行为。其次考察《刑法》第140条规定本罪是为了保护国家产品质量管理秩序和广大用户、消费者的合法权益，可以确定经济损失、人身伤亡等结果均在该条罪刑规范的保护限度之内。最后考察由于没有介入自然状况、被害人的特殊体质等异常情况，田文华、王玉良等人作为集团的高级管理人员，应对大量生产、销售伪劣产品的行为和结果负有直接责任，可以确定其同意生产、销售伪劣产品行为造成的结果在客观上能够归属于该集团。在此，单位领导的批准行为最终使单位承担了作为犯的刑事责任。其实，大型单位领导的纵容行为或雇员的实行行为也能导致组织模式中单位作为的客观归责，即在有雇员参与的情况下，应当根据各方职责分工、事件紧急程度、各个环节行为的危险性等判断其在最后结果中所起的作用，不仅要根据刑法谦抑原则合理地限定高管的处罚范围，而且要根据责任主义原则适当地追究雇员的刑事责任。

总的来说，单位作为的客观归责应当把握以下几点：其一，单位成员实施的危害行为违反禁止规范的严重程度，是进行客观归责的前提之一，由于行为本身蕴含了结果发生的可能性，所以要根据结果无价值论对其予以规范评价。其二，单位成员造成的危害结果侵犯犯罪客体的严重程度，是进行客观归责的前提之二，由于犯罪构成的直接客体和罪刑规范的保护目的具有内在一致性，所以要运用目的解释方法对其予以规范评价。其三，单位规模、权限分工、事件状况等具体情节，是进行客观归责的重要条件。由于个人模式论和组织模式论思维方式的差异，在前者中，单位成员的客观归责和单位自身的客观归责一般可以同时进行，而在后者中，单位成员的客观归责和单位自身的客观归责难以同步进行，要用个人犯罪的因果关系（如某结果不应归责于某雇员的行为）和单位犯罪的责任阻却事由（如不把处于生产链条低端的某业务违反行为规范性地评价为企业活动）限制单位作为客观归责的范围。

（二）单位不作为的客观归责

单位不作为的客观归责可以在部分吸收客观归责论的基础上，考虑企业规模、职权地位、业务分配、结果大小等因素，确认是否将某种危害结

---

① 参见佚名《三鹿集团及原四名高管人员被控生产、销售伪劣产品案开庭审理》，新华网（http：//news.xinhuanet.com），访问时间：2016年1月26日。

果在客观上归属于单位的不作为行为。无论在哪种处罚模式中,确定个人作为义务和单位作为义务都是关键。

例如,自 1980 年起,德国三家皮革喷雾剂生产公司和销售公司一再接到投诉,声称在使用了喷雾剂后健康受到伤害,偶尔要接受住院治疗,甚至因为有生命危险而必须急救。诊断结果一般是肺水肿。接到这些投诉之后,公司进行了内部调查,并改变了配方,但是投诉并未停止。1981 年 5 月,母公司领导层为此召开特别会议,首席药剂师 B 报告说,迄今为止没有发现有毒物质的线索,也没有产品有危险性的线索。因此召回是不必要的,只要在喷雾罐上标明相应的警告就可以了。经理们都觉得这是正确的,一致决定,如果后续的研究证实了真正的产品瑕疵或对消费者有确实的危险,才会考虑停止销售、召回或警告行为。两家子公司经理被告知了该决定,并对其表示同意。但在标上警告提示后,投诉还是没有停止,也没有成功找出有毒因子。1983 年,在联邦卫生部、联邦青年、家庭和健康部介入之后,皮革喷雾剂才停止销售和召回。后来查明,伤害的原因可能"在于个别原料自身可能的毒理作用机制,或至少在于其与其他原料的结合"。相反,滥用、过敏和散发都不会导致健康受损。州法院判决四位公司经理成立多起过失的身体侵害罪和危险的身体侵害罪。被告人的上诉没有成功(案例 12)。[①] 在本案中,首先考虑个人地位、危险来源、行为持续的时间和影响的对象等情节,可以判断四位经理处于保证人的地位,负有相应的作为义务,其行为属于侵害他人身体健康的不作为行为。详言之,公司经理的地位基本上决定了其保证人地位和保证义务内容,前者来自使喷雾剂进入流通领域的先行行为,后者来自所负责业务范围中召回有害产品、保证消费者安全的要求。其次考虑《德国刑法典》第 223 条 a、第 230 条规定有关身体侵害的犯罪是为了保护他人的身体健康,可以判断呼吸困难、肺水肿等无疑都在该条罪刑规范的保护范围之内。最后考虑由于整个公司领导层进行了业务指导,且没有适用被允许的危险法理的余地,可以判断四位经理对伤害结果共同设定了一个原因,在违法层面构成不真正不作为犯的共同正犯。显然,根据同一视原理,四被告人的行为应该视为公司的行为,因为公司违反了针对产品质量和内部成员的监督义务,只是由于德国刑事立法否认法人犯罪的可归责性,才未追究公司的罪责。

[①] 参见〔德〕克劳斯·罗克辛《德国最高法院判例·刑法总论》,何庆仁、蔡桂生译,中国人民大学出版社 2012 年版,第 248—253 页。

再如，英国泰斯克超级市场有限公司是一家拥有上百个超级市场的大公司，在 20 世纪 70 年代的一次洗衣粉促销活动中，其隶属的超市宣传，只要其以较低价格销售完产品，公司就会代之以正常价格的产品。而在打折商品售罄后，部门经理没有及时撤下广告标志，客户因此而支付了更高的对价。上议院认为，公司违反了《1968 年商业说明法》（Trade Descriptions Act 1968）中虚假宣传洗衣粉价格的规定，被以该罪名起诉。但是，公司成功地进行了法定辩护，主张已经采取了一切合理的预防措施，给予了所有充分的注意，不能因经理的行为而附加责任于公司（案例 13）。[1] 在该案中，从个人客观归责的角度，可以确定部门经理没有履行真实宣传的作为义务，这成为客户支付较高费用的原因。然而，个人不作为的客观归责并未必然导致单位不作为的客观归责，这体现了组织模式中单位不作为客观归责的特殊性，即一方面，组织模式容易引起公司是否需为履行一般管理职责的人负责的分歧。对此，雷德勋爵（Lord Reid）提出，公司只对下列人员的行为承担刑事责任：董事会成员、总经理、其他可能承担管理职能并以公司名义发言和行为的高级职员。迪尔豪恩子爵（Viscount Dilhorne）则阐明是这样的人：他实际全部或部分控制公司的运行，而且一旦他运用免除自己受命委托责任的方式，则不对公司中的他人负责。而迪普洛克勋爵（Lord Diplock）指出，根据公司章程、有关规定，或董事们采取行动的结果，或公司在常规会议上所遵循的规章，确定受委托行使公司职权的自然人。[2] 可见，在上述意见中，部门经理的不作为能否被评价为公司不作为的一部分，不可一概而论。同时，组织模式往往促使公司意图通过合规计划的实施效果进行有效的辩护。合规计划理论虽起源于美国，但对欧洲的公司刑法也产生了巨大影响。它以防止来自公司和针对公司的犯罪为目的，通过国家与私人共同规范的方式，全面描述了预防犯罪的系统措施。它对确定监督义务、归责范围、刑罚裁量等均有重要意义，长期以来都是法人犯罪理论的热点话题。[3] 于是，当辩方以优势证据证明雇员已尽到适当的注意，采取合理的措施，切实执行了合规计划时，其抗辩就会被法官承认，公司即可免于刑事追究。

---

[1] See Tesco Supermarkets Ltd v Nattrass, from WIKIPEDIA：http：//en.wikipedia.org/wiki/Tesco_ Supermarkets_ Ltd_ v_ Nattrass, 2016 - 1 - 29.

[2] See David Ormerod. Smith & Hogan Criminal Law, Twelfth edition, Oxford University Press, 2008, pp. 248 - 250.

[3] 参见 [德] 乌尔里希·齐白《全球风险社会与信息社会中的刑法——二十一世纪刑法模式的转换》，周遵友等译，中国法制出版社 2012 年版，第 236—272 页。

整体而言，单位不作为的客观归责需要做到以下几点：其一，单位成员实施的危害行为违反命令规范的严重程度，是进行客观归责的前提之一，由于作为义务不仅能体现不作为犯和作为犯构造上的差异，而且能反映不作为犯的社会危害性，所以要根据实质解释论探讨作为义务的发生根据，即所谓"实质的法义务说"。这主要分为两类：一种是对一定法益的特别的保护义务，另一种是对一定的危险源的责任性。[①] 以上两个案例大体可归入第二类，即关于危险物品或基于危险行为的作为义务。其二，单位成员造成的危害结果侵犯犯罪客体的严重程度，是进行客观归责的前提之二，无论结果是一个还是多个，都不能比作为犯造成的危害结果更为罕见。其三，不管危害结果是产生于一个不作为，还是产生于数个竞合的不作为，在因果关系的认定上都可能比作为犯困难，这既和单位规模有关，又和保证人地位、作为可能性、结果回避可能性等有关。

具体到法人以不作为方式危害环境的场合，德国刑法理论已经正确地指出，首先要确定，一个公司或企业到底在哪些方面负有环境（刑）法意义上的保证义务，其中包括对物（生产经营所需的原材料、燃料等物质，机器设备，企业产品等）和对人（企业领导或负有领导责任的上级对其下级员工的行为）的义务。其次再细分纵向的义务（决策者、管理者、执行者、监督者）和横向的义务（当有多个决策者或执行者时）。最后才能根据每个行为人保证义务的范围确定其是否履行或正确履行了其保证义务，是否以不作为的方式构成环境犯罪。[②] 所以，在根据企业规模、职权地位、业务分配、结果大小等客观因素，从正面对作为义务进行类型化判断的同时，还要考察企业执行合规计划[③]的情况，从反面确定是否存在有关作为义务的违法阻却事由，把没有明显违反作为义务的情形排除在归责范围之外。

---

① 参见［德］约翰内斯·韦塞尔斯《德国刑法总论》，李昌珂译，法律出版社 2008 年版，第 433—442 页；［日］山中敬一《刑法总论》（第 2 版），成文堂 2008 年版，第 234—237 页。
② 陈思宇：《德国环境刑法中关于公司企业的环境犯罪问题》，《中国经济时报》2010 年 6 月 10 日，第 012 版。
③ 合规计划（Compliance Programs），又称适法计划，通常是指企业为预防、发现违法行为而主动实施的内部机制。这一理论尽管起源于美国，但是对欧洲的公司刑法也产生了巨大影响。它以防止来自公司和针对公司的犯罪为目的，通过国家与私人共同规范的方式，全面描述了预防犯罪的系统措施。对于过失犯罪，它应该能够发挥相当的预防作用（［德］乌尔里希·齐白：《全球风险社会与信息社会中的刑法——二十一世纪刑法模式的转换》，周遵友等译，中国法制出版社 2012 年版，第 236—272 页；周振杰：《企业适法计划与企业犯罪预防》，《法治研究》2012 年第 4 期，第 27—36 页）。

于是，存在下列情形之一的，应当否定单位违反了防治污染的作为义务：（1）单位录用了合格的人员，并对其进行了必要的教育和培训，但员工由于不可避免的认识错误或不可抗拒的原因而严重污染环境的；（2）单位建立了清楚的信息传递制度和业务操作程序，并对相关人员给予了明确的授权，虽然其按照规定尽量减小污染损害，可是仍然对环境造成了严重污染的；（3）单位制定了严格的行为准则和内部举报制度，并定期予以检查，某职员在通过考核后，出于私利或报复动机而利用工作的机会严重污染环境的；（4）单位购买了合格的原材料和机器设备，并对其进行妥善的保存、维护和检修，在生产过程中，环保负责人指示排放规定标准以下的污染物，却与本单位以外的其他污染源一起对环境造成严重污染的。

第四节 "关联性要件说"之提倡

综上所述，应当强化单位犯罪主观推定与客观归责之间的关联性构建，即提倡"关联性要件说"，其主要特点如下。

一 关联性内涵新解

"关联性要件说"中的关联性不同于主客观归责之间的关联性和客观归责论中的归责关联。既如前述，该说旨在解决以下单位犯罪案件：（1）在个人模式论中，单位出于间接故意，以作为或不作为实施的犯罪；（2）在组织模式论中，单位出于间接故意，以作为或不作为实施的犯罪；（3）在个人模式论中，单位出于过失，以作为或不作为实施的犯罪；（4）在组织模式论中，单位出于过失，以作为或不作为实施的犯罪。因此，该说并非适用于所有单位犯罪，仅为处罚特定类型的单位犯罪提供理论根据，弥补通说的不足。这里的关联性是指主观推定与客观归责之间的联系，即运用推定方法推知的单位犯罪主观要件与通过归责评价确定的单位犯罪客观要件之间的关系。其目的是，在活用推定规则消除单位犯罪主观方面认定障碍的同时，为了防止不当扩大处罚范围，依靠客观归责限缩单位犯罪客观方面的成立界限。但是，不能将其与主客观归责之间的关联性、客观归责论中的归责关联相混淆。

（一）"关联性要件说"中的关联性不同于主客观归责之间的关联性

众所周知，人是规范的对象，正是人的行为把主体和结果联系起来，从而产生了归属（mputatio，Zurechnung）的问题。归属有事实归属（inputatio facti）和法律归属（imputatio juris）之分，刑法学关注的无疑是后者。就现代对于归属的理解而言，黑格尔（Georg Wilhelm Friedrich Hegel）的行为学说为此最终奠定了相应的基础。有意志的行为的目的导向性（Zweckgerichtetheit）成为了归属的基础和理由，归属是在行为之中就已经蕴含的东西。根据责任主义和罪刑法定原则，刑事归责体系由主观归责（subjektive Zurechnung）和客观归责（objektive Zurechnung）构成：前者研究行为人对于其行为和构成要件结果之间特定的因果关系事实上知道什么，后者分析如何把不重要的因果历程从刑法的后果责任领域排除出去。[1] 显然，尽管两种关联在性质、功能上具有一致性，但在适用范围、判断素材方面存在区别。

其一，主客观归责之关联性的适用范围宽于"关联性要件说"之关联性。应当承认，"人类任何行为，包括犯罪，都是性格和情况，或者说个性和环境这两个因素的产物"。[2] 其实，这与学派立场无关。追究犯罪人的刑事责任时，就必须既考察与行为人有关的主观方面的情况，又考察与行为有关的客观方面的情况。前者作为一项归责原则，不仅适用于所有自然人犯罪，也适用于所有单位犯罪。[3] 而后者作为一种补充理论，并不适用于自然人犯罪，且仅适用于部分单位犯罪。

其二，主客观归责之关联性的判断素材多于"关联性要件说"之关联性。不言而喻，前者源自大陆法系国家的犯罪论体系，责任主义要求责任应当包含具体不法的全部要素，即行为的外部侧面和内部侧面应当一致。[4] 实际上，它同样契合我国的犯罪论体系，与我国刑法理论的主客观相统一原则一样，都反对片面的主观归责（主观归罪）或客观归责（客观归罪），如果缺少其中任何一个方面的条件，就不能令其承担

---

[1] 参见［德］K. H. 舒曼《论刑法中所谓的"客观归属"》，蔡桂生译，《清华法律评论》编委会编《清华法律评论》（第六卷 第一辑），清华大学出版社2012年版，第212—218页；［德］沃斯·金德霍伊泽尔《故意犯的客观和主观归责》，樊文译，陈兴良主编《刑事法评论》（第23卷），北京大学出版社2008年版，第219—224页。

[2] ［德］拉德布鲁赫：《法学导论》，米健、朱林译，中国大百科全书出版社1997年版，第93页。

[3] 不过，英美刑法学中的严格责任犯罪可能是个例外。但是，严格责任犯罪并非不承认主观要素对刑事责任的影响，而只是基于政策目的不要求证据规则适用于主观心态。

[4] 参见［德］Arthur Kaufmann《法哲学与刑法学的根本问题》，宫泽浩一监译，成文堂1986年版，第152页。

刑事责任。① 所以，这与犯罪论体系也无关。作为一项基本原则，它的判断素材涵盖了全部犯罪构成要素，因为"举止及其相关结果的客观构成要件符合性，便是故意和过失作为一种认识（有时可能还包括意志因素）所需认知的内容"。② 这种一致性全面体现了其归责功能。而后者的判断素材没有涵盖全部犯罪构成要素，因为主观推定的前提事实来自一部分客观构成要件事实，客观归责的判断资料则来自另一部分客观构成要件事实，二者一般具有不相容关系。

（二）"关联性要件说"中的关联性不同于客观归责论中的归责关联

客观归责论的发展历史和各种方案清楚地表明，它以危险判断和规范判断为构成要素，以事实的、存在论的判断和目的论的、规范的判断为方法，以确定适应事例类型的、实质的下位基准为目标。③ 由于它所要解决的是行为人、行为、结果之间在客观不法上的联系，因此在体系上强调归责要素之间的相互关联性（Zusammenhang）。这种关联性贯穿于客观归责的各个阶段，由此体现出其作为判断体系是一个动态过程。它在结构上可分为四个层次：（1）条件关联，即经验上的、行为与结果之间最低限度的关联；（2）相当性关联，即客观合目的性上的、行为与结果之间具有刑法评价价值的确定性关联；（3）风险性关联，即行为规范意义上的、行为与结果之间在刑法上具有相当重要性的确切联系；（4）保护目的性关联，即结果规范意义上的、行为与结果之间在刑法上具有保护价值的确切联系。④ 其中，前面两种属于事实性关联，后面两种属于规范性关联，统称为归责关联。

与客观归责论的功能不同，"关联性要件说"不是发挥犯罪客观构成要件的判断体系的作用，而是作为特定类型单位犯罪主客观要件的判断体系。这就决定了：前者的关联性都表现为客观要素之间的联系，归责关联仅是客观归责部分的关联；后者的关联性则是融合主观要素和客观要素之间的联系，实为一种主客观相统一的归责关联。

---

① 参见高铭暄、马克昌主编《刑法学》（上编），中国法制出版社1999年版，第39—41页；齐文远、周详《对刑法中"主客观相统一"原则的反思——兼评主观主义与客观主义》，《法学研究》2002年第3期，第100—110页。
② ［德］乌尔斯·金德霍伊泽尔：《犯罪构造中的主观构成要件——及对客观归属学说的批判》，蔡桂生译，陈兴良主编《刑事法评论》（第30卷），北京大学出版社2012年版，第185页。
③ 参见［日］山中敬一《刑法中客观归属的理论》，成文堂1997年版，第1页以下。
④ 参见吴玉梅《德国刑法中的客观归责研究》，中国人民公安大学出版社2007年版，第135、253—255页。

二 统合性的解释力

"关联性要件说"统一了复合模式论中单位刑事责任的性质和特点。如今,各国学者已经达成共识的是:个人模式论中的法人责任是一种行为责任,罪过形式包括故意和过失;组织模式论中的法人责任是一种监督责任,只能由过失构成。① 但这会带来一些疑问:

1. 由于行为责任以自然人为媒介,监督责任不以自然人为媒介,这意味着,两种责任的认定采取了截然不同的证据规则。然而,认定行为责任并非不能运用推定方法(如小型单位间接故意犯罪),所以,二者并不表现为被证明的责任和被推定的责任之间的对立。

2. 通说导致立法论的死角和解释论的局限,即现行两罚规定仅将以自然人为媒介的法人犯罪纳入规制范围,于是,法官不能特定违法行为人时,就无法追究法人的刑事责任。这不仅是刑事立法的缺陷,而且是刑事处罚的漏洞。

3. 一般认为,法人处罚的刑事政策根据在于,通过处罚法人,实现犯罪抑制的必要性。可是,上述责任二元构造论并不利于实现这一政策目的。因为要想取得针对法人犯罪的一般预防效果,必须重视防范大型法人犯罪,尤其是上级管理者默许、纵容下级管理者实施违法行为时,不能只令其承担过失责任或把责任转嫁给一般职员。

有鉴于此,"关联性要件说"主张,单位承担的都是行为责任,包括故意和过失两种罪过形式。其特点在于:

1. 我国刑法理论和实践一直肯定单位的犯罪能力,应该承认监督责任就是一种行为责任。主要理由有:其一,危害行为是犯罪构成理论的核心,无论是自然人还是单位,都是因其实施的危害行为而被追究刑事责任,监督责任也不例外。当被监督者没有适当履行监督义务或管理者未能合理尽到管理义务的,可以推知在单位意志的支配范围内,并在客观上可归责于单位时,单位就要承担相应的刑事责任。其二,区分行为责任和监督责任,并不符合法人犯罪的实态。② 因为接受法人中枢机构的命令实施的违法行为与法人领导疏于监督而违反规范要求的行为之间,只有行为表

---

① 参见[德]Claus Tiedemann《德国及欧共体中的经济犯罪与经济刑法》,西原春夫、宫泽浩一监译,成文堂 1990 年版,第 99—101 页;[日]樋口亮介《法人处罚与刑法理论》,东京大学出版会 2009 年版,第 1 页以下。

② [日]板仓宏:《企业组织体责任论与法人处罚》,《刑法杂志》1979 年第 23 卷 1、2 号,第 110 页。

现上的区别,没有理由认为前者是行为责任,后者是非行为责任。其三,着眼于法人自身的责任,也许可以把监督责任称为间接行为责任,把行为责任称为直接行为责任,[①] 突出两种责任在组织活动形态上的差异。其四,承认监督责任是一种行为责任,有利于提示法官奉行客观主义的立场,按照责任主义的要求,具体判断单位刑事责任的主客观根据。

2. 我国刑法理论和实践向来肯定单位的受刑能力,主张单位刑事责任是行为责任能够给予其适当的处罚。行为责任论主张,成为责任非难的基础、对象的是具体的行为。由于行为基于意思而实施,所以行为责任也是意思责任。该说是作为近代刑法原则之一的行为主义在责任论中的表现。行为主义的内涵是,思想、感情和性格、人格不是处罚对象,只有当行为表现于外界时,才能成为处罚对象。[②] 毫无疑问,我国现行刑事法律规范基本遵循了行为主义。例如,《刑法》第 30 条规定:"公司、企业、事业单位、机关、团体实施的危害社会的行为,法律规定为单位犯罪的,应当负刑事责任。"又如,《全国人民代表大会常务委员会关于〈中华人民共和国刑法〉第三十条的解释》指出:"公司、企业、事业单位、机关、团体等单位实施刑法规定的危害社会的行为,刑法分则和其他法律未规定追究单位的刑事责任的,对组织、策划、实施该危害社会行为的人依法追究刑事责任。"这表明,在我国,单位之所以受到刑罚处罚,是因为其实施了符合具体犯罪构成要件的行为。之后,法官根据罪责刑相适应原则,主要考虑行为对象、性质、手段、后果,决定对单位及其责任人员的刑罚。

3. 我国刑法理论和实践长期关注单位犯罪的刑事政策,提倡行为责任一元论可以严密刑事法网。刑罚的目的是预防犯罪,包括一般预防和特殊预防。这一目的也体现在单位犯罪的刑事政策中,即在宽严相济的基本刑事政策的指导下,通过惩罚单位犯罪,期望减少类似现象的发生。所以,只要单位实施了严重的危害社会的行为,不论其规模大小或罪过形式,均应受到刑罚处罚。换言之,不能只关注小规模单位犯罪,还要关注大规模单位犯罪;不能只处罚单位直接故意犯罪,还可处罚单位间接故意犯罪和单位过失犯罪。尤其是在涉及单位监督责任的场合,不能只追究单位的监督过失责任,当符合推定规则和归责关联的要求时,也要追究单位

---

① [日] 浅田和茂:《关于两罚规定中罚金刑联动的切断》,《自由与正义》1994 年第 45 卷 1 号,第 39 页。
② 参见 [日] 内藤谦《刑法讲义总论(下)》(Ⅰ),有斐阁 1991 年版,第 740 页。

的监督故意责任。因为以主体的罪过形态为标准,可将监督责任分为各种类型,尽管实践中大多数监督责任都表现为过失犯罪,[①] 但不能否定少数故意犯罪的存在。除了加大刑事规制的力度外,提高单位自主规制的积极性也应成为单位犯罪刑事政策的内容。这不仅有利于预防单位犯罪,而且有利于应对企业刑事风险。[②]

三 清晰的论证逻辑

"关联性要件说"明确了个人模式论和组织模式论的相互关系及其构成要件。该说在具体适用时,能够回答下列四个问题。

(一) 个人模式论和组织模式论何者优先

正如本章第二节所述,关于两种模式理论的相互关系,"统合说"具有合理性,但缺憾在于没有明确其适用顺序(优劣关系或先后关系)。[③] 笔者认为,二者之间不存在绝对的优劣关系或先后关系,而是表现为一种择一关系。

其一,传统观点过于强调同一视原理的主导地位,有失偏颇。因为它不适用于大型单位犯罪或自然人行为难以特定的单位犯罪,此时主张其优势地位或在先顺位,没有意义。

其二,在现代市场经济体系中,复合模式论能够合理解释我国现行法有关单位犯罪的规定,即《刑法》既没有简单地采取同一视原理,也没有简单地采取组织模式论,或许可以认为,是这两种理论的结合。[④] 易言之,《刑法》规定的单位犯罪构成要件,既包括个人模式论中的单位犯罪构成要件,也包括组织模式论中的单位犯罪构成要件。这也成为不能把后者视为前者的从属或补充的理由。

其三,两种模式理论的适用基准应是单位犯罪构成,这符合"统合说"将其理解为满足法人处罚根据的典型范例的观点。因此,只有分别归纳出两种模式论中单位犯罪构成要件之后,结合具体案情,才能决定是适用个人模式论还是组织模式论。在此意义上,二者不是相互包容,而是独立存在。

---

① 参见吕英杰《客观归责下的监督、管理过失》,法律出版社2013年版,第5—9页。
② 参见卢乐云《企业家及其企业的刑事风险与防控》,《中南大学学报》(社会科学版) 2013年第6期,第91—96页。
③ 参见[日]田口守一等《刑法应当介入企业活动吗》,成文堂2010年版,第57页。
④ 参见张明楷《刑法学(上)》(第五版),法律出版社2016年版,第137—138页。

(二) 是否要求以特定自然人的行为为前提

在通说看来,个人模式论和组织模式论的根本差异在于:前者以特定自然人的行为为前提,后者不以此为前提。"关联性要件说"应当正视这一差异,并予以适当整合。

一方面,应否以特定自然人的行为为前提和能否以特定自然人的行为为前提,是两个不同层面的问题。自然主义和实证主义在哲学思想上的分歧揭示了这样一个事实:事物在理想中的状态和在现实中的状态之间是有差距的。但是,不能因此而否定事物的任何一种存在。在组织形态方面,单位只能依赖个人及其组成的部门开展工作,所以,它不可能不以特定自然人的行为为前提。否则,单位就失去了自己的"手脚",丧失了行为能力,法律赋予其主体地位也缺少了合理性。不能因难以特定自然人的行为,而否定特定自然人行为的必要性。因此,"关联性要件说"仍应以特定自然人的行为为前提。

另一方面,即使"关联性要件说"主张以特定自然人的行为为前提,也不会与组织体责任论产生原则上的冲突。其实,关于是否要求特定自然人的行为,在其内部本来就有不同意见:日本学者大多倾向于否定说,如前文提到的藤木英雄、板仓宏等人,而不少德国学者持肯定说。例如,埃尔哈特(A. Ehrhardt)指出,法人本身及被评价为代表人的犯罪是在团体上缺少消除诱发犯罪影响的充分措施,所以对这种犯罪,就是答责的。这种法人在以自己的过错为根据方面就是有责的。据此,关于企业处罚的具体要件,代表人的"关联行为"(Anknüpfungstat)是必要的。所以,低级别的从业人员实行犯罪时,没有避免犯罪行为的有权机关是有责任的,以此为前提承认法人处罚。但是,关于实际实行违法行为的低级别的从业人员的特别指定,没有严格要求,确定整体上是有责的行为就够了。[①] 可见,尽管没有严格要求特别指定从业人员,但要想确定具体负责的有权机关,还是必须判断能否把危害结果在客观上归属于某一具体雇员的行为。

(三) 信赖原则的适用范围有多大

对此,通说根据同一视原理认为,只要符合信赖原则的适用条件,就能切断监督者与被监督者之间的联系。虽然被监督者承担刑事责任,但监督者可以免责。相反,少数说根据组织体责任论认为,按照传统观点,会导致在大型企业中,完全无法追究高层人员刑事责任的弊端。这既不符合企业活动的实态,也不利于维护被害人的权益。所以,应当严格限制信赖

---

① 参见[日]川崎友巳《企业的刑事责任》,成文堂2004年版,第100—101页。

原则的适用。① 两种观点在能否适用信赖原则上没有显著分歧，争议仅集中在其适用范围上。

之所以会出现上述争议，原因可能有三点：第一，根据同一视原理，容易以出现动摇信赖的特殊情况为由，排除下级雇员对上级领导的责任归属，因为其行为不能视为单位行为。而根据组织体责任论，难以以出现动摇信赖的特殊情况为由，排除下级雇员对上级领导的责任归属，因为其行为本来就是单位行为的一部分。第二，法人责任二元构造论把法人责任分为行为责任和监督责任，无形中限定了对高级管理层的归责范围，扩大了信赖原则的适用可能。而法人行为责任一元论将法人责任统一理解为行为责任，保留了组织模式论中对高级管理人员的归责可能，从而压缩了信赖原则的适用空间。第三，严格来讲，广义的监督过失包括狭义的监督过失和管理过失，前者是指对人的不适当指挥监督所引起的过失，后者专指在物的配备、人的体制等方面，由于管理者本身的缺陷造成结果发生而构成的刑事过失。② 它们的最大区别在于，是否需要借助被监督者的实行行为引起结果的发生。而且，狭义的监督过失可能发生在指导性监督和委任性监督的场合，它们的明显界限在于，能否仅靠被监督者一人的行为就避免结果的发生。③ 所以，不仅要清晰地区分管理过失和狭义的监督过失，而且要清晰地区分指导性监督过失和委任性监督过失。这样，若重视委任性监督过失，就有适用信赖原则的余地；若重视管理过失和指导性监督过失，就很难适用信赖原则。通说恐怕针对的是前一种情形，而少数说也许针对的是后一种情况。

因此，"关联性要件说"承认可以适用信赖原则，并综合通说和少数说的观点，通过考察业务性质、岗位职责、工作能力、选任程序、相互关系等资料，以监督者实质地信赖被监督者能够避免结果的发生作为标准，判断信赖关系的存在。（1）鉴于单位规模和组织体制的差异，在进行主观推定时，需要兼采"新过失论"和"新新过失论"，从而设定适当的行为基准。诚然，在过失犯的构造上，二者具有相似性，但不能因其重视结果回避义务，就批判脱离结果的预见可能性的行为基准必定是不明确和恣

---

① 参见［日］板仓宏《食品公害中的监督责任与法人的刑事责任》，《法律广场》1978年第31卷7号，第47—51页。
② 参见［日］三井诚《关于管理·监督过失的问题所在——以火灾刑事案件为素材》，《刑法杂志》1987年第28卷1号，第18页。
③ 参见曹菲《管理监督过失研究——多角度的审视与重构》，法律出版社2013年版，第285页。

意的，从而赞成"修正的旧过失论"。① 事实上，新旧学说在如何把握过失犯的因果经过的基本部分方面，非常接近，因为必须对因果经过进行相当程度的抽象化，于是，行为时具体的预见可能性和危惧感之间就没有多大区别。但是，不能无前提地考察预见可能性，而应当在课以一定结果回避义务的前提下追问预见可能性的程度。② 所以，只有明确结果回避义务的内容，才能明确行为基准，进而对过失犯的实行行为进行类型化的判断。在这点上，行为基准的内容和信赖原则的界限都是清晰的。（2）关于信赖原则的体系地位，学理上大体存在预见可能性说和客观注意义务说的对立。前者以"旧过失论"为依据，后者则来自"新过失论"。③ "关联性要件说"既然采纳"新过失论"，那么信赖原则就是"认定注意义务（结果回避义务）的一种标准要素"。④ 它属于被允许的法理的展开，起到减轻或阻却违法性的作用。（3）虽然过失犯违法性的重心的确从结果无价值移向行为无价值，但结果无价值对衡量违法性的轻重并非毫无作用。实际上，许多行为无价值二元论者都支持"新过失论"或"新新过失论"。⑤（4）主张对信赖关系的存否进行实质的判断，是"新过失论"和"新新过失论"的当然要求。而且，由于其注重实行行为的规范评价，所以与客观归责论的判断立场保持一致，有利于从主客观两方面合理划定单位过失犯罪的处罚范围。（5）就信赖关系的判断资料而言，个人模式论有别于组织模式论，后者需要考虑组织对合规计划的执行情况，而前者一般不用考虑这点。所以，即使是身处同一行业的两家企业，由于规模、制度的差异，在能否适用信赖原则的问题上，得出截然相反的结论，也是很有可能的。（6）由于监督责任关系到监督者和被监督者（或第三人）的责任分配，所以实质上也属于竞合的因果关系的研究领域。其中，信赖关系的判断以因果关系的判断为前提；完成信赖关系的判断，也就部分完成了客观归责的判断；否定信赖关系，就能大致肯定客观归责。（7）根据宽严相济的基本刑事政策，不能因为处罚小规模单位犯罪对社会经济的负面影响小，就采取"严"的政策，严格适

---

① 参见张明楷《行为无价值论与结果无价值论》，北京大学出版社2012年版，第206—209页。
② 参见［日］井田良《过失理论的现状及其评价》，《研修》2005年第686号，第3—16页。
③ 参见［日］川端博《刑法总论二十五讲》，余振华译，中国政法大学出版社2003年版，第129—130页。
④ ［日］藤木英雄：《刑法讲义总论》，弘文堂1975年版，第249页。
⑤ 参见［日］木村龟二《刑法总论》，有斐阁1959年版，第245—250页；［日］野村稔《刑法总论》，全理其、何力译，法律出版社2001年版，第161、178—186页；［日］板仓宏《刑法总论》（补订版），劲草书房2007年版，第95—101、165页；［日］川端博《刑法总论二十五讲》，余振华译，中国政法大学出版社2003年版，第142、157—162页。

用信赖原则；同样，不能因为处罚大规模单位犯罪对社会经济的负面影响大，就采取"宽"的政策，积极适用信赖原则。信赖原则的适用范围是由其实质标准决定的，并不完全取决于单位规模。

(四) 如何确定自然人犯罪主体和单位犯罪主体

若要科学确定自然人犯罪主体和单位犯罪主体，必须先明确两种模式论中的单位犯罪构成要件。

"同一视理论重视特定的自然人，可以说是以一条粗线为媒介；另一方面，组织模式重视复数的自然人的集合，可以说是汇集了复数的细线。"[1] 即前者重视具体的个人（同一视主体），后者重视抽象的个体（成员的集合）。这体现了二者思维逻辑的明显差异。详言之，传统上以个人为假想对象构建的刑法理论，实践中都要经历如下逻辑过程：危害结果出现→确定具体行为人→判断行为人的刑事责任→确定企业的刑事责任。而在组织责任原则之下，上述逻辑过程发生了根本性变化：危害结果出现→判断企业的守法状况、企业文化→确定企业刑事责任。[2] 因此，单位犯罪构成要件应当基本按照上述逻辑过程来设计。

根据"关联性要件说"，单一模式论中的单位犯罪构成要件是：(1) 出现罪刑规范调整范围内的危害结果；(2) 将该结果直接归属于某一单位成员的作为或不作为；(3) 根据有关罪前、罪中事实，推定成员的罪过形式；(4) 根据成员的地位、权限，确定把个人的行为责任同等评价为单位的行为责任。组织模式论中的单位犯罪构成要件是：(1) 出现罪刑规范调整范围内的危害结果；(2) 考察单位执行合规计划的实际效果，将该结果归属于单位整体的作为或不作为；(3) 根据有关罪前、罪中事实，推定单位的罪过形式；(4) 结合自然人的地位、权限、手段、结果等因素，若排除适用信赖原则，则确定其应负的行为责任。

本章小结

我国主流的单位刑事责任论强调以自然人为中介和决策机关的支配作用，却未完全明确普通单位犯罪的处罚根据，无法阐明大型规模单位犯罪

---

[1] ［日］樋口亮介：《法人处罚与刑法理论》，东京大学出版会2009年版，第169页。
[2] 参见周振杰《比较法视野中的单位犯罪》，中国人民公安大学出版社2012年版，第19页。

的处罚原理，不适于论证单位过失犯罪的刑事责任，不能正确区分单位犯罪和自然人犯罪，需要借鉴国外法人犯罪的研究成果予以完善。

新兴的法人犯罪理论强调对传统学说的融合与改造，逐步呈现出单一模式论与复合模式论对立的局面。前者是指法人处罚理论只以一种模式为基础的见解，其中又有个人模式论与组织模式论之分。由于同一视原理以自然人为中介，所以被认为是一种个人模式论。该原理既贯彻了责任主义，又明确了法人责任的分化。然而，它还存在以下不足：（1）不利于处理大规模单位犯罪；（2）没有明确将代表人等人的犯罪同一视为法人犯罪的刑法上的根据；（3）由此导致对同一视主体范围的争论不休；（4）选任、监督责任和行为责任的区分仅具有相对意义；（5）在某些场合难以将特定自然人的行为归于法人。由于组织体责任论等学说重视法人自身的特征，所以被归入组织模式论。该理论既能适应组织体活动的实态，又能贯彻抑制法人犯罪的刑事政策。可是，它还存在以下不足：（1）不利于处理中小规模单位的犯罪；（2）仅在事实判断层面将组织体作为自然人的集合；（3）没有阐明组织体责任的要件；（4）很难把法人处罚的范围扩张至过失犯以外；（5）在某些场合可能过于宽松地认定法人过失的存在。后者是指法人处罚理论综合个人模式论和组织模式论的见解，旨在最大限度地发挥两种模式论的长处。其中，"统合说"将两种模式统一地理解为满足法人处罚根据的典型范例，根据其要求分别整理法人犯罪的成立要件，使对法人处罚类型的判别更加容易，不会出现法人处罚的空隙。

因此，应当采取复合模式论中的"统合说"，但在判定单位犯罪的处罚模式和构成要件的过程中，除了进行主观推定外，还要强调客观归责的运用。值得注意的是，在推定单位间接故意时，个人模式论和组织模式论的思维方式是有差异的，这表现在：其一，前者遵循从个体到整体的思维顺序，后者遵循从整体到个体的思维顺序。其二，前者必须以特定人员的行为为媒介，后者不必一开始就以特定人员的行为为媒介。其三，前者使单位责任从属于自然人责任，后者使单位责任独立于自然人责任。其四，前者关注个体成员意志，后者关注单位整体意志。其五，在前者中，个人和单位一般均出于间接故意；而在后者中，个人既可以出于直接故意，也可以出于间接故意，但单位只可能是间接故意。需要指出的是，与单位间接故意的推定不同，单位过失的推定是其内在构造的本来要求，这决定了：其一，"新过失论"和"新新过失论"分别适用于个人模式论和组织模式论，根据企业实态课以适当的注意义务。其二，单位过失既包括疏忽大意的过失，也包括过于自信的过失，两种过失的结构相同，但内容不同。其三，对于中小企业犯罪，可先确定个人责任后，再明确组织责任；对于大型企业犯罪，应先确定组织责任后，再明确个人责任。其四，在前者中，个人只可能出于过失，所以将其同一视为单位的过失；而在后者中，个人既可以出于故意，也可以出于过失，因此将其系统化为单位的过失。其五，在进行推定时，必须适当地限制单位过失的成立范围，这一方面取决于注意义务标准的设定，另一方面取决于基础事实的筛选。总的来说，单位作为的客观归责应当把握以下几点：其一，单位成员实施的危害行为违反禁止规范的严重程度，是进行客观归责的前提之一，由于行为本身蕴含了结果发生的可能性，所以要根据结果无价值论对其予以规范评价。其二，单位成员造成的危害结果侵犯犯罪客体的严重程度，是进行客观归责的前提之二，由于犯罪构成的直接客体和罪刑规范的保护目的具有内在一致性，所以要运用目的解释方法对其予以规范评价。其三，单位规模、权限分工、事件状况等具体情节，是进行客观归责的重要条件。由于个人模式论和组织模式论思维方式的差异，在前者中，单位成员的客观归责和单位自身的客观归责一般可以同时进行，而在后者中，单位成员的客观归责和单位自身的客观归责难以同步进行，要用个人犯罪的因果关系（如某结果不应归责于某雇员的行为）和单位犯罪的责任阻却事由（如不把处于生产链条低端的某业务违反行为规范性地评价为企业活动）限制单位作为客观归责的范围。整体而言，单位不作为的客观归责需要做到以下几点：其一，单位成员实施的危害行为违反命令规范的严重程度，是进行客观归责的前提之一，由于作为义务不仅能体现不作为犯和作为犯构造上的差异，而且能反映不作为犯的社会危害性，所以要根据实质解释论探讨作为义务的发生根据，即所谓"实质的法义务说"。这主要分为两类：一种是对一定法益的特别的保护义务，另一种是对一定的危险源的责任性。其二，单位成员造成的危害结果侵犯犯罪客体的严重程度，是进行客观归责的前提之二，无论结果是一个还是多个，都不能比作为犯造成的危害结果更为罕见。其三，不管危害结果是产生于一个不作为，还是产生于数个竞合的不作为，在因果关系的认定上都可能比作为犯困难，这既和单位规模有关，又和保证人地位、作为可能性、结果回避可能性等有关。据此，存在下列情形之一的，应当否定单位违反了防治污染的作为义务：（1）单位录用了合格的人员，并对其进行了必要的教育和培训，但员工由于不可避免的认识错误或不可抗拒的原因而严重污染环境的；（2）单位建立了清楚的信息传递制度和业务操作程序，并对相关人员给予了明确的授权，虽然其按照规定尽量减小污染损害，可是仍然对环境造成了严重污染的；（3）单位制定了严格的行为准则和内部举报制度，并定期予以检查，某职员在通过考核后，出于私利或报复动机而利用工作的机会严重污染环境的；（4）单位购买了合格的原材料和机器设备，并对其进行妥善的保存、维护和检修，在生产过程中，环保负责人指示排放规定标准以下的污染物，却与本单位以外的其他污染源一起对环境造成严重污染的。

综上所述，应当强化单位犯罪主观推定与客观归责之间的关联性构建，即提倡"关联性要件说"，其主要特点如下：首先，"关联性要件说"中的关联性不同于主客观归责之间的关联性和客观归责论中的归责关联。一方面，主客观归责之关联性的适用范围更宽，判断素材更多；另一方面，客观归责论的关联性都表现为客观要素之间的联系，归责关联仅是其部分的关联。其次，"关联性要件说"统一了复合模式论中单位刑事责任的性质和特点，即单位承担的都是行为责任，包括故意和过失两种罪过形式。最后，"关联性要件说"明确了个人模式论和组织模式论的相互关系及其构成要件。（1）二者之间不存在绝对的优劣关系或先后关系，而是表现为一种择一关系。（2）即使以特定自然人的行为为前提，也不会与组织体责任论产生原则上的冲突。（3）通过考察业务性质、岗位职责、工作能力、选任程序、相互关系等资料，以监督者实质地信赖被监督者能够避免结果的发生作为标准。（4）由于思维逻辑的明显差异，单一模式论中的单位犯罪构成要件和组织模式论中的单位犯罪构成要件也不相同。

第六章　污染环境罪的客观归责与量刑规范化

污染环境罪的客观归责不仅决定定罪，而且影响量刑。重视污染环境罪的客观归责，也就意味着必须采取客观主义的刑法观，正确评价与违法性有关的事实，构建科学的量刑方法论，因为刑法客观主义是基本立场，也是方法论。[①] 鉴于污染环境罪的量刑规范化程度不高这一问题意识，本章以此为主线，从分析客观归责（不法）与刑罚裁量之间的关联性切入，按照"量刑原则的重构—量刑步骤的调整—量刑情节的评价—量刑均衡的实现"的逻辑顺序，逐层递进，目的在于深化客观归责论研究和推进量刑规范化改革。

第一节　问题的提出

尽管最高司法机关陆续颁布了《关于常见犯罪的量刑指导意见》（以下简称《量刑指导意见》）、《关于常见犯罪的量刑指导意见（二）》（以下简称《量刑指导意见（二）》）以及《2006 年解释》《2013 年解释》《2016 年解释》，在一定程度上提高了污染环境罪的量刑规范化水平，但是，从量刑方法论的层面审视，仍然存在以下不足：（1）没有规定有效的量刑原则；（2）没有区分责任刑裁量阶段和预防刑裁量阶段；（3）没有确定责任情节与责任刑、宣告刑之间的关联度；（4）没有做到实质意义上的量刑均衡。

一　研究现状

自《修正案（八）》对《刑法》原第 338 条做出重大修改之后，我国

[①] 周光权：《刑法客观主义与方法论》，法律出版社 2013 年版，第 8 页。

污染环境罪刑事案件的审判数量急剧增加,理论界和实务界高度重视本罪司法实践的动向,对其量刑现状开展了许多实证研究。

(一) 理论界的实证研究现状

有学者通过"北大法宝"和"江苏省人民法院网"搜集了2013年11月至2014年9月做出生效裁判的19个污染环境罪判例,对其刑罚适用状况进行了统计分析:其一,被判处3年以下有期徒刑的被告人居多,有期徒刑已成为本罪最主要的刑罚评价手段。其二,绝大多数被告人的罪后情节都符合缓刑的适用条件,但缓刑的适用比例不高。其三,罚金数额差距很大,同有期徒刑刑期之间存在比较明显的正相关。其四,单位犯罪少,且犯罪单位的罚金数额大多远远高于责任人员的罚金数额。[①] 上述研究虽然在一定范围内揭示了污染环境罪的量刑现状,但囿于样本数量太少,有的结论不具有普遍性,而且,没有深入量刑教义学去探析常见量刑情节是如何影响量刑结果的,缺乏经验分析与思辨分析的结合。

还有学者从"中国裁判文书网"上选取了2014年1月1日至2015年12月1日的200份污染环境罪判决书,发现其量刑现状呈现出量刑基准不确定、量刑情节单一、量刑结果趋轻的态势,强调本罪的量刑要注重罪责刑相适应、实现刑法目的和追求量刑个别化,应以实证分析法为主、逻辑推演法为辅。据此,在确定污染环境罪的基准刑时,需考察基本犯罪事实以及污染次数、排污量、财产损失、伤亡人数等情节;在对其基准刑进行调节时,需考察自首、共犯、罪前表现、认罪态度等情节;在决定其宣告刑时,需规范法官的自由裁量权和遵循环境犯罪刑事政策的指导。[②] 本次研究依托我国量刑规范化改革的大背景,着重运用量刑基准理论解读该罪量刑实践,并在量刑步骤的每一阶段,归纳出值得关注的量刑情节和应当遵守的量刑规则。不过,《量刑指导意见》规定的量刑原则、步骤、方法未必完全适用于污染环境罪量刑,大陆法系国家的量刑基准理论也许难以被本土化,常见量刑情节与起点刑、基准刑、宣告刑的相关性有待进一步挖掘。

另有学者继续秉承实证研究进路,梳理了"中国裁判文书网"上刊登的2015年所有1322份污染环境罪一审判决书,发现《2013年解释》第1条第3项适用次数最多,高达803次;其次是第1条第4项,共326

---

① 参见韩光升《基于统计分析的污染环境罪刑罚适用研究》,硕士学位论文,苏州大学,2014年,第1页以下。
② 参见孟傲《污染环境罪量刑规范化研究》,硕士学位论文,华中师范大学,2016年,第1页以下。

次；然后是第 1 条第 2 项，共 280 次。可见，绝大多数案件被认定为行为犯。这一定性结果对本罪量刑造成了很大影响。据统计，共有 2406 名自然人被告被判处自由刑，其中，97.79% 的人被判处 3 年以下有期徒刑，59% 的人被判处 1 年以下有期徒刑和拘役，34.62% 的人被判处缓刑；68.43% 的人被判处 3 万元以下罚金，22.51% 的人被判处 3 万元至 10 万元罚金，8.63% 的人被判处 10 万元以上罚金。① 这一研究不仅以《2013 年解释》为制度依据，而且对污染环境罪的构造进行了有益探索，从而绘制出一幅行为犯多于结果犯、自然人犯罪多于单位犯罪、实刑适用率高于缓刑适用率、低额罚金适用率大于高额罚金适用率的量刑全貌，大体展现了本罪的量刑倾向。

(二) 实务界的实证研究现状

与理论界所进行的较为全面、深入的实证研究不同，实务界关于该罪的量刑现状分析具有单纯列举数据、体现政策走向、宣传工作成果的特点。例如，2014 年 6 月 5 日，据温州市中级人民法院通报，2013 年下半年以来，该市一审共审结污染环境犯罪案件 34 件，66 名犯罪分子被判处刑罚，平均刑期 13 个月，罚金 15000 元，且犯罪手段隐蔽性强，共同犯罪比重大。② 再如，2015 年 7 月，河北省高级人民法院通报称，上半年一审共审结各类破坏生态环境类案件 720 余件，其中，生态环境类犯罪案件占四成以上。该院环境保护审判庭庭长曹洪涛表示，法院坚持重拳打击、从严惩处此类案件，原则上不适用缓刑，

并加大罚金刑的适用力度。③ 还如，2015 年 11 月 2 日，台州市中级人民法院发布惩治环境污染案件"白皮书"，对 2012 年至 2015 年上半年全市法院环境污染刑事案件审理情况进行了总结。在此期间，全市法院共受理环境污染刑事案件 140 件 288 人，审结 121 件 239 人，单处或并处罚金共计人民币 1815.8 万元。其中，绝大多数为自然人单独犯罪或共同犯罪。④

以上研究的长处在于，契合当地实际情况，数据来源权威，对政策精

---

① 参见严厚福《污染环境罪：结果犯还是行为犯——以 2015 年 1322 份"污染环境罪"一审判决书为参照》，《中国地质大学学报》（社会科学版）2017 年第 4 期，第 56 页以下。
② 孟焕良：《温州加大环境污染犯罪行为打击力度》，《人民法院报》2014 年 6 月 9 日，第 4 版。
③ 周宵鹏：《污染环境案原则上不适用缓刑》，《法制日报》2015 年 7 月 21 日，第 5 版。
④ 陈兴多：《市中级人民法院发布惩治环境污染案件"白皮书"》，《台州日报》2015 年 11 月 6 日，第 2 版。

神把握准确；缺点则表现在，经验分析不够规范，理论阐释不够透彻，充其量只能作为污染环境罪量刑研究的背景资料。

二 研究样本

在综合比较前述污染环境罪量刑实证研究现状利弊得失的基础上，笔者选取"中国裁判文书网"作为样本来源，输入的关键词为"污染环境罪"，设定的时间跨度为"2015年11月1日至2017年7月31日"，一共获得830份裁判文书；剔除重复的文书后，还剩720份；其中，2015年11—12月做出裁判的有115份，2016年全年做出裁判的有426份，2017年1—7月做出裁判的有179份。

（一）2015年研究样本呈现的量刑概况

2015年11—12月审结的污染环境罪案件数量排名前三位的地区是浙江省、河北省和广东省，其余案件遍及天津市、山东省、江苏省等12个省市。其中，一审案件81起，占案件总数的70.4%；二审案件34起，占案件总数的29.6%。在二审案件中，以"量刑过重"作为上诉或抗诉理由的有23起，占案件总数的20%。自然人犯罪案件有106起，占案件总数的92.2%；单位犯罪案件有12起，占案件总数的10.4%；其中，有3起案件既是自然人共同犯罪，也是单位犯罪。在全部被告人中，自然人共计308人，单位共计14家，其中涉及责任人员33人。在这一期间，各地法院审理污染环境罪案件仍然适用《2013年解释》，所以，该解释第1条第3项适用次数居首，达到54次；其后是第1条第4项，为24次；排在第三位的是第1条第1项，为22次。

由于犯罪构成要件和定罪量刑标准的变化，上述被告人被判处的自由刑大多集中在2年以下有期徒刑或6个月以下拘役的区间，共占自然人被告总人数的71.3%；罚金数额主要处于1万元以上至5万元以下的幅度，占自然人被告总人数的45.2%。而且有77人被宣告缓刑，占自然人被告总人数的22.6%，且禁止令也被用于个别人，如表6-1所示。从整体上看，该罪量刑具有明显的轻缓化特点。

表6-1　　2015年11月—12月污染环境罪的量刑概况

宣告刑	量刑幅度	被告人数	所占比率（%）
拘役	6个月以下	33	9.7

续表

宣告刑	量刑幅度	被告人数	所占比率（%）
有期徒刑	3年以上7年以下	21	6.2
	2年以上3年以下	14	4.1
	1年以上2年以下	93	27.3
	1年以下	117	34.3
罚金刑	10万元以上	24	7
	5万元以上至10万元以下	27	7.9
	1万元以上至5万元以下	154	45.2
	1万元以下	84	24.6
缓刑	2个月以上5年以下	77	22.6
非刑罚处理方法	—	7	2.1
免于刑事处罚	—	1	0.3

（二）2016年研究样本呈现的量刑概况

2016年全年审结的污染环境罪案件数量排名前三位的地区是浙江省、广东省与河北省，其余案件遍及江苏省、福建省、安徽省等19个省、市、自治区。其中，一审案件225起，占案件总数的52.8%；二审案件201起，占案件总数的47.2%。在二审案件中，以"量刑过重"作为上诉或抗诉理由的有140起，占案件总数的32.9%；以"不构成本罪"作为上诉或抗诉理由的有29起，占案件总数的6.8%；以"量刑畸轻"作为抗诉理由的有2起，占案件总数的0.5%。其他的上诉或抗诉理由包括"违反法定程序""民事判决部分认定事实不清，适用法律错误"和"定性错误"，各有1起，占案件总数的0.2%。自然人犯罪案件有386起，占案件总数的90.6%；单位犯罪案件有57起，占案件总数的13.4%；其中，有17起案件既是自然人共同犯罪，也是单位犯罪。在全部被告人中，自然人共计966人，单位共计57家，其中涉及责任人员131人。在这一期间，各地法院审理污染环境罪案件同样适用《2013年解释》，而该解释第1条第3项适用次数仍然居首，达到210次；其后是第1条第2项，为75次；排在第三位的是第1条第4项，为72次。

由于研究样本的增多，量刑轻缓化、多样化、非监禁化的特征越发突出。大部分被告人被判处的自由刑集中在2年以下有期徒刑或6个月以下拘役的区间，共占自然人被告总人数的72.4%；罚金数额主要处于1万元以上至 5 万元以下的幅度,占自然人被告总人数的 45.6%。而且,有 268 人被宣告缓刑,占自然人被告总人数的 24.4%,且禁止令也被用于部分人,如表 6-2 所示。

表 6-2　　　　　　　　2016 年污染环境罪的量刑概况

宣告刑	量刑幅度	被告人数	所占比率(%)
拘役	6 个月以下	88	8
有期徒刑	3 年以上 7 年以下	36	3.3
	2 年以上 3 年以下	56	5.1
	1 年以上 2 年以下	287	26.2
	1 年以下	419	38.2
罚金刑	10 万元以上	97	8.8
	5 万元以上至 10 万元以下	114	10.4
	1 万元以上至 5 万元以下	500	45.6
	1 万元以下	239	21.8
缓刑	2 个月以上 5 年以下	268	24.4
非刑罚处理方法	—	16	1.5
免于刑事处罚	—	5	0.5

(三) 2017 年研究样本呈现的量刑概况

2017 年 1—7 月审结的污染环境罪案件数量排名前三位的地区是广东省、浙江省(河北省并列)和山东省,其余案件遍及江苏省、福建省、天津市、河南省等 15 个省市。其中,一审案件 109 起,占案件总数的 60.9%;二审案件 70 起,占案件总数的 39.1%。在二审案件中,以"量刑过重"作为上诉或抗诉理由的有 50 起,占案件总数的 27.9%;以"不构成本罪"作为上诉或抗诉理由的有 10 起,占案件总数的 5.6%;以"社会危害性小"作为抗诉理由的有 2 起,占案件总数的 1.1%。此外,将"量刑畸轻"和"缓刑适用错误"作为上诉或抗诉理由的各有 1 起,占案件总数的 0.6%。自然人犯罪案件有 163 起,占案件总数的 91.1%;单位犯罪案件有 21 起,占案件总数的 1.2%;其中,有 5 起案件既是自然人共同犯罪,也是单位犯罪。在全部被告人中,自然人共计 427 人,单位共计 21 家,其中涉及责任人员 35 人。在这一期间,各地法院审理污染环境罪案件开始适用《2016 年解释》,但是,该解释第 1 条第 2 项至第 4 项的适用次数依然稳居前三,分别达到 33 次、26 次和 47 次。尽管部分二审案件还是适用《2013 年解释》,不过,所引条文的分布没有大的变化。

与前两年的量刑情况相同,大量被告人被判处的自由刑集中在 2 年以下有期徒刑或 6 个月以下拘役的区间,共占自然人被告总人数的 75.1%;罚金数额主要处于 1 万元以上至 5 万元以下的幅度,占自然人被告总人数的 44.6%。而且,有 127 人被宣告缓刑,占自然人被告总人数的 27.5%,且禁止令也被用于某些人,如表 6 - 3 所示。据此,完全可以认为,近三年我国污染环境罪的量刑趋势基本保持稳定。

表 6 - 3　　　　　2017 年污染环境罪的量刑概况

宣告刑	量刑幅度	被告人数	所占比率(%)
拘役	6 个月以下	45	9.7
有期徒刑	3 年以上 7 年以下	13	2.8
	2 年以上 3 年以下	36	7.8
	1 年以上 2 年以下	128	27.7
	1 年以下	174	37.7
罚金刑	10 万元以上	46	10
	5 万元以上至 10 万元以下	56	12.1
	1 万元以上至 5 万元以下	206	44.6
	1 万元以下	114	24.7
缓刑	2 个月以上 5 年以下	127	27.5
非刑罚处理方法	—	19	4.1
免于刑事处罚	—	1	0.2

三　研究方法

即使轻缓化、多样化、非监禁化的量刑现状值得肯定,但并不意味着污染环境罪量刑实践的规范化程度较高。对此,笔者主要采用质性分析法、规范分析法和比较分析法,全方位展现其在量刑原则、量刑步骤、量刑情节和量刑均衡方面存在的缺陷,为构建合目的性的理论框架提供方法论支撑。

(一)定性分析法

本次实证研究通过对 720 份污染环境罪裁判文书中的案件基本信息、常见责任情节和最终量刑结果的整理、描述和分析,旨在探寻责任情节与责任刑、宣告刑之间的规范关联。除了掌握全部裁判文书的量刑概况外，笔者还将对若干典型个案进行研究，通过"点""面"结合，力图发现我国司法实践运用量刑方法论的某些规律性特征及其较为可行的完善路径。现有研究成果大多使用统计分析软件对常见犯罪的量刑失衡问题进行定量研究，① 唯独缺少从方法论的视角探讨责任情节同量刑结果的关联性。定量分析不能完全揭示二者之间的经验关联，需要定性分析进行价值关联上的补充。如果没有量刑方法论的指导，就无法阐释量刑情节对量刑结果的影响作用。因为定性分析是定量分析的前提，没有定性分析的指导，定量分析的结论不仅容易引发伦理危机，其科学性也存在疑问。

（二）规范分析法

本次实证研究还要聚焦《量刑指导意见》《2016 年解释》等有关污染环境罪量刑的法律依据，以期通过司法适用研究来推动制度完善，并进一步将目光投射到部分省市制定的专门用于本罪量刑的规范性文件上，如表 6-4 所示，希望能够从中汲取有益的地方性经验。

表 6-4　部分省市制定的有关污染环境罪量刑的规范性文件

制定地区	文件名称	文件性质	发布时间
浙江省	《浙江省高级人民法院浙江省人民检察院浙江省公安厅浙江省环境保护厅关于办理环境污染刑事案件若干问题的会议纪要》	量刑指导型	2014.5.16
天津市	《天津市高级人民法院关于审理环境污染刑事案件有关问题的意见》	量刑指导型	2014.9.12
广东省	《广东省高级人民法院广东省人民检察院广东省环境保护厅广东省公安厅关于查处涉嫌环境污染犯罪案件的指导意见》	量刑指导型	2014.12.29
辽宁省	《辽宁省高级人民法院〈关于常见犯罪的量刑指导意见〉实施细则（三）》（试行）②	量刑指南型	2017.8.1

---

① 参见白建军《刑法规律与量刑实践——刑法现象的大样本考察》，北京大学出版社 2011 年版，第 111 页以下；景景《受贿罪量刑均衡问题研究》，人民法院出版社 2015 年版，第 1 页以下；文姬《醉酒型危险驾驶罪量刑影响因素实证研究》，《法学研究》2016 年第 1 期，第 165 页以下；胡昌明《被告人身份差异对量刑的影响：基于 1060 份刑事判决的实证分析》，《清华法学》2018 年第 4 期，第 91 页以下。

② 以下简称《辽宁量刑指导意见实施细则（三）》。

续表

制定地区	文件名称	文件性质	发布时间
辽宁省	《辽宁省高级人民法院关于依法审理环境污染刑事案件若干问题的意见》（试行）	量刑指导型	2017.11.27
浙江省	《浙江省高级人民法院浙江省人民检察院浙江省公安厅浙江省环境保护厅关于办理环境污染刑事案件若干问题的会议纪要（三）》	量刑指导型	2018.3.27
重庆市	《重庆市高级人民法院关于污染环境犯罪的量刑指导意见实施细则》①	量刑指南型	2018.6.1
江苏省	《江苏省高级人民法院关于环境污染刑事案件的审理指南（一）》②	量刑指南型	2018.6.22

表6-4中的规范性文件可以分为两类：量刑指导型和量刑指南型。前者规定了办理污染环境罪刑事案件的思想观念、证据制度、定罪标准、量刑规则、时间效力、工作机制等诸多事项，既有具体的量刑规范，也有与侦查、审判、执法有关的程序性及实体性内容，属于综合性、宏观性的量刑指导文件。而后者明确指向污染环境罪的量刑全过程，有的只解决起点刑和基准刑的确定问题，如《辽宁量刑指导意见实施细则（三）》；有的按照《量刑指导意见》和《量刑指导意见（二）》的体例，规定了该罪量刑的指导原则、基本方法、调节比例、操作步骤，如《重庆污染环境罪量刑指导意见实施细则》；有的则在强调准确定罪的基础上，详细指出了如何确定起点刑、基准刑及宣告刑，并就缓刑、免于刑事处罚和罚金刑的适用列举了各种情形或应予考虑的因素，如《江苏审理指南（一）》。相比量刑指导型文件，量刑指南型文件的实用性、可行性更胜一筹。

（三）比较分析法

本次实证研究不仅应当立足于我国量刑立法、司法实践，而且需要适当借鉴大陆法系国家的量刑基准理论。易言之，必须处理好本土实践和域外理论之间的关系。既要避免故步自封，又要防止盲目崇洋。一方面，目前我国的刑法教义学还处于知识转型与话语建构的阶段，刑法教义学的发展还要进一步推动刑法知识的转型；另一方面，我国刑法教义学还应当从

---

① 以下简称《重庆污染环境罪量刑指导意见实施细则》。
② 以下简称《江苏审理指南（一）》。

方法论的探讨向着具体问题的解决方向转变,以体现其技术性学科的价值。① 只有采取这种理性的态度,通过反思我国刑事法治实践,才能持续激发出创造刑法概念、诠释刑法条文、更新刑法原理的理论热情,适度批判刑事政策与刑法界限不明的现象,进一步加强刑法教义学与刑法解释学的联系,全面提升污染环境罪的量刑规范化水平。

第二节　污染环境罪的客观归责与量刑原则的重构

量刑原则是人民法院对犯罪分子量刑时必须遵循的基本指导准则,应当适用于所有犯罪。在完成污染环境罪客观不法的判断后,必须根据科学的量刑原则以指导量刑步骤的设计、量刑情节的判断和量刑均衡的完成。虽然《量刑指导意见》规定的四项指导原则——依法量刑原则、罪责刑相适应原则、宽严相济原则和量刑均衡原则从总体上看是适当的,但其不一定完全契合本罪特点及其归责基准。对此,部分地区出台的量刑指南型文件中的办案理念和指导原则颇有新意。《重庆污染环境罪量刑指导意见实施细则》第1条就确立了罪责刑相适应原则、宽严相济原则、惩罚犯罪与修复环境并重原则,但是,除了第三项原则可以体现环境犯罪刑事政策的要求和污染环境罪归责的特点外,前两项原则本来就是刑法基本原则或基本刑事政策,无须在此重申。《江苏审理指南(一)》第2条指出,遵循恢复性司法要求。这与"惩罚犯罪与修复环境并重原则"的理念相同,可以将其补充为本罪的量刑原则。笔者认为,污染环境罪的量刑原则应该具有三个特点:第一,一致性。本罪的量刑原则不能违反刑法基本原则,要与环境犯罪刑事政策保持一致。根据本书第一章的研究,环境犯罪刑事政策的目的包括预防环境犯罪、保障环境犯罪人权益和救济环境犯罪被害人的权利,所以,污染环境罪的量刑必须善于调和罪刑均衡与犯罪预防、法益保护与人权保障之间的关系。第二,专业性。本罪的量刑原则不仅要体现其归责特点,而且能反映其量刑特色。同普通犯罪的归责过程相似,污染环境罪的认定也需经历从不法到责任的阶层式评价,② 但环境犯

---

① 陈兴良:《刑法教义学的发展脉络——纪念1997年刑法颁布二十周年》,《政治与法律》2017年第3期,第16页。

② 参见[德]乌尔斯·金德霍伊泽尔《刑法总论教科书》(第六版),蔡桂生译,北京大学出版社2015年版,第48—52页;[日]山口厚《刑法总论》(第3版),有斐阁2016年版,第23—25页。

罪自身具有的长期性、隐蔽性、复杂性、难以恢复性、利弊共生性等特点，决定了某些量刑情节与责任刑的关联度较大。① 这些量刑情节是本罪所专有的，基本上被三个污染环境罪司法解释类型化。第三，直接性。本罪的量刑原则应当蕴含政策性判断和具有方法论意味，可以直接指导量刑活动。它们比量刑规则更加抽象，比量刑理念更加具体。它们不仅作用于当下的量刑实践，而且能够保证未来的量刑工作符合环境犯罪刑事政策和环境刑法的价值目标。它们可以帮助法官准确理解量刑动态，合理选择刑种、刑度。因此，污染环境罪的量刑原则应有三项：谦抑量刑原则、刑责相适应原则和环境修复量刑从宽原则。在本罪量刑时遵守上述原则，将更有利于适当评价不法事实和充分实现罪刑均衡。

一　谦抑量刑原则

该原则是刑法谦抑原则在量刑中的直接运用，意指量刑时应当全面考虑刑罚的功能和效果，只有在非刑事制裁等社会统制方法不能充分发挥作用时，才能动用刑罚；即使判处刑罚，也应当重视宽容精神而将刑罚的干涉范围、力度控制在最小范围内。

刑法谦抑原则在理念上表现为刑法谦抑主义或刑法谦抑思想，在特征上体现为刑法的谦抑性。重视刑法的人权保障机能，就应当重视刑法谦抑主义。"所谓谦抑主义，是指刑法不应将所有的违法行为作为对象，而且，刑罚只有在必要不得已的场合才可适用的原则。正如'最好的社会政策是最好的刑事政策'（李斯特）所言，只把刑法作为手段不能抑制犯罪，并且，由于刑罚是剥夺人的生命、自由、财产的极为苛酷的制裁，应当限于防止犯罪的'最后的手段'（ultima ration）（刑法的补充性）。而且，不应当把基于刑法的规制遍及生活领域的所有方面，应当限于对社会秩序的维持而言必要、最小范围的领域（刑法的片段性）。进而，即使犯罪被实际实施，除非承认谋求法益保护的、必要不得已的情况，否则应当重视宽容精神而控制处罚（刑法的宽容性）。这样，谦抑主义以刑法的补充性、断片性和宽容性为内容，成为刑法立法及解释的原理。"② 在量刑阶段，刑法谦抑原则主要表现为缩小刑罚的适用范围和降低刑罚的严厉程度。详言之，当犯罪人完全没有责任时，没有必要适用刑罚；当犯罪人的责任不足以适用刑罚时，坚决以非刑罚处

---

① 对此，笔者将在本章第四节予以详述。
② ［日］大谷实：《刑法讲义总论》（新版第4版），成文堂2012年版，第9页。

理方法代替刑罚；当犯罪人的责任达到应当适用刑罚的程度，但在考虑预防必要性后有从宽处罚的余地时，应当尽量予以从轻、减轻或免除处罚。

法官应该在污染环境罪的法定刑范围内，尽量选择较轻刑种或较短刑期。这既是出于预防环境犯罪、保障环境犯罪者人权的需要，也是考虑到环境犯罪在客观上存在有利于社会发展的一面。由于行为人在主观上并不以直接造成不特定或多数人的伤亡为目的，而是在从事生产经营或开发、利用自然资源的过程中间接导致人身伤亡或破坏生态平衡等严重后果，根据其违法性大小和有责性程度，一般情况下没有必要对其适用重刑。根据《刑法》第338条之规定，在对该罪的自然人主体量刑时，情节较轻，能够判处拘役的，就不要判处略高于6个月的有期徒刑；情节较重，能够判处3年左右有期徒刑的，就不要在接近法定最高刑的区域判处有期徒刑；只有情节严重，必须在7年有期徒刑的附近量刑的，才能根据罪行轻重程度判处严厉的刑罚。而且，在工业社会，单位犯本罪的现象并不鲜见，对其所判处的罚金数额应该尽量限制在犯罪单位的资本范围内，不能仅仅为了剥夺其再犯能力就处以高额罚金。

如前文表6-1、表6-2和表6-3所示，谦抑量刑原则已被较好地贯彻在污染环境罪量刑实践中。本次实证研究表明，有七成多的被告人被判处2年以下有期徒刑和5万元以下罚金，超过1/4的被告人被宣告缓刑，且非刑罚处理方法和免于刑事处罚也在一定范围内得以适用。所以，谦抑量刑原则作为污染环境罪的量刑原则，具有理论妥当性与现实合理性。

二　刑责相适应原则

该原则是罪责刑相适应原则在量刑中的直接表现，是指法官对犯罪人判处的刑罚，应当与其承担的刑事责任相适应；责任重则刑罚重，责任轻则刑罚轻，最终判处的刑罚必须忠实反映行为的社会危害性程度和行为人的人身危险性程度。

罪责刑相适应原则作为我国刑法的基本原则之一，是对刑事古典学派的罪刑相适应原则和刑事人类学派的刑罚个别化原则的扬弃。前者以报应主义的刑罚观为基础，强调已然之罪和刑罚的绝对均衡，忽视了行为人的人身危险性在评价刑事责任时的作用。而后者以功利主义的刑罚观为基调，主张科刑标准是犯罪人的危险性格，降低了行为的客观危害性在量刑中的意义。鉴于上述理论各有所长，我国《刑法》根据主客观相统一原则，并顺应刑法学派融合和中国刑法学现代化的发展趋势，在总则中明文规定了罪责刑相适应原则。该原则的含义是，犯多大的罪，就应承担多大的刑事责任，法院也应判处其相应轻重的刑罚，做到重罪重罚，轻罪轻罚，罪刑相称，罚当其罪；在分析罪重罪轻和刑事责任大小时，不仅要看犯罪的客观社会危害性，而且要结合考虑行为人的主观恶性和人身危险性，把握罪行和罪犯各方面因素综合体现的社会危害性程度，从而确定其刑事责任程度，适用相应轻重的刑罚。① 它以并合主义为根据，吸收了罪刑均衡与刑罚个别化的合理成分，兼顾了刑罚的正义性和刑罚的功利性，平衡了责任和预防之间的关系。将这一原则落实到量刑实务中，就派生出了刑责相适应原则。

（一）罪刑均衡是判断刑责相适应的主要标准

在刑事司法中应当根据罪行大小分配轻重适当的刑罚，使责任刑成为判断罪行严重程度的重要标志。所谓责任刑，是指与责任相适应的刑罚。这里的"责任"是广义上的责任即量刑责任，其大小由违法性的程度和有责性的程度共同决定；而违法性和有责性反映了行为的客观危害和行为人的主观恶性，体现的是罪行轻重；所以，与责任相适应的刑罚就是与罪行相均衡的刑罚。同时，由于基准刑是根据全部犯罪构成事实应当判处的刑罚，所以，责任刑大体相当于基准刑。因此，只有科学评价污染环境罪的社会危害性，才能准确确定其基准刑，为实现罪刑均衡找到相对统一的标准。法官应当意识到，迄今为止，还没有发生过最严重的案件，最严重的案件永远发生在以后，② 不要轻易选择法定最高刑（3年有期徒刑或7年有期徒刑）或在法定最高刑附近量刑。本次实证研究表明，判处法定最高刑的做法也是极其罕见的。③

（二）刑罚个别化是衡量刑责相适应的次要标准

"量刑时行为的罪责是量刑的基础，是第一位的，刑罚个别化对量刑只具有调节和补充作用，它是校正器。"④ 这表明，量刑时先以罪刑均衡为基础，再以刑罚个别化为补充；先考察行为的社会危害性，再考虑行为人的人身危险性；先依据社会危害性确定刑罚幅度（责任刑），再用人身危险性反映的预防必要性对应的刑罚量（预防刑）去

---

① 高铭暄、马克昌主编：《刑法学》（第八版），北京大学出版社、高等教育出版社2017年版，第29—30页。
② 张明楷：《责任刑与预防刑》，北京大学出版社2015年版，第258页。
③ 参见山东省高级人民法院（2014）鲁刑一终字第65号刑事判决书。
④ 胡学相：《论我国刑法中量刑原则的重构》，《法学评论》2005年第1期，第91页。

修正责任刑。所谓预防刑，是指预防犯罪所需要的刑罚。这里的"预防"包括一般预防和特殊预防，但两种预防的必要性很可能不一致。于是，一般预防的必要性大而特别预防的必要性小时，可能由于罪行本身较为严重而判处较重刑罚；一般预防的必要性小而特别预防的必要性大时，可能由于类型判断和个别判断的此长彼消而不一定判处较轻刑罚。通过充分考虑预防犯罪的需要，从而适当调节污染环境罪的责任刑或基准刑。

（三）禁止量刑中的重复评价是实现刑责相适应的关键保障

一般认为，禁止重复评价，是指在定罪量刑时，禁止对同一犯罪构成事实予以二次或二次以上的法律评价。[①] 该原则的根据是权力分立论，即"立法者通过确立构成要件完成部分量刑工作，法官考虑不同场合的各种情况的具体特殊性来量刑"。[②]《德国刑法典》第46条第3款就规定："属于法定构成要件特征的情况，可不予考虑。"所以，量刑时必须分清定罪情节和量刑情节，否则，容易产生不适当的刑罚或不必要的重刑。特别是像污染环境罪这种以"严重污染环境"为基本构成要件、以"后果特别严重"为加重构成要件的犯罪，更要注意避免双重评价。[③] 由于《2013年解释》和《2016年解释》的第1条、第3条只分别规定了基本犯和加重犯的最低入罪门槛，且设有"兜底条款"，既不利于区分违法事实和有责事实，也不利于区分定罪情节和量刑情节，还不利于区分起点刑和基准刑，亟须完善。

三　环境修复量刑从宽原则

该原则是恢复性司法理念在量刑中的直接贯彻，是指量刑时必须注重对生态环境的修复，将犯罪人承担生态环境修复责任的程度作为量刑情节予以评价，把预防犯罪目的的实现作为归责判断的必备要素。

恢复性司法理念在世界范围内已经逐渐深入人心，成为各国刑事法治改革的主要目标之一。许多国家在加强对犯罪被害人权益保护的同时，确立了该理念对完善犯罪被害人救济制度的重要价值。它不仅决定

---

① 陈兴良：《禁止重复评价研究》，《现代法学》1994年第1期，第9页。
② ［日］林月美子：《量刑中双重评价的禁止》，《神奈川法学》1990年第26卷1号，第138—139页。
③ 有的法院将污染环境罪认定为行为犯，使"严重污染环境"成为法定刑升格的情节［如山东省平度市人民法院（2016）鲁0283刑初42号刑事判决书］。尽管这不是严格意义上的重复评价，但也可能导致不适当的刑罚或不必要的重刑。

了实体法中的损害修复方式,而且增加了程序法中的被害人诉讼权利。① 2002 年 8 月,联合国经济社会理事会通过了专家团草拟的《关于在刑事事项中采用恢复性司法方案的基本原则》,其中规定了五个基本词汇的定义,即:(1)"恢复性司法方案"被定义为"运用恢复性步骤或程序、谋求达到恢复性成果的所有方案"。(2)"恢复性步骤或程序"意味着"一般在解决由犯罪所产生的问题时,被害人、加害人以及在适当情况下遭受犯罪影响的其他人或社区居民获得有益的帮助,一同积极参与的步骤或程序,包括仲裁、和解、会议和量刑团体"。(3)"恢复性成果"是指"实现作为恢复性步骤或程序的结果的规则。这里包括了赔偿、恢复原状和服务社会等回应或方案,目的在于,根据当事方个人、集体的需要和责任,实现被害人与加害人的再次和谐"。(4)"当事方"是指"被害人、加害人以及遭受犯罪影响的其他人或社区居民,可能与恢复性步骤或程序有关的人"。(5)"有益的"被认为是"以公正且公平的态度,促进当事方参与修复性步骤或程序的作用"。② 上述规定的精神和内容也被不同程度地体现在现代各国的刑事法治实践中,并对传统刑法理论形成较大冲击。这不仅推动了我国环境法治实践的转型,而且深化了我国环境刑法理论的研究。

一方面,我国有关部门在办理污染环境罪刑事案件的过程中较好地践行了恢复性司法理念,尤其是在量刑阶段重视生态环境修复状况对被告人刑事责任的积极影响。

近年来,党中央、国务院将生态文明建设推向新高度,在不同场合多次指出,要从转变经济发展方式、环境污染综合治理、自然生态保护修复、资源节约集约利用、完善生态文明制度体系等方面采取超常举措,全方位、全地域、全过程开展生态环境保护;要秉持绿水青山就是金山银山的理念,倡导人与自然和谐共生,坚持走绿色发展和可持续发展之路;要全面推动绿色发展,把解决突出生态环境问题作为民生优先领域,有效防

---

① 参见[美]霍华德·泽尔《视角之变:一种犯罪与司法的新焦点》,狄小华、张薇译,中国人民公安大学出版社 2011 年版,第 1 页以下;[英]格里·约翰斯通《恢复性司法:理念价值与争议》,郝方昉译,中国人民公安大学出版社 2011 年版,第 1 页以下;[德]Petra Hohn《德国的被害人援助活动》,堀田晶子译,《法学研究》2013 年第 86 卷 6 号,第 45 页以下;[日]宿谷晃弘《关于我国宪法学人权论的现状与加害人家庭子女的人权的札记:从恢复性正义的观点》,《东京学艺大学纪要》2018 年第 69 集,第 115 页以下。

② [日]新仓修:《石井光教授与恢复性司法》,《青山法学论集》2015 年第 56 卷 4 号,第 208—209 页。

范生态环境风险,提高环境治理水平。这些决策精神都被我国环境立法所吸收。《环境保护法》第 1 条就将"保护和改善生活环境与生态环境"作为立法目的,第 6 条强调"一切单位和个人都有保护环境的义务",第 8 条规定"对保护和改善环境有显著成绩的单位和个人,由人民政府给予奖励"。为从严惩处污染环境的犯罪行为和对改善生态环境提供更有力的保障,《修正案(八)》做出了正面回应,对第 338 条规定做出了重大修改,首次在刑事立法中正式宣示我国环境犯罪刑事政策。面对急剧增加的污染环境罪刑事案件,各地司法机关在正确定罪的同时,没有为了追求报应性正义而一味地判处重刑,而是适度秉承恢复性正义思想,丰富了非刑罚处理方法体系,拓宽了非监禁刑的适用范围。例如,针对 2014 年 1 月 1 日至 2016 年 12 月 31 日福建省司法机关做出的 184 份刑事案件判决书的实证研究表明,"补植复绿"司法模式主要适用于涉林的轻微环境犯罪案件,大多被作为量刑情节考虑,对被告人酌情从轻处罚。① 这同《江苏审理指南(一)》第 2 条的裁判模式如出一辙。该条规定:"注重对生态环境的保护和修复,注重惩治、教育和预防相结合,将承担污染治理、补种复绿、增殖放流以及劳务代偿、缴纳修复费用等生态环境修复责任状况作为污染环境罪量刑的重要因素。"污染环境罪非刑罚处理方法的扩大适用符合刑罚的经济性,便于各地刑罚执行机关合理配置行刑资源。

另一方面,我国环境刑法理论注重恢复性司法理念中有关加害人与被害人的关系重塑、生态文明与其他文明的共享发展、人与自然的和谐共生的精神内核,从而引起了污染环境罪的责任构造、归责过程和量刑判断在刑法教义学上的显著变化。

首先,应当在污染环境罪的责任构造中添加预防必要性的考虑。规范责任论主张责任的本质在于非难可能性,是许多国家刑法理论的通说。② 我国的责任理论在演进过程中也出现了接受该说的趋势。不过,这也许只是针对自然犯而言的。我国的基本国情决定了必须追求环境保护与经济发展的协调统一,从而对新时代的环境正义观提出了更高要求。新时代的环境正义观既是一种分配的正义,集中讨论污染与风险的分配问题,也是一

---

① 参见赵小姣《环境犯罪案件中适用恢复性司法的探索与反思——以福建省 184 份刑事判决书为分析样本》,武汉大学环境法研究所编《"法治视野下的环境利益:缘起、现状与展望"》(武汉大学 2017 年全国环境法博士坛论文集),武汉大学研究生院 2017 年版,第 205—206 页。

② 参见陈家林《外国刑法理论的思潮与流变》,中国人民公安大学出版社 2017 年版,第 374—375 页。

第六章 污染环境罪的客观归责与量刑规范化

种矫正的正义，意图阐释对环境权的保障、对受害群体的补偿、对受益者的惩罚[1]以及对受损环境的恢复。换言之，新时代的环境正义观应当兼具报应性正义和恢复性正义，后者在司法实践中就体现为恢复性司法理念，影响着污染环境罪的定罪量刑。倘若其中缺少恢复性正义的内容，不仅不符合环境治理目标，而且有悖于环境犯罪刑事政策。在现代社会，为了有效降低环境污染风险，减少经济活动对生态环境的危害，有必要重视相关主体间的交往、沟通与合作。这种主体性重建将带来法律责任内在逻辑的演变，表现为对主观过错的宽容、对泄愤责难的隐退以及对合作精神的张扬。[2] 可见，法律责任的构造出现了由单维性向多维性、由回顾性向展望性、由报应性向功能性的转变。在司法实践中开展相关主体间的交往、沟通与合作，正是恢复性司法理念的体现。在刑法教义学中，机能责任论的提出顺应了法律责任构造的演进。这一被重构的责任概念有别于传统的责任概念，或者是为了发挥刑法预防效果的、由忠诚于法规范的态度所决定的、面向现在的范畴，[3] 或者是与目的理论连接的、罪责和预防性需要处于同一等级的、共同引起刑事惩罚的范畴。[4] 以上两种机能责任论表面上都把罪责和预防组合成一个新概念，以服务于预防犯罪的目的，实际上对罪责本质和预防本质有着不同理解：前一种观点认为，罪责和预防具有相同性质，均被行为人法规范的忠诚性所决定；后一种观点认为，罪责包括了经验上的自我控制能力、规范可交谈性以及规范上的合法行为可能性，形成对预防性许可的限制。笔者认为，虽然预防必要性含有刑事政策和刑法的目的性考量，但功利价值不能轻易凌驾于正义价值之上，否则归责评价就失去了统一尺度。预防性考虑是实现罪责的最终目的，而罪责也是限制预防的有效手段。[5] 作为机能性责任概念的必备要素，非难可能性和预防必要性能够共同决定是否对污染环境罪被告人定罪，对于部分无需严厉谴责的犯罪人（如主观恶性较小、并非出于营利目的、因为生活所迫等），可以优先考察预防必要性大小：如果没有预防必要性的，应当将其

---

[1] 参见郁乐《环境正义的分配、矫正与承认及其内在逻辑》，《吉首大学学报》（社会科学版）2017年第2期，第44—47页。

[2] 参见郑智航《从互惠性到宽容性：法律责任构造逻辑的嬗变》，《山东大学学报》（哲学社会科学版）2018年第2期，第86—89页。

[3] Vgl. Günter Jakobs, Strafrechtliche Schuld, ohne Willensfreiheit, in: Henrichs (Hrsg.), Aspekte der Freiheit, 1982, 69.

[4] 参见［德］C. Roxin《刑法中的责任和预防》，宫泽浩一监译，成文堂1984年版，第179页以下。

[5] 李冠煜：《环境犯罪刑事责任新论》，《时代法学》2015年第5期，第36页。

认定为无罪;如果一般预防必要性较小且缺乏特殊预防必要性的,也应做无罪处理;如果一般预防必要性较大但特殊预防必要性较小的,可以构成本罪。① 污染环境罪主要还是法定犯,其责任构造可以有别于自然犯的责任构造,因为法定犯不像自然犯那样与伦理道德联系密切、违反基本生活秩序、以道义上的非难、谴责为主要内容,现代型犯罪的责任本质应该侧重体现规范意义和社会功能。而且,仅当其可非难性或可谴责性不大时,才能将预防性考虑前置,从而形成"预防⇆罪责"这一新的责任判断阶层,如图6-1所示。

责任
╱＼
预防 ⇆ 罪责

图6-1 污染环境罪的责任构造

其次,需要在污染环境罪的归责过程中更合理地考虑预防犯罪的目的。通常情况下,犯罪的归责过程是从不法到责任、从客观到主观、从定型到非定型,② 但是,上述污染环境罪责任构造的重塑带来了其归责过程的变化,即环境犯罪刑事政策的目标设定、环境刑法的机能调整可能造成不法判断未必处于罪责判断之前,预防判断也不一定位于罪责判断之后。一旦把合目的性考虑引入污染环境罪的责任构造中,它会受到不法和罪责的双向制约,表现为:"不法→预防"的正向审查以及"预防←罪责"的反向检验,如图6-2所示。详言之,在进行正向审查时,污染环境罪的不法程度基本上决定了犯罪人一般预防必要性的大小,因为行为的法益侵犯性越严重,一般预防必要性越明显。而在进行反向检验时,行为人的罪责是预测其特殊预防必要性的资料,因为正是责任与目的的联系给刑罚和刑罚分量提供了本质意义,③ 动机赋予的原因、过程和效果都能反映行为

---

① 但在量刑时也有判处轻刑或适用非监禁刑的余地。
② 参见[德]克劳斯·罗克辛《德国刑法学总论》(第1卷),王世洲译,法律出版社2005年版,第132—141页;[日]山中敬一《犯罪论的机能与构造》,成文堂2010年版,第33—43页;周光权《刑法总论》(第三版),中国人民大学出版社2016年版,第69—74页;许玉秀《犯罪阶层体系及其方法论》,作者发行2000年版,第9—54页。
③ [德]格吕恩特·雅科布斯:《行为 责任 刑法——机能性描述》,冯军译,中国政法大学出版社1997年版,第6页。

人忠诚法规范的态度。总之，在责任报应刑法和责任预防刑法并存的当代，已经出现了前者向后者演变的倾向，责任概念的机能化就是其标志之一。在此影响下，污染环境罪的归责过程应该更为重视预防目的对犯罪成立的作用：在违法性判断阶段，侧重考虑一般预防目的；在有责性判断阶段，侧重考虑特殊预防目的。为了保证归责流程的顺畅和量刑目标的实现，必须处理好不法与责任、罪刑均衡与犯罪预防的关系，因此，对于罪行严重的行为人，不宜直接根据预防目的来决定是否构成污染环境罪，预防必要性的优先判断只能用于部分罪行较轻或轻微的犯罪。鉴于德国、美国等国刑事立法把1年自由刑作为重罪和轻罪之间的界限，[①] 且本次实证研究中约有45%的罪犯被判处1年以下有期徒刑、拘役，所以，对责任刑在这一幅度内的污染环境行为适用上述归责程序，有助于缩小犯罪圈和提高审判效率，是较为可行的做法。

一般预防目的

↗↘

不法构成要件　责任

↘↗↙

特殊预防目的

图6-2　污染环境罪的归责过程

最后，可以在污染环境罪的量刑判断中赋予环境修复情节较大的调节比率。《2013年解释》并未承认环境修复情节对量刑的影响，相比而言，《2016年解释》更进了一步，在第5条规定，对于情节轻微的污染环境犯罪，如果行为人积极修复生态环境，且系初犯，确有悔罪表现的，可以不起诉或免予刑事处罚；即使确有必要判处刑罚的，也应从宽处罚。略显遗憾的是，该解释没有明确环境修复情节对责任刑的影响比重。可是，上文表6-4中的量刑指南型规范性文件弥补了这一缺憾，均将环境修复情况作为减少基准刑的情节，并规定了一定幅度的调节比率。《辽宁量刑指导意见实施细则（三）》第8条规定，行为人及时采取措施，防止损失扩大、消除污染，积极赔偿损失的，减少基准刑的30%以下。其中的"消除污染"，就包括了修复环境的内容。即使对其进行严格解释，环境修复

---

① 参见卢建平《犯罪分层及其意义》，《法学研究》2008年第3期，第147—148页。

情节也能被包容在"其他可以增加或减少刑罚量的情形"中。《重庆污染环境罪量刑指导意见实施细则》的规定更加详细,涵盖调节比率、刑种和缓刑三方面。具言之,在调节比例的确定上,它要求"对于……自愿采取补植、增殖放流、义务劳动等方式修复生态环境的,综合考虑实际履行情况,以及对生态环境的修复程度,可以减少基准刑的10%—40%"。在刑种选择上,它重申,主观恶性小,情节较轻,积极修复环境,且系初犯,依法不需要判处有期徒刑的,可以判处拘役或单处罚金。在缓刑适用上,它指出,未积极实施生态环境修复的罪犯一般不适用缓刑。而《江苏审理指南(一)》亦有相同之处,第11条强调,综合考虑污染环境行为的犯罪情节、危害后果、社会影响以及犯罪行为发生后被告人处置、应对情况,正确适用刑罚。这里的行为后"处置、应对情况"当然包括修复环境的时间、地点、方式、效果等情况。而且,它在第15条中把积极修复生态环境、缴纳生态修复资金或进行替代性修复减少基准刑比率的上限上调至50%,并在第17条中将积极修复环境作为缓刑适用的必要条件之一。正是在恢复性司法理念的指导下,这一量刑情节才逐渐常态化、类型化、规范化,并在污染环境罪的个案审理过程中以酌定预防情节的面貌出现,以其对应的预防刑对责任刑向下进行校正。例如,在"淮安某公司、陈某某、丁某某污染环境案"中,一审法院认为,陈某某是淮安某公司直接责任人员,该公司与丁某某系共同故意犯罪,但该公司在审理过程中能积极缴纳危险废物的处置费用,视为其具有认罪、悔罪表现,可酌情从轻处罚,遂对其判处罚金2万元(案例1)。[1] 再如,在"某机电制造安装分公司、叶某某污染环境案"中,该分公司及叶某某庭审时承诺,将向闽江水体放生20万尾鱼苗,以修复水体生态,以此表示认罪悔罪。一审法院认为,某机电制造安装分公司及叶某某的行为均已构成了污染环境罪,但该公司案发后拆除了电镀设备,转移了危险废物,对污染土壤进行了净化,在量刑时依法予以从轻处罚,遂对其判处罚金20万元;叶某某具有自首情节。归案后认罪态度较好,亦在量刑时依法予以从轻处罚,遂对其污染环境罪判处罚金5万元(案例2)。[2] 还如,在"聊城某公司、薛某某污染环境案"中,一审法院认为,薛某某系聊城某公司总经理,该公司及薛某某都构成污染环境罪,但鉴于薛某某到案后如实供述犯罪事实,且在庭审中认罪态度较好,并已委托有资质单位对污染土壤已进行了

---

[1] 参见江苏省淮安市清江浦区人民法院(2017)苏0812刑初5号刑事判决书。
[2] 参见福建省南平市延平区人民法院(2017)闽0702刑初70号刑事判决书。

修复，可依法对其从轻处罚，遂对该公司判处罚金 20 万元，对薛某某判处有期徒刑 3 年，缓刑 4 年，并处罚金 5 万元（案例 3）。[①]

第三节　污染环境罪的客观归责与量刑步骤的调整

量刑基准的选择和量刑步骤的确定具有相同的目的，量刑基准的适用过程就是量刑步骤的运行过程。《量刑指导意见》首次确立了量刑步骤，将其分为三步：第一步，确定量刑起点；第二步，确定基准刑；第三步，确定宣告刑。随后，各地出台的《量刑指导意见实施细则》也纷纷效仿，将以上步骤全盘移植，鲜有做出改动者。从宏观上看，现行的量刑过程基本符合量刑基准的原理；但从微观上看，目前的量刑步骤未必能处理好责任刑和预防刑之间的关系。所以，有必要整合大陆法系国家的量刑基准原理，找到真正适用于污染环境罪的量刑理论，在"三部曲"的基础上细化量刑步骤，突出起点刑和责任刑的作用，彰显客观归责对规范量刑的意义。

一　量刑基准的基本原理

量刑基准的理论就是处理责任和预防关系的理论，[②] 主要有"幅的理论"（Schuldrahmentheorie）与"点的理论"（Theorie der Punktstrafe）两种。

（一）"幅的理论"与"点的理论"之争

"幅的理论"主张，责任刑是有幅度的，法官应当在这种幅度范围内考虑预防犯罪的目的，并决定最终刑罚。其主要特点在于：（1）反映了相对的报应刑论或并合主义的观点，意图在责任报应和预防犯罪之间取得平衡。（2）刑罚必须与责任相适应，责任具有刑罚限定机能。（3）责任刑是一个幅度，客观上以幅度的形式存在。（4）在责任刑幅度的范围内

[①] 参见山东省莘县人民法院（2017）鲁 1522 刑初 125 号刑事判决书。
[②] 参见［德］C. Roxin《刑法中的责任和预防》，宫泽浩一监译，成文堂 1984 年版，第 115 页以下；［德］汉斯·海因里希·耶赛克、托马斯·魏根特《德国刑法教科书》（总论），徐久生译，中国法制出版社 2001 年版，第 1047 页以下；［日］川崎一夫《体系的量刑论》，成文堂 1991 年版，第 83 页以下；［日］城下裕二《量刑基准的研究》，成文堂 1995 年版，第 109 页以下。

存在不止一种与责任相适应的刑罚,并只能在其中考虑预防犯罪的目的。①

而"点的理论"认为,责任刑是一个点,法官只能在不过分偏离这一点的范围内根据预防犯罪的目的修正责任刑,并决定最终刑罚。其理论特色在于:(1)曾经以绝对的报应刑论为根据,如今与目的主义结缘。(2)刑罚还是应该同责任相适应,但责任刑沦为思维上的逻辑起点。(3)责任刑是一个点,客观上以精确的点的形式存在。(4)在不过分偏离作为点的责任刑的伸缩范围内,可以考虑预防犯罪的目的。②

两种理论之间展开了激烈的论战,至今仍未完全平息。

"点的理论"对"幅的理论"批判是:(1)以法官的认识能力有限而无法确定责任刑的点为由,主张其客观上是一个幅度,论据不充分。(2)以责任刑本来就是一个幅度为由,论证"幅的理论"的妥当性,实际上没有正确把握责任的实体。(3)尽管作为幅度的责任具有刑罚限定机能,但能否充分制约预防必要性的考虑,尚有疑问。(4)与对责任刑幅度的约束力的怀疑相关,认为可以通过在其中考虑预防目的而把刑罚决定在某个点上的想法,也许过于乐观。③

"幅的理论"也对"点的理论"质疑道:(1)既主张应当确定精准的责任刑的点,又承认可以找到责任刑的点的近似值,有自相矛盾之嫌。(2)把责任作为量刑过程中观念上的起点,尽管不违反"点的理论"的初衷,但已开始具备"幅的理论"的思维。(3)允许在责任刑点的容许范围内考虑预防犯罪的目的,但没有说明如何确定预防刑的点,从而难以避免"幅的理论"的窘境。④

(二)"幅的理论"与"点的理论"的扬弃

根据各国量刑法的规定,无论是采取"幅的理论"还是采取"点的理论",都能排除极端不合理的刑罚,得出基本相同的结论。这也不难理解,为何有学者主张,这两种学说的争论实际上是没有意义的,⑤ 仅仅是

---

① 参见李冠煜《量刑规范化改革视野下的量刑基准研究——以完善〈关于常见犯罪的量刑指导意见〉规定的量刑步骤为中心》,《比较法研究》2015年第6期,第112—115页。
② 同上书,第115—117页。
③ 参见李冠煜、顾家龙《量刑原理中的罪刑均衡与犯罪预防关系再论》,《中南大学学报》(社会科学版)2018年第3期,第49—50页。
④ 同上书,第50页。
⑤ 参见[德]C. Roxin《刑法中的责任和预防》,宫泽浩一监译,成文堂1984年版,第141页。

第六章 污染环境罪的客观归责与量刑规范化

说明方法的不同。①

两种理论均存在明显弊端,难以仅仅采用其中一种就实现量刑目的。一方面,"幅的理论"以承认责任刑在客观上是一个幅度及其对预防必要性的限制为前提。立法者通常为法定刑划出了一定边界,责任刑不得随意超出其范围,所以,责任刑的幅度不完全来自法官的经验感觉,而主要取决于法定刑幅度。简言之,法定刑幅度的客观性决定了责任刑幅度的客观性。另一方面,"点的理论"以肯定宣告刑在客观上是一个点以及预防情节评价的重要性为条件。旧的"点的理论"一度主张,责任刑以点的形式存在,但这既不符合法官的思维特点,也不利于获得妥当的宣告刑。与其固执地认为责任刑是一个点,不如理性地考虑如何限制责任刑的幅度。对预防情节的评价应当受到重视,不管预防刑究竟是一个幅度,还是一个点,在裁量预防刑时,都必须考虑各种反映行为人再犯危险性的情节。相比责任刑的裁量,预防刑的裁量更难控制。除了用责任刑约束预防刑外,还要严格认定预防情节。

虽然"幅的理论"在早已占据通说的地位,但其可操作性一直没有得到认可。德国学者曾尖锐地指出,当前的量刑法体系在没有量刑指南的情况下,大体上运行得相当好。《德国刑法典》第 46 条等准则只是一个非常模糊的指导方法,上诉法院的判例法似乎是量刑指导方针的一个附加的重要来源。事实上,从联邦法院判决中发现的"幅的理论"对于某些地方或地区法官并无多大帮助,因为它维护的是上诉法院的利益,避免更高的量刑精度说理可能导致的上诉案件数量增加。② 易言之,在责任与刑罚的模糊关系限度内考虑再社会化目的的理论设想,不一定被忠实地再现于司法实践中,比起抽象的量刑基准,通常案件(Regelfall)或典型案件的量刑幅度无疑更有参考价值,更能减少量刑偏差。③ 在全面反思量刑基准原理的基础上,德国的量刑实务开始遵守"三分之一"标准,即通常案件的量刑起点靠近法定最低刑 1/3 的区域,而不是在法定刑的中线附近。因此,法官通过把握典型案件的量刑区间以形成相对确定的量刑倾向。这只限于法定刑幅度的部分领域,其中包括若干种或轻或重的、特征

---

① 参见[日]本庄武《从刑罚论所见的量刑基准》(1),《一桥法学》2002 年第 1 卷 1 号,第 201 页。
② 参见[德]塔蒂安娜·霍恩雷《无需量刑指南参考下的适度与非恣意量刑:德国的经验》,刘胜超译,《中国刑事法杂志》2014 年第 6 期,第 27—30 页。
③ 参见江溯《无需量刑指南:德国量刑制度的经验与启示》,《法律科学》2015 年第 4 期,第 165—166 页。

明显的犯罪类型。与其将上述活动的理论依据概括为"非对称的（asymmetrisch）幅的理论"并予以遵守，① 不如关注如何从妥当地确定起点刑开始，接着较为精准地确定责任刑和预防刑，直至最后很有把握地确定宣告刑。

二 "量刑阶段限制论"之提倡

其实，《量刑指导意见》及各地发布的有关实施细则规定的量刑步骤同时吸收了"幅的理论"和"点的理论"的思路：在确定起点刑和基准刑时，以"幅的理论"为根据；在确定宣告刑时，以"点的理论"为根据。尽管这反映了责任和预防的互动关系，② 也符合"以责任为基础，用预防对其修正""责任大致轮廓的决定与根据预防的修正"的理论框架，③ 但没有区分责任刑的裁量阶段和预防刑的裁量阶段，对量刑的关键环节缺少制约机制。这种仍然略显粗疏的量刑模式不仅获得我国部分学者的支持，④ 而且被应用到污染环境罪的量刑实践中。

《辽宁量刑指导意见实施细则（三）》第8条规定了"法定刑在拘役、3年以下有期徒刑幅度"和"法定刑在3年以上7年以下有期徒刑幅度"的量刑起点、基准刑的裁量方法，建立了法定刑、起点刑和基准刑三者之间的内在联系。《重庆污染环境罪量刑指导意见实施细则》第2条则要求，量刑时依次确定量刑起点、基准刑、拟宣告刑和宣告刑。通过增设确定拟宣告刑这一阶段，加强引导基准刑向宣告刑逐步过渡。而《江苏审理指南（一）》第13条没有什么创新，只是明确了量刑起点基础上增加

---

① 参见［德］Franz Streng《德国的刑事制裁：带有经验性视角的概观》，小池信太郎监译，《庆应法学》2016年第34号，第130—132页。

② 参见［德］Franz Streng《德国的刑事制裁：带有经验性视角的概观》，小池信太郎监译，《庆应法学》2016年第34号，第125—127页；［瑞士］Christian Schwarzenegger《瑞士的刑事制裁制度》，小池信太郎监译，《庆应法学》2016年第36号，第202—204页；［日］小池信太郎《奥地利刑法中的责任能力与量刑：相关规定的概观》，《庆应法学》2017年第37号，第354—356页；［日］園原敏彦《责任与量刑实务》，《法律时报》2018年第90卷1号，第30—32页。

③ ［德］Wolfgang Frisch、［日］浅田和茂、冈上雅美编《量刑法的基本问题——量刑理论与量刑实务之间的对话》，成文堂2011年版，第109页。

④ 参见韩光军《量刑基准研究》，法律出版社2010年版，第65—81页；王瑞君《量刑情节的规范识别和适用研究》，知识产权出版社2016年版，第144—149页；冉巨火《经验而非逻辑：责任主义量刑原则如何实现》，《政治与法律》2015年第6期，第121—122页；王林林《多元刑事司法模式共存语境中的量刑基准研究》，《政法论坛》2016年第3期，第56—57页。

刑罚量的事实种类和数值区间。以上量刑规范的局限性也导致在污染环境罪案件处理过程中量刑程序独立性不强、量刑判断过程简化、量刑论证有待深入。例如,在"娄某甲污染环境案"中,原审法院认为,娄某甲违反国家规定,非法倾倒危险废物,数量超过国家规定排放标准,严重污染环境,构成污染环境罪,依法应当在3年以下有期徒刑或者拘役,并处或者单处罚金量刑幅度内量刑。娄某甲主动到公安机关投案,并如实供述自己的犯罪行为系自首,依法可以从轻处罚;娄某甲的犯罪行为给当地村民造成了恶劣影响,社会后果严重,不符合适用缓刑的条件;遂对其判处有期徒刑1年。二审法院亦维持原判(案例4)。[1] 再如,在"林某污染环境案"中,一审法院认为,林某违反国家规定,非法排放污染物,严重污染环境,其行为已构成污染环境罪。依法应当对其适用"3年以下有期徒刑或者拘役,并处或者单处罚金"的量刑幅度予以处罚。林某犯罪后自动投案,如实供述自己的罪行,是自首,依法可以从轻处罚。鉴于其工厂所排废水污染程度较轻,且已停业不再经营,不致再发生危害,亦可对林某酌情从轻处罚并适用缓刑,遂判处有期徒刑6个月,缓刑1年(案例5)。[2] 还如,在"林某、宋某甲、孙某污染环境案"中,一审法院认为,林某、宋某甲、孙某在无危险废物经营许可证情况下,从事收集、贮存、利用、处置危险废物,严重污染环境,均应以污染环境罪追究刑事责任。林某非法收集危险废物100吨以上,应在3年以上7年以下有期徒刑幅度内量刑;宋某甲以营利为目的,非法利用危险废物37吨,孙某非法贮存危险废物80吨,其中宋某甲在帮助林某转移、贮存100余吨危险废物共同犯罪活动中,起次要作用,应认定从犯,应减轻处罚,综合考量所有犯罪事实、情节,可对宋某甲、孙某在3年以下有期徒刑幅度内量刑;各被告人均能如实供述犯罪事实,庭审中认罪、悔罪,其中林某系主动投案,应认定自首,可予减轻处罚。辩护人关于林某认罪态度好,构成自首,无倾倒危险废物行为,未造成实际危害后果,要求从轻处罚的辩护意见成立,本院予以采纳。辩护人关于宋某甲转移危险废物100余吨部分不计入犯罪数额的意见,与本院查明事实不符,本院不予采纳。要求从轻处罚的辩护意见成立,本院予以采纳。在具体量刑时,应当根据犯罪事实、犯罪性质、情节和对于社会的危害程度决定处以的刑罚,遂对林某判处有期徒刑2年;对宋某甲判处有期徒刑1年6个月;对孙某判处有期徒刑1年6

---

[1] 参见河北省石家庄市中级人民法院(2016)冀01刑终536号刑事裁定书。
[2] 参见广东省广州市番禺区人民法院(2016)粤0113刑初840号刑事判决书。

个月,缓刑2年(案例6)。① 可见,这些案件的量刑都历经"确定法定刑(含量刑幅度、起点刑、基准刑)→确定预防刑→确定宣告刑"三个主要环节,但略过了某些关键步骤,使起点刑、基准刑乃至预防刑都缺乏精确性。

污染环境罪的量刑步骤应当既能在每个阶段清晰划定刑罚的边界,又能准确区分责任刑裁量活动和预防刑裁量活动。"幅的理论"因其不明确性,无法满足德国量刑实践对刑罚具体化的要求;②"点的理论"也由于其主观性,没有被德国量刑实践所接收。所以,这两种理论均对量刑全过程欠缺有效约束。我国的量刑规范化改革不能照搬其中任何一种理论,而要摆脱二者的程式化对立,引入一种真正实用的量刑限制理论,使量刑成为一个具有可验证性、可限制性、可预测性的过程。走出点幅之争的"陷阱",把量刑基准从规范上定位为一种确立程序,我国应该重视这种意义上的量刑基准建构,③ 进一步完善现行的量刑步骤。对此,我国学者进行了有益的尝试。例如,有学者提出,量刑过程大致包括以下几个步骤:(1)确定刑罚的目的;(2)确定量刑中的事实因素的范围;(3)确定量刑的事实因素的评价方向;(4)对相关的量刑事实因素进行比较衡量;(5)确定量刑的切入点;(6)最终确定刑量、刑种及执行方式。其中,第五步就是确定"规范的通常事例"中的刑量,寻找出对个案进行量刑的基点,④ 类似于决定量刑起点。虽然这一方案与各个量刑规范性文件中的量刑步骤不太一致,但可以从源头上防止量刑偏差。还有学者建议,量刑应当采取以下步骤:(1)确定罪名后根据案件的违法与责任事实选择法定刑;(2)暂时不考虑各种法定与酌定量刑情节,初步确定刑罚量;(3)根据影响责任刑的情节,确定责任刑(点);(4)在点之下根据预防必要性的大小确定宣告刑。⑤ 显然,这一方案是按照从法定刑到

---

① 参见山东省费县人民法院(2016)鲁1325刑初487号刑事判决书。
② Vgl. Bernd Schünemann, Tatsächliche Strafzumessung, gesetzliche Strafdrohungen und Gerechtigkeits-und Präventionserwartungen der Öffentlichkeit aus deutscher Sicht, in: H. J. Hirsch (Hrsg.), Krise des Strafrechts und der Kriminalwissenschaften?, 2001, S. 338—345;[德]汉斯—约格·阿尔布莱希特:《重罪量刑——关于刑量确立与刑量阐释的比较性理论与实证研究》,熊琦等译,法律出版社2017年版,第42—47页。
③ 参见姜涛《重新理解量刑基准:从点幅之争到确立程序》,《云南师范大学学报》(哲学社会科学版)2012年第1期,第111页以下。
④ 参见冯军《量刑概说》,《云南大学学报》(法学版)2002年第3期,第35页。
⑤ 参见张明楷《责任主义与量刑原理——以点的理论为中心》,《法学研究》2010年第5期,第132页。

起点刑、责任刑、预防刑直至宣告刑的裁量顺序设计的。最近又有学者主张，适应性机制在量刑中的实现，最根本、最核心的命题是法官量刑自由裁量权的范围确定与边界划分。为此，需要进行量刑模式的适应性改造、量刑起点的适应性确定、基准刑的适应性调节和量刑情节的适应性校正。① 上述方案与第二种方案的相同点是，认可在量刑的重点领域限制刑罚裁量权的重要意义；不同点则表现在，前者在宏观上强调适应性机制对量刑活动的全面指导，后者在微观上强调量刑方法论对情节评价的制约效果。

综上所述，通过采取量刑限制理论，应当对《量刑指导意见》《重庆污染环境罪量刑指导意见实施细则》等文件中的量刑步骤进行修正，分为以下六步：(1) 根据具体犯罪构成，确定相应的法定刑幅度。选择法定刑幅度只考虑与犯罪构成要件的实现直接相关的情况，这种做法类似于确定起点刑的预备活动，对于污染环境罪而言，只需考虑某些行为犯的构成事实或个别结果犯的构成事实。(2) 根据基本犯罪构成事实并参考同类判例，在相应的法定刑幅度内确定起点刑。通过大量统计分析，以上三个量刑指南型文件都明确了污染环境罪的量刑起点幅度。不过，再加上同类判例展现的较窄量刑区域，使该罪的起点刑受到法定刑和判例的双向制约，可以更显著地降低量刑失衡的风险。(3) 根据责任情节，在起点刑的基础上增加刑罚量确定责任刑。所谓责任刑，是与行为责任相对应的刑罚幅度。② 行为责任是量刑责任的本质，决定其不法性、有责性的程度。污染环境罪的罪行轻重由不法性和有责性共同决定，而影响不法性的情节（以下简称"不法情节"）与责任刑的关联性明显大于影响有责性的情节（以下简称"罪责情节"）与责任刑的关联性，原因在于，刑法客观主义立场和客观归责方法论赋予了不法情节在犯罪认定和刑罚裁量中享有更大权重。根据《重庆污染环境罪量刑指导意见实施细则》第4条第3款至第5款规定，当行为人具有某一污染环境情形或触犯两至三项情形时，其所增加的刑期比率可以达到50%以上，但总刑期不得超过3年。而《辽宁量刑指导意见实施细则（三）》第8条和《江苏审理指南（一）》第13条、第14条更为详尽地在有关责任情节和增加的刑罚量之间建立起了对应关

---

① 参见于阳《量刑规范化之适应性调整研究》，《政法论丛》2018年第4期，第24页以下。
② Vgl. Hans-Jürgen Bruns, Das Recht der Strafzumessung, 2. Aufl., 1985, S. 245ff.

系。这些影响犯罪构成的事实均为定罪后剩余的、提升客观危害性的情节，分为两类：一类是体现行为不法性的情节（以下简称"行为不法情节"），另一类是体现结果不法性的情节（以下简称"结果不法情节"）。（4）根据预防情节并适度从严把握，确定预防刑。量刑时不能直接考虑一般预防，这会导致犯罪人沦为实现预防目的的工具，侵犯人的尊严，可能产生积极的责任主义，所以，量刑时只能考虑特殊预防。所谓预防刑，是预防再犯所需要的刑罚。再犯危险性体现了人身危险性，也决定了特殊预防必要性。因此，实现预防目的需要的刑量独立于责任刑。[①]《2013年解释》《2016年解释》以及三个量刑指南型文件都规定了数种预防情节对基准刑的作用比例和处罚原则，如及时采取措施，防止损失扩大，积极实施污染治理，赔偿损失，积极修复生态环境，等等。（5）根据预防刑对责任刑的修正幅度，参照类似判例确定拟宣告刑。消极的责任主义要求，预防刑不能高于责任刑上限，所以，拟宣告刑必须低于责任刑的顶点。《江苏审理指南（一）》第16条仅仅要求，量刑情节对基准刑的调节结果不得逾越法定刑的上下限，但是，责任和预防的关系实际上强调的是，上述调节结果不应超出责任刑的上限，只是可以突破责任刑的下限。（6）综合考虑全案情况，确定宣告刑。假如拟宣告刑不符合常态案件的量刑分布状况，法官要在一定幅度内对其进行上下调整。污染环境罪量刑实证研究为掌握其量刑分布状况奠定了坚实的经验基础，最后只需在制度上确定对拟宣告刑的调节比例。

第四节 污染环境罪的客观归责与量刑情节的评价

《修正案（八）》将《刑法》第338条改为污染环境罪，彰显了"现代人类中心主义"伦理观，它使该罪的行为构造、犯罪性质、保护法益具有了层次性、复合性和系统性，从而影响了其定罪量刑的判断。《2013年解释》第1条率先将"严重污染环境"具体化为14种情形，除了第14项的"兜底条款"外，前13项既包含行为要素，也包含结果要素，所以，它既指"严重地污染环境"，表明污染行为严重，也指"严重的污染

[①] Vgl. Andrew von Hirsch/Nils Jareborg, Strafmaß und Strafgerechtigkeit, 1991, S. 31f.

环境",表明污染结果严重。① 污染环境罪不仅仅是行为犯(准抽象危险犯)或结果犯,而是情节犯。《2016年解释》第1条不仅延续这一司法认定路径,而且增加了数种严重情节。于是,该条前八项表达了污染行为的实质自然属性和法定违反属性,后九项则表述的是结果属性,同时指向生态环境本身和人身财产损失。② 污染环境罪既是法定犯,也是自然犯;其保护法益既包括个人法益,也包括非个人法益。因此,它在行为构造上,由于行为犯(准抽象危险犯)和结果犯的并存、前者的发案率远远高于后者而具有层次性;它在犯罪性质上,由于法定犯和自然犯的混同而具有复合性;它在保护法益上,由于个人法益和生态法益的融合而具有系统性。上述司法解释均未列举罪责情节,或许可以认为,这正是客观主义刑法观的表现。刑法客观主义是要确立行为违法的一般标准,其要求至少有三点:(1)强调客观构成要件绝对重要的观念;(2)必须先客观后主观;(3)尽可能将传统上对主观要素的判断还原为对客观要素的判断。③ 在量刑方法论上,也应当坚持责任情节的判断优先于预防情节的判断;在责任情节的判断过程中,不法情节的判断优先于罪责情节的判断。该罪的客观可归责性决定了其不法性程度,而不法性又是衡量其罪行轻重的主要依据之一,所以,必须在污染环境罪客观可归责性的范围内,正确认定不法情节的性质,适当评价有关情节与责任刑的关联性。本次实证研究表明,该罪的不法情节与责任刑、宣告刑之间存在较强的关联性,一般作为增加责任刑的情节,进而导致宣告刑向着相应法定刑的上限变化。责任刑裁量阶段只在狭小范围内覆盖少数不法情节,具有简洁性特征。

一 行为不法情节

《2013年解释》第1条第1项至第5项规定了污染地区、数量、标准、手段和次数五种行为不法情节,在满足定罪要求后,多余的事实就对应于起点刑基础上增加的刑罚量,成为责任刑的一部分。《2016年解释》第1条第1项至第8项还增加了环境监测数据造假、违法减少治污成本等行为不法情节,又在第3条第2项把污染物数量作为特别严重的后果之一,构成特殊的行为加重犯。三个量刑指南型文件也做出了相应规定。综

---

① 参见刘清生《论污染环境罪的司法解释》,《福州大学学报》(哲学社会科学版)2013年第5期,第70页。
② 参见李川《二元集合法益与累积犯形态研究——法定犯与自然犯混同情形下对污染环境罪"严重污染环境"的解释》,《政治与法律》2017年第10期,第40页。
③ 周光权:《刑法客观主义与方法论》,法律出版社2013年版,第8页。

观近三年污染环境罪案件裁判文书样本,行为不法情节的数量极其有限,且适用频度不同,如表6-5所示。

表6-5 污染环境罪行为不法情节与宣告刑之间的关联性

研究时间	法律依据	行为不法情节	宣告刑	被告人数	所占比率(%)
2015年11—12月	《2013年解释》	在居民区及其附近排污	3年以下有期徒刑或者拘役/3年以上7年以下有期徒刑	5	1.5
		排放、倾倒、处置危险废物3吨以上		130	38.1
		排放、倾倒、处置污染物超标3倍以上		132	38.7
		因污染环境多次被查处		1	0.3
		不正常运行污水处理设施		1	0.3
		参与、排放时间较短		6	1.8
		污染持续时间长		3	0.9
2016年	《2013年解释》	在饮用水水源一级保护区内排污	同上	1	0.09
		位于居民生产、生活区域之内的河道排污		23	2.1
		排放、倾倒、处置危险废物3吨以上		328	29.9
		排放、倾倒、处置污染物超标3倍以上		494	45
		因污染环境受过行政处罚		2	0.2
		工作时间相对短		9	0.8
		经营时间较短		9	0.8
		污染持续时间长		1	0.09
		排污规模较大		1	0.09

续表

研究时间	法律依据	行为不法情节	宣告刑	被告人数	所占比率（%）
2017年1—7月	《2013年解释》/《2016年解释》	在居民区及其附近排污	同上	1	0.2
		排放、倾倒、处置危险废物3吨以上		228	49.4
		排放、倾倒、处置污染物超标3倍以上		88	19
		排放、倾倒、处置污染物超标10倍以上		88	19
		责令整改仍从事污染环境的违法生产活动		1	0.2
		参与、排放时间较短		2	0.4
		污染持续时间长		1	0.2

以上行为不法情节对污染环境罪的责任刑、宣告刑的作用力大小有别，在认定时应该注意以下几点。

第一，污染地区、污染物种类、超标程度等不法情节对责任刑的提升作用不明显，难以突破基本量刑幅度。在2015年11—12月，"排放、倾倒、处置污染物超标3倍以上"情节被认定的次数最多，占被告总数的38.7%；"排放、倾倒、处置危险废物3吨以上"情节被认定的次数次之，占被告总数的38.1%；"参与、排放时间较短"情节位居第三，占被告总数的1.8%。此外，"在居民区及其附近排污""污染持续时间长""因污染环境多次被查处""不正常运行污水处理设施"等情节也占据较小比率。除了第二种情节外，其他不法情节都无力使量刑幅度上升一个档次。以污染物超标情节为例，[1] 在"闫某某污染环境案"中，一审法院认为，天津市某电镀厂违反国家规定，非法排放的污水中总锌浓度为134mg/L，超标89.3倍，严重污染环境，作为该单位直接负责的主管人员的闫某某已构成污染环境罪，鉴于其能如实供述犯罪事实，可依法从轻处罚，遂判处其有期徒刑6个月，缓刑1年（案例7）。[2] 本案被告人排放污染物"超标89.3倍"远远高于司法解释中"超标3倍"的最低标准，

---

[1] 或许是出于举证方面的考虑，该情节往往吸收了"以隐蔽方式排污"情节。
[2] 参见天津市静海县人民法院（2015）静刑初字第591号刑事判决书。

但仍在基本法定刑区间内量刑。"元一某、兰某某、王某某污染环境案"同样如此，一审法院认为，元一某等人违反国家规定，非法排放的废水中总铬 2.54mg/L，超标 1.54 倍；总镍 8.44mg/L，超标 15.8 倍；总锌 158mg/L，超标 104 倍，严重污染环境，其行为均构成污染环境罪。在共同犯罪中，元一某起主要作用，并系直接受益者，应认定主犯；能自动投案，如实供述犯罪事实，应认定自首，对其可依法从轻处罚；遂对其判处拘役 6 个月（案例 8）。[①] 本案被告人排污超标 104 倍且系主犯，还是没有造成法定刑升格。而在"张某某污染环境案"中，一审法院认为，张某某违反国家规定，偷排的废水中含总铜 358mg/L、氨氮 30.1mg/L、化学需氧量 5220mg/L、总镍 698mg/L、总氰化物 14.6mg/L、总锌 2480mg/L、总铅 4.64mg/L、总汞 0.166mg/L、总镉 0.64mg/L、总铬 368mg/L，分别超过排放限值的 715 倍、1 倍、64 倍、1395 倍、72 倍、2479 倍、32 倍、63 倍、735 倍，严重污染环境，其行为已构成污染环境罪。鉴于其归案后如实供述罪行，认罪态度较好，依法可对其从轻处罚，遂判处其有期徒刑 7 个月（案例 9）。[②] 令人不解的是，本案被告人排污超标数百倍甚至上千倍，依然在基本法定最低刑附近量刑，有违反罪刑相适应原则之嫌。这一现象同样出现在 2016 年[③]和 2017 年 1—7 月[④]的量刑实证分析中，表明了重点保护生态法益的司法逻辑。囿于《2016 年解释》的局限，三个量刑指南型文件也只对污染环境罪基本犯规定了污染物超标情节如何影响起点刑和所增加的刑罚量。

第二，只有污染物数量情节与责任刑存在密切关联，在超越一定限度后，导致宣告刑向加重量刑幅度跨越。例如，在"刘某某污染环境案"中，一审法院认为，刘某某违反国家规定，在帮其父亲经营轧板厂期间，对废旧油桶铁皮进行轧平、碱洗（氢氧化钠煮炼）加工，合计加工废旧油桶铁皮达 120 余吨，所产生的废水未经任何处理通过渗坑直接渗入地下，所产生的废渣未经任何处理露天存放，严重污染环境，后果特别严

[①] 参见天津市静海县人民法院（2015）静刑初字第 491 号刑事判决书。
[②] 参见广东省东莞市第二人民法院（2015）东二法刑初字第 2061 号刑事判决书。
[③] 参见广东省揭阳市揭东区人民法院（2016）粤 5203 刑初 39 号刑事判决书、福建省泉州市中级人民法院（2016）闽 05 刑终 860 号刑事裁定书、广东省揭西县人民法院（2016）粤 5222 刑初 120 号刑事判决书，等等。
[④] 参见浙江省绍兴市越城区人民法院（2017）浙 0602 刑初 61 号刑事判决书、广东省惠州市惠阳区人民法院（2017）粤 1303 刑初 52 号刑事判决书、福建省莆田市中级人民法院（2017）闽 03 刑终 242 号刑事裁定书，等等。

重,其行为已构成污染环境罪,遂判处其有期徒刑 3 年(案例 10)。① 再如,在"王某某污染环境案"中,二审法院认为,王某某租用他人场地,用坩埚提取的方法非法提炼黄金,将提炼黄金产生的含有剧毒化学品氰化钠的废水、废渣等危险废物 1808.53 吨随意倾倒在场地周边,后果特别严重,其行为已构成污染环境罪。上诉人归案后如实供述自己的罪行,有一定悔罪表现,可对其从轻处罚,遂对原判定罪部分予以纠正后,维持一审法院做出的有期徒刑 3 年零 6 个月判决(案例 11)。② 又如,在"王某某、刘某某污染环境案"中,一审法院认为,王某某、刘某某多次收购他人废旧铅电瓶 1000 余吨,后将废旧铅电瓶运至二人开办的无污染防治设施的化铅厂里予以拆解、冶炼,并将冶炼所得铅锭销售牟利,后果特别严重,其行为已构成污染环境罪。但是,二人犯罪后自动投案,如实供述自己的罪行,系自首,可以减轻处罚;当庭自愿认罪,案发后主动退出违法所得,酌情从轻处罚,遂判处王某某有期徒刑 2 年 6 个月、刘某某有期徒刑 2 年 6 个月(案例 12)。③ 还如,在"陆某某污染环境案"中,一审到法院认为,陆某某伙同他人,帮温州市某公司处置化学污泥,将 4200 余吨化学污泥倾倒入瓯江,后果特别严重,其行为已构成污染环境罪。在共同犯罪中,陆某某系从犯,依法予以减轻处罚;且当庭认罪,对其酌予从轻处罚,遂判处其有期徒刑 1 年 10 个月(案例 13)。④ 在以上四起案件中,前两案中的被告人因非法排放、倾倒、处置的危险废物数量超过定罪标准(3 吨)的几十倍或数百倍而构成加重类型的污染环境罪,都被处以 3 年以上有期徒刑;后两案中的被告人则在具有相似责任情节的同时,由于存在自首、认罪、退缴、从犯等减轻预防刑或责任刑的情节,而在加重法定刑的幅度之下量刑,均被处以 3 年以下有期徒刑。可见,只要行为人非法排污数量超过 3 吨的,污染物数量就与责任刑成正比;然而,一旦行为人非法排污数量达到 3 吨的几十倍以上的,污染物数量与责任刑就难以形成正比例关系,且在其他量刑情节逆向竞合的影响下,使得宣告刑的分布极不均匀。为了提高污染环境罪的量刑规范化程度,应当在《量刑指导意见》中明确基本犯的污染物数量标准和加重犯的污染物数量标准之间的界限,并在各自犯罪类型内部,确定污染物的增加数量与增加的刑罚量之间的关系。《重庆污染环境罪量刑指导意见实施细则》第 4 条仅仅将

---

① 参见河北省献县人民法院(2017)冀 0929 刑初 100 号刑事判决书。
② 参见云南省大理白族自治州中级人民法院(2017)云 29 刑终 29 号刑事判决书。
③ 参见江苏省连云港市海州区人民法院(2017)苏 0706 刑初 306 号刑事判决书。
④ 参见浙江省温州市龙湾区人民法院(2017)浙 0303 刑初 226 号刑事判决书。

非法排污"100 吨以下"作为本罪基本犯的量刑起点标准，但起点刑不是责任刑，即使行为人非法排污 100 吨以上，也未必会进入加重量刑区间，可能要达到 120 吨、140 吨或 160 吨，才会导致法定刑升格。而《辽宁量刑指导意见实施细则（三）》第 8 条和《江苏审理指南（一）》第 13 条都指明了污染物的增加数量所对应的增加刑罚量，且对基本犯罪构成和加重犯罪构成予以区别对待，① 值得效仿。

第三，污染环境罪的特性决定了应当优先考察行为不法情节。由上分析可知，仅有污染物种类、超标程度和数量三种不法情节与责任刑、宣告刑存在较大的关联度，其他不法情节无论是从运用次数还是从规范内涵上看，都同责任刑的关联性不强，要么属于减轻责任刑的情节，要么容易被预防情节抵销。由该罪的保护法益、犯罪性质和行为构造所决定，量刑时必须优先考虑行为不法情节，所以，二元的行为无价值论通过注重行为自身不法性对法益侵犯性的意义，② 也间接地改变着量刑观念、步骤和方法。只要树立"现代人类中心主义"的环境伦理观，就会承认污染环境罪的法益中含有生态法益的内容，不论其能否还原为个人法益，生态法益和个人法益都具有目的共通性、消极性、可测量性。③ 在此意义上，前者是阻挡层法益，而后者是背后层法益。④ 所以，应当首先判断准抽象危险犯是否成立，然后根据行政法律、法规和量刑规范化文件中设置的环境损害标准或环境质量标准开展量刑活动。

二 结果不法情节

《2013 年解释》第 1 条第 6 项至第 13 项规定了污染时间、农田、林地破坏面积、数量、疏散、转移群众人数、公私财产损失和人身伤亡结果五种结果不法情节，第 3 条又相应地规定了加重处罚情节，构成本罪的结

---

① 前一文件规定，在基本量刑幅度内，非法排放、倾倒、处置危险废物每增加 3 吨，增加 1 个月至 2 个月刑期；在加重量刑幅度内，非法排放、倾倒、处置危险废物每增加 5 吨，增加 1 个月刑期。后一文件则规定了"25 吨——3 个月至 6 个月刑期"和"100 吨——6 个月至 1 年刑期"的数量关系。
② ［德］克劳斯·罗克辛：《德国刑法学总论》（第 1 卷），王世洲译，法律出版社 2005 年版，第 209—215 页；［日］佐伯仁志：《刑法总论的思之道·乐之道》，于佳佳译，中国政法大学出版社 2017 年版，第 82—84 页。
③ 参见侯艳芳《污染环境罪疑难问题研究》，《法商研究》2017 年第 3 期，第 113—115 页；焦艳鹏《生态文明保障的刑法机制》，《中国社会科学》2017 年第 11 期，第 78—79、85—88 页。
④ 张明楷：《污染环境罪的争议问题》，《法学评论》2018 年第 2 期，第 7 页。

果加重犯。《2016 年解释》第 1 条第 9 项至第 17 项的情况相似。其中,既包括对人类中心法益的侵犯(第 9 项、第 11 项、第 14—17 项),也包括对生态中心法益的侵犯(第 10 项、第 12 项、第 13 项)。[①] 除了基本结果犯类型外,该解释第 3 条第 1 项、第 3—12 项也规定了本罪的结果加重犯。综观近三年污染环境罪案件裁判文书样本,结果不法情节的作用范围更加集中,如表 6-6 所示。

表 6-6　　污染环境罪结果不法情节与宣告刑之间的关联性

研究时间	法律依据	结果不法情节	宣告刑	被告人数	所占比率（%）
2015 年 11—12 月	《2013 年解释》	取水水源中断时间	3 年以下有期徒刑或者拘役/3 年以上 7 年以下有期徒刑	20	5.9
		公私财产损失数额		18	5.3
2016 年	《2013 年解释》	公私财产损失数额	同上	42	3.8
		未造成严重后果		29	2.6
2017 年 1—7 月	《2013 年解释》/《2016 年解释》	公私财产损失数额	同上	14	3
		未造成严重后果		1	0.2

由此可见,只有污染时间、公私财产损失两种不法情节与责任刑存在较强的关联度,可能向上提升量刑幅度。整体而言,结果不法情节的适用次数大大低于行为不法情节的适用次数,最高的仅占被告总数的 5.9%。这直接导致污染环境罪的重刑比率很低,从反面印证了其法定犯的主要属性。例如,在"丁某某、陆某某等人污染环境案"中,一审法院认为,丁某某、陆某某等人分别或者共同非法排放、处置危险废物,严重污染环境,后果特别严重。其中,丁某某多次指使他人非法排放废酸计 6 902.81 吨、非法排放废渣计 1 020 吨、非法排放废碱 53.34 吨,合计 7 976.15 吨;陆某某多次非法处置废酸计 2 800 多吨。丁某某、陆某某等人排放废碱,致兴化市城区集中式饮用水源中断取水 14 小时。在共同犯罪中,二人均为主犯,但陆某某自动投案,如实供述犯罪事实,是自首,均可以从轻或者减轻处罚,且归案后如实供述自己的罪行,可以从轻处罚,遂分别

[①] 张明楷:《污染环境罪的争议问题》,《法学评论》2018 年第 2 期,第 8 页。

判处有期徒刑6年、3年9个月（案例14）。①再如，在"陈某某、倪某某、朱某某等污染环境案"中，一审法院认为，十名被告人非法处置的25 720.08吨生活垃圾中含有铅、汞、铬、镉、镍等重金属，需支付应急处置费共计656.0796万元、应急方案编制费12万元及环境损害评估费20万元，严重污染环境，均已构成污染环境罪。其中，陈某某、倪某某、王某某、马某某、浦某某的犯罪行为所造成的公私财产损失在100万元以上，属犯罪后果特别严重，尽管具有某些法定或酌定从宽处罚情节，但仍分别判处其有期徒刑2年6个月、2年、3年、3年3个月、2年（案例15）。②还如，在"史某某、刘某某、朱某某污染环境案"中，一审法院认为，史某某、刘某某、朱某某将总重量约190吨的桶装化工废料直接倾倒在农田内，环境损害费用为410.6万元，严重污染环境，后果特别严重，其行为已构成污染环境罪。史某某、朱某某归案后如实供述其罪行，系坦白，依法可以从轻处罚，但朱某某有前科劣迹，应酌情从重处罚。刘某某积极缴纳环境污染治理费，可以酌情从宽处罚。遂对史某某判处其有期徒刑4年3个月，对刘某某判处有期徒刑4年，对朱某某判处有期徒刑4年5个月。二审法院也维持原判（案例16）。③根据二元的行为无价值论，结果不法程度也能决定法益侵犯大小。与对污染物数量情节的认定相似，也需要在《量刑指导意见》中明确基本犯的污染时间、财产损失标准和加重犯的污染时间、财产损失标准之间的界限，并在各自犯罪类型内部，确定污染时间、财产损失增量与刑罚增量之间的关系。《重庆污染环境罪量刑指导意见实施细则》第4条仅仅将集中式饮用水水源取水中断"12小时以上"、违法所得或致使公私财产损失"100万元以下"作为本罪基本犯的量刑起点标准。而《辽宁量刑指导意见实施细则（三）》第8条和《江苏审理指南（一）》第13条都指明了污染时间、财产损失增量所对应的刑罚增量，且对基本犯罪构成和加重犯罪构成予以区别对待，④值得借鉴。

---

① 参见江苏省泰州市姜堰区人民法院（2015）泰姜环刑初字第00001－1号刑事判决书。
② 参见无锡市锡山区人民法院（2016）苏0205刑初404号刑事判决书。
③ 参见山东省滨州市中级人民法院（2017）鲁16刑终15号刑事裁定书。
④ 前一文件规定，在基本量刑幅度内，致使乡镇以上集中式饮用水水源取水中断每增加12小时，增加1个月至3个月刑期；致使公私财产损失每增加2万元，增加1个月刑期；在加重量刑幅度内，致使县级以上城区集中式饮用水水源取水中断每增加12个小时，增加1个月至3个月刑期；致使公私财产损失每增加6万元，增加1个月至2个月刑期。后一文件则规定了"12小时——3个月至6个月刑期""30万元——3个月至6个月刑期"和"12小时——6个月至1年刑期""100万元——6个月至1年刑期"的计算程式。

第五节　污染环境罪的客观归责与量刑均衡的实现

少数污染环境罪判例量刑失衡的症结在于，没有科学理解量刑均衡的实质，没有准确把握量刑活动的内核，没有适当评价量刑责任的层级。

一　污染环境罪的量刑均衡应是相对的、消极的和规范的均衡

相对的均衡要求，在与其他犯行相比较的意义上确定某种犯行处罚的均衡性。这不是犯罪本身轻重的问题，因而不存在绝对的均衡。消极的均衡是指，作为界限原理，消极地排斥同犯行严重性不均衡的刑罚。因为，不仅实务中无法穷尽所有犯罪的轻重序列，还要在其中考虑预防必要性，所以，不可能积极地追求同犯行严重性相均衡的刑罚，作为决定原理的积极的均衡没有实践价值。① 规范的均衡主张，作为价值判断原理，责任幅度上限和下限的利用次数可能不同。宪法比例原则和刑法责任主义不会使量刑停留在经验性摸索的层面，反而通过预防刑对责任刑的影响以实现宣告刑的实践合理性。② 因此，观念上预想的"重罪重判、轻罪轻判"并非责任和预防的真实关系。就责任刑裁量而言，刑罚不能超过责任刑的上限；就宣告刑裁量而言，特殊预防的需要性考虑完全可能突破责任刑的下限。总之，与责任相适应的刑罚是非对称性的。既然责任刑都不存在经验上的、对称性的均衡，宣告刑就更不存在这种均衡。

在大幅度降低污染环境罪的量刑标准后，普通民众期待的绝对均衡的刑罚并未出现，相反，法官经常通过考虑预防情节以缓解对报应正义的积极追求。事实证明，个别案件的量刑结果给人以"重罪轻判"（如"某化工有限公司、邹某某、包某某等人污染环境案"③ "凌某、李某甲、李某乙污染环境案"④）之感，传统的量刑经验也许不再适用，有必要对量刑均衡赋予新的规范意义。

---

① 参见［日］小池信太郎《量刑中的犯行均衡原理与预防性考虑——以最近日德各种见解的研究为中心》（1），《庆应法学》2006 年第 6 号，第 79—81 页。
② 参见［德］Franz Streng《德国的量刑——其概要与现代课题》，井田良、小池信太郎译，《庆应法学》2007 年第 8 号，第 143—147 页。
③ 参见山东省德州市中级人民法院（2017）鲁 14 刑终 95 号刑事判决书。该案一审法院量刑畸轻，经当地检察机关抗诉后，二审法院依法改判。
④ 参见广东省江门市中级人民法院（2016）粤 07 刑终 179 号刑事判决书。该案一审法院量刑畸轻，经当地检察机关抗诉后，二审法院依法改判。

二 污染环境罪的量刑活动应以罪行轻重的判断作为起点和重点

在摒弃"幅的理论"而贯彻量刑限制理论的同时,需要调适责任和预防的关系,易言之,必须为二者如何转换为具体刑罚确定衡量标准。相比其他量刑学说而言,行为等比性理论提供了一个较好的框架条件。它认为,社会侵害性程度,也就是不法程度,以及犯罪能量的强度,也就是严格行为责任意义下的典型罪责,形成一个依据行为相当性准则决定刑罚范围的核心比较事项。这对一般大众是可以理解的,也是潜在行为人事前可以预测的,因为从刑度可以获知犯罪行为的非价,以及相对的被破坏利益的价值。刑罚只有在满足有根据预防这个前提下才是必要的,但刑罚也要根据罪责来确定,而且要尽可能地降低对犯罪人社会化所造成的影响。刑法从罪责报应向从预防以及法益保护来获得正当性,对罪责进行分类的意义仅限于其限制性功能。总体来看,以犯罪行为作为量刑的出发点又受到了重视,应当明显减少刑罚个别化的适用,它和再社会化的思考与量刑罪责观念紧密联系在一起。[①] 该说的特色在于:一是明确区分责任和预防,它们同刑量之间各有关联。二是对量刑责任的判断要素予以严格限制,据此形成可比较的结构体系。三是对特殊预防的判断要素同样严格限于再社会化的考虑,因为与量刑责任相适应的刑罚已经具有一般预防的衍生效应,所以,只要注重犯罪矫正预测和罪行严重程度之间的关系,特殊预防刑的边界仍然具有可控制性,且由于"核心比较事项"的相对确定而具有可说明性。四是以行为的不法、罪责程度即罪行轻重作为量刑起点,也意味着行为比较的稳定架构成为量刑重点。三个量刑指南型文件部分体现了行为等比性判断的思路,今后将污染环境罪纳入《量刑指导意见》时也要继续坚持。

三 污染环境罪的量刑责任应当形成轻重有序的梯度

基于上述分析,应当能够合理确定污染环境罪的量刑责任。该罪的量刑责任是一种机能化的责任,必须注重对罪行严重程度的比较。从探寻责任的本质出发,量刑责任不仅是一种个别的行为责任,也是一种机能化的

---

① Vgl. Bernd Schünemann, Die Akzeptanz von Normen und Sanktionen aus der Perspektive der Tatproportionalität, in: Frisch/von Hirsch/Albrecht (Hrsg.), Tatproportionalität, Heidelberg 2003, S. 185—197;[德]汉斯—约格·阿尔布莱希特:《重罪量刑——关于刑量确立与刑量阐释的比较性理论与实证研究》,熊琦等译,法律出版社2017年版,第57—59页。

责任,[①] 应当重视它对法益承担者造成的损害。犯罪的本质是侵犯法益,通过确定被害人受到的典型性损害,可以比较行为的不法有责程度,从而实现对量刑情节的阶层性判断。此时,量刑责任被赋予了更多的功能性内涵。[②] 在判断污染环境罪的量刑责任时,必须规范地认定污染物数量、污染地区、污染物种类、超标程度等行为不法情节以及污染时间、公私财产损失等结果不法情节,通过行为严重性的相对比较,形成量刑责任的合理分层。

本章小结

本次实证研究表明,我国近三年污染环境罪的量刑现状具有轻缓化、多样化、非监禁化的特点,从量刑方法论的层面审视,仍然存在以下不足:(1)没有规定有效的量刑原则;(2)没有区分责任刑裁量阶段和预防刑裁量阶段;(3)没有确定责任情节与责任刑、宣告刑之间的关联度;(4)没有强调实质意义上的量刑均衡。为了提高其量刑规范化水平,应当从分析客观归责(不法)与刑罚裁量之间的关联性切入,按照"量刑原则的重构—量刑步骤的调整—量刑情节的评价—量刑均衡的实现"的顺序,对其进行全方位的完善。

量刑原则是人民法院对犯罪分子量刑时必须遵循的基本指导准则,应当适用于所有犯罪。在完成污染环境罪客观不法的判断后,必须根据科学的量刑原则以指导量刑步骤的设计、量刑情节的判断和量刑均衡的完成。污染环境罪的量刑原则应有三项:谦抑量刑原则、刑责相适应原则和环境修复量刑从宽原则。(1)谦抑量刑原则。该原则是刑法谦抑原则在量刑中的直接运用,意指量刑时应当全面考虑刑罚的功能和效果,只有在非刑事制裁等社会统制方法不能充分发挥作用时,才能动用刑罚;即使判处刑罚,也应当重视宽容精神而将刑罚的干涉范围、力度控制在最小范围内。(2)刑责相适应原则。该原则是罪责刑相适应原则在量刑中的直接表现,是指法官对犯罪人判处的刑罚,应当与其承担的刑事责任相适应;责任重则刑罚重,责任轻则刑罚轻,最终判处的刑

[①] 参见李冠煜《量刑基准的研究——以责任和预防的关系为中心》,中国社会科学出版社2014年版,第86—88页。
[②] 参见赵书鸿《论作为功能性概念的量刑责任》,《中外法学》2017年第4期,第1035—1038页。

罚必须忠实反映行为的社会危害性程度和行为人的人身危险性程度。（3）环境修复量刑从宽原则。该原则是恢复性司法理念在量刑中的直接贯彻，是指量刑时必须注重对生态环境的修复，将犯罪人承担生态环境修复责任的程度作为量刑情节予以评价，把预防犯罪目的的实现作为归责判断的必备要素。

虽然"幅的理论"在早已占据通说的地位，但其可操作性一直没有得到认可。今后的研究重心应当转移到，如何从妥当地确定污染环境罪的起点刑开始，接着较为精准地确定责任刑和预防刑，直至最后合理地确定宣告刑。我国的量刑规范化改革需要引入一种真正实用的量刑限制理论，使量刑成为一个具有可验证性、可限制性、可预测性的过程。通过采取量刑限制理论，应当对《量刑指导意见》《重庆污染环境罪量刑指导意见实施细则》等文件中的量刑步骤进行修正，分为以下六步：（1）根据具体犯罪构成，确定相应的法定刑幅度。（2）根据基本犯罪构成事实并参考同类判例，在相应的法定刑幅度内确定起点刑。（3）根据责任情节，在起点刑的基础上增加刑罚量确定责任刑。（4）根据预防情节并适度从严把握，确定预防刑。（5）根据预防刑对责任刑的修正幅度，参照类似判例确定拟宣告刑。（6）综合考虑全案情况，确定宣告刑。

污染环境罪的行为构造、犯罪性质、保护法益具有层次性、复合性和系统性，必须在其客观可归责性的范围内，正确认定不法情节的性质，适当评价有关情节与责任刑的关联性。实证研究结论显示，该罪的不法情节与责任刑、宣告刑之间存在较强的关联性，一般作为增加责任刑的情节，进而导致宣告刑向着相应法定刑的上限变化。责任刑裁量阶段只在狭小范围内覆盖少数不法情节，具有简洁性特征。详言之，污染地区、污染物种类、超标程度等不法情节对责任刑的提升作用不明显，难以突破基本量刑幅度。只有污染物数量情节与责任刑存在密切关联，在超越一定限度后，导致宣告刑向加重量刑幅度跨越。同样，仅有污染时间、公私财产损失两种不法情节与责任刑存在较强的关联度，可能向上提升量刑幅度。

污染环境罪的量刑均衡应是相对的均衡、消极的均衡和规范的均衡，量刑活动应以罪行轻重的判断作为起点和重点，量刑责任应当形成轻重有序的梯度。在大幅度降低污染环境罪的量刑标准后，法官经常通过考虑预防情节以缓解对报应正义的积极追求，个别案件的量刑结果给人以"重罪轻判"之感，有必要对量刑均衡赋予新的规范意义。在摒弃"幅的理论"而贯彻量刑限制理论的同时，必须为二者如何转换为具体刑罚确定衡量标准。相比其他量刑学说而言，行为等比性理论提供了一个较好的框架条件。在判断污染环境罪的量刑责任时，必须规范地认定污染物数量、污染地区、污染物种类、超标程度等行为不法情节以及污染时间、公私财产损失等结果不法情节，通过行为严重性的相对比较，形成量刑责任的合理分层。

主要参考文献

一　著作类

（一）中文著作

白建军：《刑法规律与量刑实践——刑法现象的大样本考察》，北京大学出版社2011年版。

蔡守秋主编：《新编环境资源法学》，北京师范大学出版社2009年版。

曹菲：《管理监督过失研究——多角度的审视与重构》，法律出版社2013年版。

陈家林：《外国刑法理论的思潮与流变》，中国人民公安大学出版社2017年版。

陈子平：《刑法总论》（增修版），中国人民大学出版社2009年版。

［德］冯·李斯特：《德国刑法教科书》，徐久生译，法律出版社2000年版。

［德］冈特·施特拉腾韦特、洛塔尔·库伦：《刑法总论Ⅰ——犯罪论》，杨萌译，法律出版社2006年版。

［德］汉斯·海因里希·耶赛克、托马斯·魏根特：《德国刑法教科书》（总论），徐久生译，中国法制出版社2001年版。

［德］汉斯-约格·阿尔布莱希特：《重罪量刑——关于刑量确立与刑量阐释的比较性理论与实证研究》，熊琦等译，法律出版社2017年版。

［德］克劳斯·罗克辛：《德国刑法学总论》（第1卷），王世洲译，法律出版社2005年版。

［德］克劳斯·罗克辛：《德国刑法学总论》（第2卷），王世洲主译，法律出版社2013年版。

［德］克劳斯·罗克辛：《刑事政策与刑法体系》（第二版），蔡桂生译，中国人民大学出版社2011年版。

［德］齐佩利乌斯：《法学方法论》，金振豹译，法律出版社2009年版。

［德］乌尔里希·齐白：《全球风险社会与信息社会中的刑法：二十一世纪刑法模式的转换》，周遵友、江溯等译，中国法制出版社2012年版。

［德］乌尔斯·金德霍伊泽尔：《刑法总论教科书》（第六版），蔡桂生译，北京大学出版社2015年版。

［德］英格博格·普珀：《法学思维小学堂——法律人的6堂思维训练课》，蔡圣伟译，北京大学出版社2011年版。

［德］约翰内斯·韦塞尔斯：《德国刑法总论》，李昌珂译，法律出版社2008年版。

［法］米海依尔·戴尔马斯－马蒂：《刑事政策的主要体系》，卢建平译，法律出版社2000年版。

付立忠：《环境刑法学》，中国方正出版社2001年版。

高铭暄、马克昌主编：《刑法学》（第八版），北京大学出版社、高等教育出版社2017年版。

高铭暄主编：《刑法学原理》（第一、二卷），中国人民大学出版社2005年版。

高铭暄主编：《刑法专论》（第二版），高等教育出版社2006年版。

郭建安、张桂荣：《环境犯罪与环境刑法》，群众出版社2006年版。

胡云腾主编：《最高人民法院、最高人民检察院环境污染刑事司法解释理解与适用》，人民法院出版社2014年版。

黄荣坚：《基础刑法学（上）》（第三版），中国人民大学出版社2009年版。

蒋兰香：《环境犯罪基本理论研究》，知识产权出版社2008年版。

蒋兰香：《污染型环境犯罪因果关系证明研究》，中国政法大学出版社2014年版。

黎宏：《刑法学》，法律出版社2012年版。

李冠煜：《量刑基准的研究——以责任和预防的关系为中心》，中国社会科学出版社2014年版。

李希慧、董文辉、李冠煜：《环境犯罪研究》，知识产权出版社2013年版。

李希慧：《刑法解释论》，中国人民公安大学出版社1995年版。

林钰雄：《新刑法总则》，中国人民大学出版社2009年版。

卢建平主编：《刑事政策学》，中国人民大学出版社2007年版。

吕英杰：《客观归责下的监督、管理过失》，法律出版社2013年版。

吕忠梅主编：《环境法导论》（第二版），北京大学出版社2010年版。

马克昌：《比较刑法原理——外国刑法学总论》，武汉大学出版社 2002 年版。

马克昌主编：《犯罪通论》（第 3 版），武汉大学出版社 1999 年版。

马克昌主编：《中国刑事政策学》，武汉大学出版社 1992 年版。

童德华：《刑法中客观归属论的合理性研究》，法律出版社 2012 年版。

王瑞君：《量刑情节的规范识别和适用研究》，知识产权出版社 2016 年版。

吴玉梅：《德国刑法中的客观归责研究》，中国人民公安大学出版社 2007 年版。

熊选国主编：《〈人民法院量刑指导意见〉与"两高三部"〈关于规范量刑程序若干问题的意见〉理解与适用》，法律出版社 2010 年版。

徐平：《环境刑法研究》，中国法制出版社 2007 年版。

许玉秀：《当代刑法思潮》，中国民主法制出版社 2005 年版。

许玉秀：《主观与客观之间——主观理论与客观归责》，法律出版社 2008 年版。

杨春洗、向泽选、刘生荣：《危害环境罪的理论与实务》，高等教育出版社 1999 年版。

［意］杜里奥·帕多瓦尼：《意大利刑法学原理》（注评版），陈忠林译，中国人民大学出版社 2004 年版。

喻海松：《环境资源犯罪实务精释》，法律出版社 2017 年版。

张军、赵秉志主编：《宽严相济刑事政策司法解读》，中国法制出版社 2011 年版。

张明楷：《刑法分则的解释原理（上）》（第二版），中国人民大学出版社 2011 年版。

张明楷：《刑法学》（第五版），法律出版社 2016 年版。

张明楷：《责任刑与预防刑》，北京大学出版社 2015 年版。

张亚军：《刑法中的客观归属论》，中国人民公安大学出版社 2008 年版。

赵秉志、王秀梅、杜澎：《环境犯罪比较研究》，法律出版社 2004 年版。

赵秉志主编：《环境犯罪及其立法完善研究》，北京师范大学出版社 2011 年版。

郑昆山：《环境刑法之基础理论》（第二版），五南图书出版公司 1998 年版。

周光权：《刑法客观主义与方法论》，法律出版社 2013 年版。

周珂主编：《环境与资源保护法》（第 2 版），中国人民大学出版社 2010 年版。

(二) 外文著作

Andrew von Hirsch/Nils Jareborg, Strafmaß und Strafgerecht-igkeit, 1991.

David Ormerod. Smith & Hogan Criminal Law, Twelfth edition, Oxford University Press, 2008.

Hans-Jürgen Bruns, Das Recht der Strafzumessung, 2. Aufl., 1985.

［德］Arthur Kaufmann：《法哲学与刑法学的根本问题》，宫泽浩一监译，成文堂1986年版。

［德］Claus Tiedemann：《德国及欧共体中的经济犯罪与经济刑法》，西原春夫、宫泽浩一监译，成文堂1990年版。

［德］C. Roxin：《刑法中的责任和预防》，宫泽浩一监译，成文堂1984年版。

［德］Winfried Hassemer：《现代刑法体系的基础理论》，堀内捷三编译，成文堂1991年版。

［日］板仓宏：《现代社会与新刑法理论》，劲草书房1980年版。

［日］板仓宏：《刑法总论》（补订版），劲草书房2007年版。

［日］城下裕二：《量刑基准的研究》，成文堂1995年版。

［日］城下裕二：《量刑理论的现代课题》（增补版），成文堂2009年版。

［日］川崎一夫：《体系的量刑论》，成文堂1991年版。

［日］川崎友巳：《企业的刑事责任》，成文堂2004年版。

［日］大谷实：《刑法讲义总论》（新版第4版），成文堂2012年版。

［日］大塚仁：《刑法概说（总论）》（第四版），有斐阁2008年版。

［日］岛田聪一郎：《正犯·共犯论的基础理论》，东京大学出版会2002年版。

［日］丰田兼彦：《共犯的处罚根据与客观的归属》，成文堂2009年版。

［日］福田平：《行政刑法》，有斐阁1959年版。

［日］加藤久雄：《刑事政策学入门》，立花书房1991年版。

［日］金尚均：《危险社会与刑法——现代社会中刑法的机能与界限》，成文堂2001年版。

［日］井田良：《变革时代中的理论刑法学》，庆应义塾大学出版会2007年版。

［日］井田良：《犯罪论的现在与目的行为论》，成文堂1995年版。

［日］井田良：《讲义刑法学·总论》，有斐阁2008年版。

［日］井田良：《刑法总论的理论构造》，成文堂2005年版。

［日］立石二六：《刑法总论》（补正版），成文堂2004年版。

［日］木村光江：《刑法》（第3版），东京大学出版会2010年版。
［日］内藤谦：《刑法讲义总论Ⅰ》（下），有斐阁1991年版。
［日］内藤谦：《刑法讲义总论》（中），有斐阁1986年版。
［日］平野龙一：《刑法的基础》，东京大学出版会1966年版。
［日］平野龙一：《刑法总论Ⅰ》，有斐阁1972年版。
［日］前田雅英：《刑法各论讲义》（第6版），东京大学出版会2015年版。
［日］前田雅英：《刑法总论讲义》（第4版），东京大学出版会2006年版。
［日］森下忠：《刑事政策各论》（新版），成文堂1996年版。
［日］山口厚：《刑法总论》（第3版），有斐阁2016年版。
［日］山中敬一：《刑法中的因果关系与归属》，成文堂1984年版。
［日］山中敬一：《刑法中客观归属的理论》，成文堂1997年版。
［日］山中敬一：《刑法总论》（第2版），成文堂2008年版。
［日］藤木英雄：《公害犯罪》，东京大学出版会1975年版。
［日］藤木英雄：《刑法讲义总论》，弘文堂1975年版。
［日］田口守一等：《刑法应当介入企业活动吗》，成文堂2010年版。
［日］町野朔编：《环境刑法的综合研究》，信山社2003年版。
［日］樋口亮介：《法人处罚与刑法理论》，东京大学出版会2009年版。
［日］团藤重光：《刑法纲要总论》（第三版），创文社1990年版。
［日］西田典之：《刑法各论》（第六版），弘文堂2012年版。
［日］西田典之：《刑法总论》，弘文堂2006年版。
［日］西原春夫：《犯罪各论》，筑摩书房1974年版。
［日］西原春夫：《刑法总论》，成文堂1977年版。
［日］小林宪太郎：《因果关系与客观的归属》，弘文堂2003年版。
［日］伊东研祐：《环境刑法研究序说》，成文堂2003年版。
［日］曾根威彦：《刑法的重要问题（总论）》（第2版），成文堂2005年版。
［日］中山研一、神山敏雄、齐藤丰治、浅田和茂编著：《环境刑法概说》，成文堂2003年版。
［日］佐久间修：《刑法各论》（第2版），成文堂2012年版。
［日］佐藤道夫、堀田力：《公害犯罪处罚法的解说》，中央法规出版株式会社1972年版。

二 论文类

（一）中文论文

蔡桂生：《非典型的因果流程和客观归责的质疑》，《法学家》2018 年第 4 期。

车浩：《假定因果关系、结果避免可能性与客观归责》，《法学研究》2009 年第 5 期。

陈洪兵：《准抽象危险犯概念之提倡》，《法学研究》2015 年第 5 期。

陈兴良：《客观归责的体系性地位》，《法学研究》2009 年第 6 期。

陈兴良：《刑法教义学的发展脉络——纪念 1997 年刑法颁布二十周年》，《政治与法律》2017 年第 3 期。

陈兴良：《形式解释论的再宣示》，《中国法学》2010 年第 4 期。

陈璇：《德国刑法学中的结果无价值与行为无价值二元论及其启示》，《法学评论》2011 年第 5 期。

陈璇：《论过失犯的注意义务违反与结果之间的规范关联》，《中外法学》2012 年第 4 期。

陈璇：《论过失犯中注意义务的规范保护目的》，《清华法学》2014 年第 1 期。

陈璇：《论客观归责中危险的判断方法——"以行为时全体客观事实为基础的一般人预测"之提倡》，《中国法学》2011 年第 3 期。

［德］Bernd Schünemann：《关于客观归责》，陈志辉译，许玉秀、陈志辉合编《不移不惑献身法与正义——许迺曼教授刑事法论文选辑 贺 许迺曼教授六秩寿辰》，新学林出版有限公司 2006 年版。

［德］Bernd Schünemann：《过失犯在现代工业社会的捉襟见肘——资产清算》，单丽玟译，载许玉秀、陈志辉合编《不移不惑献身法与正义——许迺曼教授刑事法论文选辑　贺许迺曼教授六秩寿辰》，新学林出版有限公司 2006 年版。

［德］K. H. 舒曼：《论刑法中所谓的"客观归属"》，蔡桂生译，《清华法律评论》编委会编《清华法律评论》（第六卷 第一辑），清华大学出版社 2012 年版。

［德］塔蒂安娜·霍恩雷：《无需量刑指南参考下的适度与非恣意量刑：德国的经验》，刘胜超译，《中国刑事法杂志》2014 年第 6 期。

［德］托马斯·莱塞：《德国的法人犯罪理论》，陈历幸译，顾肖荣主编《经济刑法》（2），上海人民出版社 2004 年版。

［德］托马斯·魏根特：《客观归责——不只是口号？》，梁根林、［德］埃里克·希尔根多夫主编《刑法体系与客观归责：中德刑法学者的对话（二）》，北京大学出版社2015年版。

［德］沃尔夫冈·弗里希：《客观之结果归责——结果归责理论的发展、基本路线与未决之问题》，蔡圣伟译，陈兴良主编《刑事法评论》（第30卷），北京大学出版社2012年版。

［德］沃斯·金德霍伊泽尔：《故意犯的客观和主观归责》，樊文译，陈兴良主编《刑事法评论》（第23卷），北京大学出版社2008年版。

［德］乌尔斯·金德霍伊泽尔：《犯罪构造中的主观构成要件——及对客观归属学说的批判》，蔡桂生译，陈兴良主编《刑事法评论》（第30卷），北京大学出版社2012年版。

［德］乌尔斯·金德霍伊泽尔：《风险升高与风险降低》，陈璇译，《法律科学》2013年第4期。

［德］乌尔斯·金德霍伊泽尔：《论所谓"不被容许的"风险》，陈璇译，陈兴良主编《刑事法评论》（第34卷），北京大学出版社2014年版。

冯军：《新刑法中的单位犯罪》，高铭暄、赵秉志主编《中日经济犯罪比较研究》，法律出版社2005年版。

高铭暄：《对主张以三阶层犯罪成立体系取代我国通行犯罪构成理论者的回应》，赵秉志主编《刑法论丛》（第19卷），法律出版社2009年版。

高铭暄、徐宏：《环境犯罪应当走上刑法"前台"——我国环境刑事立法体例之思考》，《中国检察官》2010年第2期。

何庆仁：《特别认知者的刑法归责》，《中外法学》2015年第4期。

侯艳芳：《关于我国污染环境犯罪中设置危险犯的思考》，《政治与法律》2009年第10期。

侯艳芳：《污染环境罪疑难问题研究》，《法商研究》2017年第3期。

江溯：《日本刑法上的被害人危险接受理论及其借鉴》，《甘肃政法学院学报》2012年第6期。

蒋兰香：《试论我国环境刑事政策》，《中南林业科技大学学报》（社会科学版）2008年第3期。

焦艳鹏：《法益解释机能的司法实现——以污染环境罪的司法判定为线索》，《现代法学》2014年第1期。

焦艳鹏：《生态文明保障的刑法机制》，《中国社会科学》2017年第11期。

焦艳鹏：《污染环境罪因果关系的证明路径》，《法学》2014年第8期。

劳东燕：《公共政策与风险社会的刑法》，《中国社会科学》2007年第3期。

劳东燕：《事实因果与刑法中的结果归责》，《中国法学》2015年第2期。

黎宏：《论"刑法的刑事政策化"思想及其实现》，《清华大学学报》（哲学社会科学版）2004年第5期。

李波：《刑法中注意规范保护目的理论研究》，陈兴良主编《刑事法评论》（第33卷），北京大学出版社2013年版。

李冠煜、顾家龙：《量刑原理中的罪刑均衡与犯罪预防关系再论》，《中南大学学报》（社会科学版）2018年第3期。

李冠煜：《量刑规范化改革视野下的量刑基准研究——以完善〈关于常见犯罪的量刑指导意见〉规定的量刑步骤为中心》，《比较法研究》2015年第6期。

李婕：《限缩抑或分化：准抽象危险犯的构造与范围》，《法学评论》2017年第3期。

李希慧、冀华锋：《关于在我国环境犯罪中设立过失危险犯的探讨》，《环境保护》2008年第6期。

刘清生：《论污染环境罪的司法解释》，《福州大学学报》（哲学社会科学版）2013年第5期。

刘艳红：《客观归责理论：质疑与反思》，《中外法学》2011年第6期。

吕英杰：《论客观归责与过失不法》，《中国法学》2012年第5期。

马克昌：《危险社会与刑法谦抑原则》，《人民检察》2010年第3期。

欧阳本祺：《论特别认知的刑法意义》，《法律科学》2016年第6期。

欧阳本祺：《论刑法解释的刑事政策化》，陈兴良主编《刑事法评论》（第26卷），北京大学出版社2010年版。

［日］曾根威彦：《量刑基准》，王亚新译，［日］西原春夫主编《日本刑事法的形成与特色》，李海东等译，法律出版社、成文堂联合出版1997年版。

王世洲：《德国环境刑法中污染概念的研究》，《比较法研究》2001年第2期。

严厚福：《污染环境罪：结果犯还是行为犯——以2015年1322份"污染环境罪"一审判决书为参照》，《中国地质大学学报》（社会科学版）2017年第4期。

姚大志：《当代功利主义哲学》，《世界哲学》2012年第2期。

于阳：《量刑规范化之适应性调整研究》，《政法论丛》2018年第4期。

张明楷：《结果无价值论的法益观——与周光权教授商榷》，《中外法学》2012 年第 1 期。
张明楷：《论被允许的危险的法理》，《中国社会科学》2012 年第 11 期。
张明楷：《污染环境罪的争议问题》，《法学评论》2018 年第 2 期。
张明楷：《刑法学中危险接受的法理》，《法学研究》2012 年第 5 期。
张明楷：《行为功利主义违法观》，《中国法学》2011 年第 5 期。
张明楷：《也谈客观归责理论——兼与周光权、刘艳红教授商榷》，《中外法学》2013 年第 2 期。
张明楷：《责任主义与量刑原理——以点的理论为中心》，《法学研究》2010 年第 5 期。
张小宁：《相当因果关系说的兴盛与危机——兼谈客观归属论的提倡》，《东岳论丛》2014 年第 8 期。
张志钢：《摆荡于激进与保守之间：论扩张中的污染环境罪的困境及其出路》，《政治与法律》2016 年第 8 期。
张志钢：《论累积犯的法理——以污染环境罪为中心》，《环球法律评论》2017 年第 2 期。
赵秉志：《宽严相济的刑事政策与刑法解释关系论》，《河南省政法管理干部学院学报》2008 年第 2 期。
赵书鸿：《论作为功能性概念的量刑责任》，《中外法学》2017 年第 4 期。
赵小姣：《环境犯罪案件中适用恢复性司法的探索与反思——以福建省 184 份刑事判决书为分析样本》，武汉大学环境法研究所编《"法治视野下的环境利益：缘起、现状与展望"》（武汉大学 2017 年全国环境法博士坛论文集），武汉大学研究生院 2017 年印。
周光权：《结果回避义务研究——兼论过失犯的客观归责问题》，《中外法学》2010 年第 6 期。
周光权：《客观归责方法论的中国实践》，《法学家》2013 年第 6 期。
周光权：《客观归责理论的方法论意义——兼与刘艳红教授商榷》，《中外法学》2012 年第 2 期。
周光权：《客观归责与过失犯论》，《政治与法律》2014 年第 5 期。
周光权：《行为无价值论的法益观》，《中外法学》2011 年第 5 期。
周光权：《行为无价值论与客观归责理论》，《清华法学》2015 年第 1 期。
周维明：《雅各布斯的客观归责理论研究》，《环球法律评论》2015 年第 1 期。
周详：《规则功利主义违法观之提倡》，《清华法学》2013 年第 1 期。

周啸天：《行为、结果无价值理论哲学根基正本清源》，《政治与法律》2015年第1期。

庄劲：《客观归责还是主观归责？——一条"过时"的结果归责思路之重拾》，《法学家》2015年第3期。

庄劲：《客观归责理论的危机与突围——风险变形、合法替代行为与假设的因果关系》，《清华法学》2015年第3期。

（二）外文论文

Bernd Schünemann, Die Akzeptanz von Normen und Sanktionen aus der Perspektive der Tatproportionalität, in: Frisch/von Hirsch/Albrecht（Hrsg.）, Tatproportionalität, Heidelberg 2003.

Bernd Schünemann, Tatsächliche Strafzumessung, gesetzliche Strafdrohungen und Gerechtigkeits-und Präventionserwartungen der Öffentlichkeit aus deutscher Sicht, in: H. J. Hirsch（Hrsg.）, Krise des Strafrechts und der Kriminalwissenschaften, 2001.

Günter Jakobs, Strafrechtliche Schuld, ohne Willensfreiheit, in: Henrichs（Hrsg.）, Aspekte der Freiheit, 1982.

［德］Franz Streng：《德国的量刑——其概要与现代课题》，井田良、小池信太郎译，《庆应法学》2007年第8号。

［德］Franz Streng：《德国的刑事制裁：带有经验性视角的概观》，小池信太郎监译，《庆应法学》2016年第34号。

［德］Hans Joachim Hirsch：《关于欧洲各国刑法相互协调的若干问题》，井田良译，《庆应法学》2007年第7号。

［日］板仓宏：《企业组织体责任论与法人处罚》，《刑法杂志》1979年第23卷1、2号。

［日］板仓宏：《食品公害中的监督责任与法人的刑事责任》，《法律广场》1978年第31卷7号。

［日］本间一也：《过失犯中结果的客观归属》（二），《北大法学论集》1990年第41卷1号。

［日］本庄武：《从刑罚论所见的量刑基准》（1），《一桥法学》2002年第1卷1号。

［日］川崎友巳：《法人处罚论的今日展开——"企业的刑事责任"再论》，濑川晃编集《大谷实先生喜寿纪念论文集》，成文堂2011年版。

［日］恩田祐将：《刑法中的危险接受与过失认定》，《创价法学》2012年第42卷1、2号。

［日］饭田英男：《关于法人处罚立法上的问题点》，*Jurist* 1978 年第 672 号。

［日］冈上雅美：《关于责任刑的意义和量刑事实的问题点》（一），《早稻田法学》1993 年第 68 卷 3、4 号。

［日］高桥则夫：《过失犯的"行为、实行、归属"》，曾根威彦、野村稔、石川正兴、田口守一、高桥则夫编集《交通刑事法的现代课题——冈野光雄先生古稀纪念》，成文堂 2007 年版。

［日］高桥则夫：《刑法保护的早期化与刑法的界限》，《法律时报》2003 年第 2 号。

［日］吉田克己：《疫学的因果关系与法的因果关系论》，*Jurist* 1969 年第 440 号。

［日］吉田敏雄：《因果关系与客观的归属》（上），《北海学园大学学园论集》2010 年第 145 号。

［日］吉田敏雄：《因果关系与客观的归属》（下），《北海学园大学学园论集》2010 年第 146 号。

［日］井田良：《过失犯理论的现状及其评价》，《研修》2005 年第 686 号。

［日］井田良：《量刑决定的构造》，［德］Wolfgang Frisch、［日］浅田和茂、冈上雅美编《量刑法的基本问题——量刑理论与量刑实务间的对话》，成文堂 2011 年版。

［日］林月美子：《量刑中双重评价的禁止》，《神奈川法学》1990 年第 26 卷 1 号。

［日］平野龙一：《关于过失的两三个问题》，西山富夫、井上祐司编集《刑事法学的诸相：井上正治博士还历祝贺》（上），有斐阁 1981 年版。

［日］青木孝之：《客观归属论的批判性考察》，《琉大法学》2005 年第 74 号。

［日］三井诚：《关于管理·监督过失的问题所在——以火灾刑事案件为素材》，《刑法杂志》1987 年第 28 卷 1 号。

［日］山本高子：《客观归属论否认论——Zieschang〈刑法总论（第 2 版）〉的研究》，《比较法杂志》2012 年第 46 卷 1 号。

［日］深町晋也：《关于危险接受论》，《本乡法政纪要》2000 年第 9 号。

［日］松原芳博：《Claus Roxin：作为刑法任务的法益保护》，《早稻田法学》2007 年第 82 卷 3 号。

［日］新仓修：《石井光教授与恢复性司法》，《青山法学论集》2015 年第 56 卷 4 号。

［日］盐谷毅：《关于信赖原则序论的考察》，齐藤丰治、日高义博、甲斐克则、大塚裕史编集《神山敏雄先生古稀祝贺论文集》（第1卷），成文堂2006年版。

［日］曾根威彦：《客观归属论的规范论考察》，《早稻田法学》1999年第74卷4号。

［日］振津隆行：《刑法中因果关系的意义——条件说与相当因果关系说》，阿部纯二等编《刑法基本讲座》（第2卷），法学书院1994年版。